KB080467

미·중 패권경쟁
승자와 손잡아라

미·중 패권경쟁
승자와 손잡아라

누가 이길까? 이 책을 보면 안다!

임방순 지음

오색필

머리말

현재 우리의 국가적 과제는 '미·중 패권경쟁에 어떻게 대처하는가'이다. 과거의 과제는 북한의 '全한반도 적화' 기도를 막아내며 '산업화와 민주화'를 달성하는 것이었다. 이를 위해 한미동맹과 주한미군은 필요하였다. 그렇다면 미래의 국가적 과제는 무엇일까? 그것은 '주한미군 없는 안보 상황 대비'일 것이다. 물론 현재의 과제인 미·중 패권경쟁에 성공적으로 대처해 나가면서 동시에 맞이하는 과제일 것이다. 이 책은 우리의 현재 과제와 미래 과제를 동시에 다루고 있다.

제1장에서는 현재의 국가적 과제인 미·중 패권경쟁을 다루고 있다. 미·중 패권경쟁은 승패가 불분명한 상태로 장기간 지속될 전망이다. 이런 상황 속에서 우리는 누가 이길 것인가에 촉각을 곤두세워야 한다. 이기는 자와 손잡아야 우리의 안보와 번영이 가능하기 때문이다. 역사가 말해주고 있다. 명·청 교체기에 멸망해가는 명이 아니고 대륙의 패자로 부상하고 있는 청과 관계를 돈독히 했어야 했다. 청·일, 러·일 전쟁기에는 패배하는 청과 러시아보다는 메이지 유신으로 근대화를 달성한 일본을 직시해야 했고 일본 뒤에 있는 패권국 영국과 미국에 주목하고 관계를 강화했어야 했다. 오늘날 미·중 패권경쟁에서 '지는 자'를 선택해서는 안 될 것이다.

제2장에서는 미·중 패권경쟁 시대를 맞이한 주요국의 움직임을 들여다 보았다. 미·중 패권경쟁 상황에서 국익을 극대화하려는 것은 우리만의 문제가 아니다. 이에 따라 주요국들은 자국의 여건에 따라 미

국 또는 중국 중 어느 한국가와 밀접하거나 아니면 양국 간 균형을 이루기도 한다. 경우에 따라서는 적절하게 양국을 오가며 챙길 것은 모두 얻어내는 노련한 모습을 보이기도 한다. 눈여겨 봐야 할 것이다.

제3장은 '누가 이길 것인가'를 알 수 있는 4가지 포인트에 대한 내용이다. 첫째, 누가 우주 개발 주도권을 장악할 것인가이다. 유럽이 해양을 장악하여 '대항해 시대'를 개척한 결과 패권국이 되었듯이, 향후 우주 시대를 주도할 국가가 한발 앞서갈 것이다. 달에 유인기지를 먼저 건설하는 자가 유리하다. 둘째, 누가 대만과 친밀하고 영향력을 행사할 것인가이다. 대만은 미·중 패권경쟁의 승부처이기 때문이다. 셋째 누구의 우호국이 더 많은가이다. 중국이 '일대일로'를 추진하면서 미국을 추격하고 있는 형국이다. 중국은 미국의 아태전략에 대항하여 경제협력을 수단으로 우방국을 확대하면서 주요 지점에 전략거점을 구축하고 해양진출을 도모하고 있다. 넷째, 누구의 화폐가 기축통화인가이다. 현재는 미국이다. 중국이 넘기 어려운 미국의 벽이다. 그래서 현재의 패권국이 미국인 이유이다. 기축통화문제는 필자의 연구가 부족하여 책에 담지 못하고 추후연구과제로 남겨두었다.

4장은 미래의 국가적 과제인 '주한미군없는 안보 상황 대비'에 대한 내용이다. 우리의 안보 상황은 미래의 어느 일정기간까지는 오늘날과 같이 한미동맹과 주한미군 역할이 필요하다. 문제는 한미동맹과 미군의 한국 주둔이 언제까지 지속될지 알 수 없다는 것이다. 미국은 해외주둔 미군을 자국의 정책 조정에 따라 수시로 감축하거나 철수시켜 왔다. 우리는 미래의 어느 시점에 국제질서가 변화하고 한반도 전략적 가치가 재평가되면 주한미군은 한국에서 떠날 수 있다는 사실을 외면하지 말고 지금부터 대비해야 할 것이다. 필자는 이를 위해서 정권교체와 관계없이 장기적으로 '전작권 전환 준비'와 핵무기를 포함한 '비대칭 전력의 구비'를 강조하고자 한다.

책을 발간하는데 함께 고민하고 조언을 아끼지 않으신 도서출판 오색필 전장하 대표님께 감사를 표합니다. 그리고 그동안 지면을 할애하여 칼럼과 기고문을 게재해 준 뉴스투데이 김한경 에디터, 한중저널의 홍인표 편집인과 박진범 기자께도 감사의 말씀을 드립니다. 책을 또 발간했냐고 놀라워 하는 집사람과 딸아이에게 말없이 미소를 보냅니다. 이 책을 읽고 공감해주는 독자 여러분을 떠올리고 특히 이 책의 내용이 국가정책으로 반영될 그 순간을 생각하며 스스로 보람을 느끼고자 합니다.

임 방 순 前 국립인천대학교 비전임 교수

1981년 육군사관학교 졸업, 1990년 대만 육군학원 수료
1993년~1995년 국방정보본부 중국담당자
2002년~2004년 주중 한국대사관 육군무관
2014년 북한대학원대학교 박사 (학위논문 : 중국의 대북한 원조에 관한 연구)
2022년 「어느 육군장교의 중국 체험 보고서」 저서 발간

목차
Contents

오늘날 미·중 패권경쟁과 역사 속 주변국 패권경쟁
– 같은 점과 다른 점 그리고 우리에게 주는 시사점

목차
Contents

PART
2

미·중 패권경쟁 시대 우리의 선택, 주변국에 답이 있다

미·중 패권경쟁 승부를 결정짓는 4가지 포인트 (중국의 도전)

목차
Contents

한국, 주한미군 없는 안보시대를 준비해야 한다

PART 1

오늘날 미·중 패권경쟁과 역사 속 주변국 패권경쟁

같은 점과 다른 점 그리고 우리에게 주는 시사점

- 명·청 교체기와 인조 정권 명분론의 허상
- 청·일 패권경쟁(청·일 전쟁) 시기와 고종 정권의 무능
- 러·일전쟁 시기와 고종 정권의 자멸
- 중·소분쟁 시기와 북한의 선택과 한계
- 역사의 교훈 : 이기는 자와 손 잡아라
- 국익에 대한 한목소리가 시급하다

오늘날 미·중 패권경쟁과 역사 속 주변국 패권경쟁

– 같은 점과 다른 점 그리고 우리에게 주는 시사점

필자는 대담한 기획을 하였다. 미국과 중국이 패권경쟁을 벌이는 오늘날의 시대를 우리 역사 속 주변국 패권경쟁 시대와 비교하고 분석하여 시사점을 도출하겠다는 구상이다. 미·중 패권경쟁 시대에 우리가 무엇을 어떻게 하여야 생존하고 더 나아가 번영할 수 있을까 하는 물음에 대해 그 해법을 우리 역사에서 찾아보겠다는 것이다.

이런 생각을 하게 된 배경은 국제정치학자들은 오늘날 미·중 패권경쟁을 다각적으로 깊이 있게 분석하는 등, 전문적이기는 하지만 관점이 현상황에 머물러있지 않느냐하는 개인적인 판단이 있었고, 역사학자들은 어느 특정 시기에 대한 전문성은 타의 추종을 불허하지만 그 시대 상황과 현재 상황을 연계하려는 시도는 잘 보이지 않는다라고 본 것이다. 따라서 필자는 국제정치적 시각과 역사적인 관점을 연결해보겠다고 생각한 것이다.

필자는 이러한 도전이 대담한 것이 아니고 무모한 것이라는 사실을 모르지 않는다. 그렇지만 대부분의 국내 연구결과와 견해들은 "오늘날이 구한말과 비슷하다. 정신차려야 한다"라는 개괄적인 선에서 멈추어 있어서, 필자를 포함해서 많은 국민들은 그 다음 단계인 '뭐가 비슷하고 어떻게 정신차려야 하는지'에 대해서 궁금해 하고 있다. 이 분야에 대한 연구가 필요한 시점이라고 본 것이다.

필자가 역사 속에서 찾고자 하는 해법은 사실 누구나 알고 있는 상식에 불과할 수 있다. 오늘날 패권경쟁 시기에 살아남기 위해서는 나라 힘, 즉 국력을 극대화하는 것 말고 무엇이 있겠는가. 다시 말하면, 부국강병과 동시에 글로벌 네트워크 속 동맹과 연대를 굳건히 하면서, 문화적으로 세계를 선도하는 것이다. 오늘날 우리가 추구하는 방향이다. 그러나 잊어서는 안되는 것은 이 모든 것을 이끌어 가는 국내 정치력이 제대로 작동되고 있는가하는 문제이다. 특히 국왕과 대통령 등 최고 지도자가 자기 역할을 제대로 하였고, 하고 있는가 하는 점이 무엇보다 결정적이라고 할 수 있다.

우리는 불행하게도 주변국 패권경쟁 시대에 국내 정치력이 제대로 역할을 한 적이 없었다. 그 결과 참혹한 전란을 당했고, 결국 나라를 잃었다. 지구상에 한국이 사라진 것이다.

오늘날 대한민국은 과거 조선 조정과 다르다. 우리는 우리 스스로 선진국이라고 자부하고 있다. 그러나 필자는 현재의 대한민국이 조선 또는 구한말 시대보다 더 어려운 상황도 있다는 견해이다. 안일하게 생각해서는 안 된다.

지금부터 현재의 미·중 패권경쟁 시대에서 우리 스스로 활로를 모색한다는 차원에서 이와 유사한 역사를 살펴보기로 하자.

1회 : 명·청 교체기와 인조 정권 명분론의 허상
2회 : 청·일 전쟁 시기와 고종 정권의 무능
3회 : 러·일 전쟁 시기와 고종 정권의 자멸
4회 : 중·소 분쟁 시기와 북한의 선택과 한계

결론적으로 주변 강대국의 패권경쟁에서 가장 현명한 대응은 승자를 선택하는 것이다. 법적으로 정당한 자, 도덕적으로 깨끗한 자를 선택하는 것이 아니다. 과거의 은혜를 갚는 것은 더더욱 아니다. 국제정치에서는 법과 도덕보다는 힘의 논리가 앞서고 의리보다는 실리가 앞서야 한다. 약자는 강자가 구축한 질서에 따라야 하기 때문이다. 우리의 비극은 계속해서 패자를 선택하였기 때문이다. 우리는 미·중 패권경쟁에서 '이기는 자'를 선택해야 한다. 그 중간 과정에서는 강자와 손잡아야 하고 동시에 도전자에게도 적대적이지 않아야 한다. 역사가 말해준다.

명·청 교체기와 인조 정권 명분론의 허상

들어가며

현재는 미·중 패권경쟁 시기이다. 우리는 미국과는 동맹이고 중국과는 '전략적 협력 동반자' 관계이다. 우리에게는 미국과 중국 모두 중요하고, 우호관계를 유지해야 한다. 어려운 국가적 과제이다.

최근 윤석열 정부는 미국과 동맹관계를 강화함으로, 중국에 우호적이었던 문재인 정부와 차별화를 보이고 있다. 있을 수 있는 일이다. 그러나 미국과 동맹관계를 강화하면서도 중국과도 원만히 지낼 수 있어야 한다. 어떻게 해야 가능할까?

역사속에서 교훈을 찾아보자. 약 400여 년 전 기존 패권국 명(明)과 신흥 강국 청(淸)이 동북아에서 패권경쟁을 벌이고 있었다. 오늘날과 유사한 상황이다. 이때에 우리는 국제정세의 변화에 제대로 대응을 하지 못해 전란을 당하였다. 당시 인조 정권은 청을 미개한 오랑캐라고 무시한 반면, 명에 대해서는 중화문명국으로 섬겼으며, 명을 대할 때 임진왜란 시기에 조선을 살려주었다는 재조지은(再造之恩)의 틀에서 벗어나지 못하였다. 상황변화에 관계없이 명 일변도의 정책을 펼친 것이다. 이 정책을 '명분론'이라고 한다.

그러면 미·중 패권경쟁시기를 맞이하여 400여 년 전의 명·청 패권경쟁과 세력 교체기를 살펴 시사점을 도출해 보기로 하자. 역사적인 사실 내용은 한명기의 「역사평설, 병자호란(1, 2권)」에서 인용하고 발췌 및 요약하였다.

동북아의 정세 변화, 새로운 강자의 등장과 조선 인조 정권의 명분론

1. 동북아의 강자 후금(後金)의 등장

17세기 초에 패권국 명제국에 도전하는 세력이 만주지방에서 등장하였다. 누르하치(努爾哈赤)가 여진족을 통일하고 1616년 후금(後金)

을 건국한 것이다. 후금은 금(金)을 계승한다는 의미이다. 금은 12세기 아골타(阿骨打)가 여진족을 통일하여 만주지방을 석권하고 거란족의 요(遼)를 멸망시켰으며, 중국 중원 북부지역까지 세력을 넓혀 1115년부터 1234년까지 약 120여 년 간 이 지역을 통치한 동북아의 패자였다.

명은 만주지역에서 제2의 금나라가 등장하는 것을 방지하기 위해 여진족을 분리하여 관리하였다. 1592년 한반도에서 임진왜란이 발발하자 명은 자국의 안보를 위하여 그리고 중화질서를 유지하기 위해 한반도에 파병하였다. 임진왜란 기간에 명은 왜군을 대적하는데 전념하였기 때문에 여진족 관리에 소홀하였는데, 이 틈에 누르하치는 여진 부족을 통일하고 후금을 건국한 것이다. 명은 후금이 발흥하는 것을 제압하지 못하였다. 임진왜란 파병으로 국력이 소진되었을 뿐만 아니라, 내부에 반란이 빈발하였고, 정치권도 권력투쟁에 여념이 없었다. 후금은 명과의 전투에서 연전연승하였으며, 특히 1619년 사르후(薩爾滸)전투에서 조·명 연합군에게 승리함으로 요동지역까지 세력권을 확대하였다.

명 장수 모문룡 모습(출처 : 구글)

2. 조선 인조 정권의 명분론

인조는 명과 후금 사이에서 중립외교를 펼치던 광해군을 1623년 4월 실각시켰다. 반정 명분 중 하나는 광해군이 명과 의리를 저버렸다는 것이었다. 즉, '임진왜란 때 조선을 살려 준 명의 은혜(再造之恩, 재조지은)'를 망각하고, 오랑캐 후금과 협력하였다는 것이었다. 반정이 성공하자 인조는 즉시 '금수의 땅에서 성인의 나라가 되었노라'라고 크게 외쳤다. 그 이후 인조 정권은 어떠한 상황에서도 '숭명(崇明)'이라는 반정 명분을 벗어난 적이 없었다. 당연히 국익은 명분에 가려 보이지 않았다.

인조 정권은 반정의 명분을 선명히 하기 위해 명 지원을 선언하였다. 특히 평안도 철산군 가도(椵島)에 웅크리고 있던 명 장수 모문룡(毛文龍) 지원을 약속하였다. 모문룡은 사르후 전투에 참전했던 명군의 장수로서 후금에 패하여 패잔병을 이끌고 평안북도로 흘러들어왔다. 후금에 의해 육로가 막혀 본국으로 철수할 수 없는 상황에서 평안도에 머물러 있었던 것이다.

광해군은 모문룡이 장차 화근이 될 것으로 우려하여 그와 거리를 두고, 요구 사항을 거절하는 등 가급적 멀리하였다. 모문룡은 조선에 들어와서 요동수복을 떠벌리며 후금을 자극하고 있었기 때문이었다. 그러나 인조는 즉위하자마자 신료 남이공(南以恭)을 모문룡에게 보내 '조선은 마음을 같이하여 협력할 준비가 되어 있다. 모문룡이 요구하는 사항에 대해 성의껏 돕겠다'라고 약속하였다. 이러한 조선의 발언

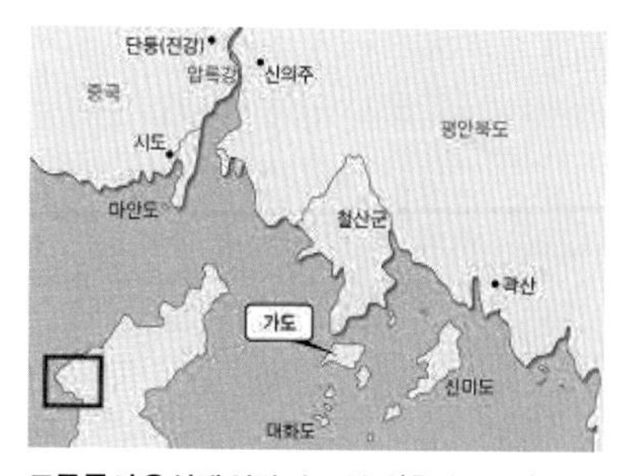

모문룡이 은신해 있던 가도 위치(출처 : 구글)

에 모문룡과 명은 반색을 하였다. 그리고 인조는 명 신료 맹양지(孟養志)를 접견한 자리에서 "명이 출병 기일을 알려주면 병력을 동원하여 후금 토벌에 동참하겠다"라고 약속하였다. 맹양지는 1622년 조선에 와서 광해군에게 군사지원 요청을 하려 하였지만, 광해군은 병을 핑계로 만나주지 않아 조선에 계속 버티다가 인조 반정 후에 인조를 만난 것이다. 맹양지가 언급하지도 않은 병력동원 문제를 인조가 먼저 거론한 것은 '오버'였다고 할 수밖에 없다.[1]

광해군의 예측은 적중하였다. 가도의 모문룡은 정묘호란, 병자호란의 한 원인이 되었다. 또한 광해군은 저물어가는 명의 실체도 꿰뚫고 있었다. 명나라 신료 맹양지를 만나지 않아도 명이 조선을 어떻게 할 수 없다는 현실을 제대로 보고 있었던 것이다. 명은 내부의 혼란과 청의 도전에 흔들리고 있었으며, 더욱이 후금이 요동으로 진출함에 따라 조선과는 육로가 차단된 상태였다.

그렇지만 광해군과 달리 인조는 스스로 자진해서 명에게 사대(事大)의 자세를 보였다. 오늘날 개념으로는 자발적으로 저자세를 취한 것이다. 천자(天子)의 나라 명을 섬기고 의리를 지켜야 한다는 명분론이 인조와 당시 조선 조정을 지배하고 있었다.

---

1 한명기, 『역사평설 병자호란 1』(서울: 푸른역사, 2013), pp.33-38.

청과 명의 요구와 조선의 대응

1. 정묘호란 시기

1627년 1월, 인조반정 후 약 4년 만에 후금이 압록강을 넘어 조선을 침략하였다. 이 소식에 인조 정권은 당황하였다. 후금의 침략 배경을 알 수 없었기 때문이었다. 인조 정권은 후금에게 피해준 일이 없어 후금이 원한을 품을 이유가 없다고 판단하고 있었다. 당시 후금 침략군의 총사령관 아민(阿敏)은 평안도 평양을 지나 황주에 도달하였을 때, 돌연 강화를 제의한다. 강화조건은 다음과 같았다.

《후금군 요구사항》

1. 후금에 할지(割地)할 것,
2. 모문룡을 잡아 보낼 것,
3. 명나라 토벌에 조선도 군사 1만 명을 보내 후금을 도울 것

조선으로서는 받아들이기 어려운 조건들이었다. 그리고 이어서 2월에는 아민이 사신단을 강화도로 파견하여 강화 협약을 교섭하게 하였다. 몇 차례 양측 교섭이 진행된 후 조선과 후금은 3월 강화조약을 체결한다. 이른바 정묘약조(丁卯約條)이다.

《정묘약조(丁卯弱調)》 내용

1. 조약 체결 후 후금군은 평산(平山)을 넘어서지 않을 것,
2. 조약 체결 후 후금군은 즉시 철병할 것,
3. 후금군은 철병 후에 다시 압록강을 넘어서지 말 것,
4. 양국은 형제국으로 칭할 것,
5. 조선은 후금과 맹약을 맺되 명나라에 적대(敵對)하지 않을 것

이 조약으로 양국 간의 강화가 성립되어 후금 군대는 철수하였다. 여기서 특이한 사항은 조선이 명과 관계를 지속하겠다는 의지를 관철시킨 것이다. 후금을 형님으로 대우하겠지만 명을 황제로 섬기는 것은 계속하겠다는 것이었다. '조선은 명을 200년 이상 섬겨왔고 임진왜란 때 큰 은혜를 입었기 때문에 그들과의 관계를 끊을 수 없다'라는 명분이었다. 그리고 명 장수 모문룡을 제거하라는 요구는 조약에 명시하지 않았다. 당시 3만의 병력으로 침공한 후금은 조선 전체를 점령하여 통제할 의도는 없었으며, 명이 이 틈을 노려 공격해 올 수 있다는 우려를 하고 있었기 때문에 더 이상의 공격을 하지 않고 강화조약을 맺고 철군을 하였다.[2]

2 한명기, 위의 책, pp. 153–157.

가. 후금(청)의 요구사항

명지대 한명기 교수는 정묘호란 시 후금의 조선 침공 배경으로 첫째, 누르하치의 뒤를 이어 1626년 9월 왕에 오른 홍타이지(皇太極)가 왕위 계승에 따른 갈등을 해소하고, 둘째, 조선으로부터 물자를 획득하는 것이 주 이유였다고 분석하고 있다. 홍타이지는 누르하치의 8남으로 즉위 당시 연립정권의 수장에 불과하였다. 강력한 후계 경쟁자였던 사촌형 아민을 총사령관으로 임명하여 충성심을 시험하고 그에 따른 정치적 책임도 추궁하려 한 것이었다. 또한 당시 후금은 점령지역은 확대되면서 인구는 늘었지만 식량을 자급하지 못하였으며, 명과의 교역이 끊김으로써 식량과 생필품이 더욱 부족한 상태였다. 조선을 대체지로 삼은 것이었다.[3]

후금은 조선을 아우로 삼고 세폐(歲幣, 물자 제공)를 받는 것에 만족하였다. 모문룡을 제거하지 못했고 조선을 완전히 복속시키지는 못했지만 후금의 국력도 부족하였고, 조선 문제에 전념할 상황이 아니었다. 그러나 정묘약조 이후 병자호란까지 약 10년간 후금의 요구는 점차 증대되었다. 조선은 명과의 의리와 점증하는 청의 요구에 흔들리게 된다.

---

3 한명기, 위의 책, p. 156.

나. 명의 요구사항

명 조정에서는 후금의 도전에 대해 조선으로 후금을 견제한다는 이이제이(以夷制夷) 복안을 수립하였고, 가도의 모문룡으로 하여금 조선을 통제하면서 동시에 후금을 견제하게 한다는 방침을 세웠다.

이를 위해서 명은 조선을 길들이고 통제하기 위해 2개의 은혜를 들먹였다. 첫째는 임진왜란 때 조선을 살려준 은혜인 '재조지은'이며 둘째는 인조를 왕에 책봉해 준 은혜인 봉전지은(封典之恩)이라는 것이다. 역대 조선 왕에 대한 책봉은 의례적인 절차에 불과하였지만, 인조를 조선의 왕으로 책봉하는 문제에 대해서 명 조정은 인조반정의 정통성을 문제삼아 지연시키고 있었다. 명 조정은 '인조를 바로 책봉하지 말고 조선이 후금을 토벌한 공적이 드러난 뒤에 책봉하자'는 속셈이 있었기 때문이었다. 명은 종주국의 위엄을 드러내면서 조선을 후금과의 싸움에 끌어들여 활용하자는 의도였다.

조선의 책봉 요구에 대해 명은 2년을 지연시킨 후 1625년 "우리는 조선의 반정이 '찬탈'임에도 불구하고 새정권이 책봉을 간청하고 있고, 후금과 싸우겠다고 다짐했으므로 인조를 책봉하기로 결단을 내렸다"라는 명분으로 인조를 조선의 왕으로 승인하였다. 명은 조선이 두 개의 은혜인 '재조지은'과 '봉전지은'에 보답하는 길은 모문룡을 잘 대접하고 그를 도와 후금과 싸우는 것이라고 조선을 압박하였다.[4]

---

4 한명기, 위의 책, pp. 99–103.

다. 조선의 대응

조선은 일단 급한대로 강화조약을 체결하고 침략군을 돌려보냈다. 정묘호란의 결과 조선은 명을 황제로 모시면서 동시에 후금을 형님으로 대우하는 상황이 되었다. 당시 조선 조정은 오랑캐에 굴복하였다는 자괴감이 컸다. 비록 오랑캐 후금에 굴복하였지만 조선 지배층의 정신세계는 숭명배금(崇明排金)에서 조금도 달라지지 않았다. 그리고 주변상황과 국제질서 변화에 관심을 두지 않았다. 특히 명으로부터 왕권의 정통성을 부여받은 인조는 다른 선택이 없었다. 오직 숭명으로 갈 수밖에 없었다.

조선은 "오랑캐와 화약을 체결한 것은 조선의 본심이 아니며 적을 기미(羈縻, 달래는 것)하기 위한 목적에서 부득이하게 선택한 것"이라고 변명하였다.[5]

조선은 숭명에 집착했지만 이를 뒷받침할 수 있는 역량은 부족하였다. 군사력으로 후금의 위협과 침공을 막아낼 수 없었기 때문이다. 후금군과 함께 조선에 온 강홍립은 "조선군은 후금군의 깃발만 보아도 무너지고 말았다"라고 전투 상황을 회고한 바 있다. 당시 조선 군대가 약화된 이유는 인조가 왕권보위를 위해 군대를 운용하였기 때문이었다. 인조는 반정 후 이괄의 난을 당해 공주로 피난가는 수난을 겪었다. 이 나쁜 기억은 인조 재위 전기간 지속되었다. 인조는 변방의

---

5 한명기, 위의 책, p. 186.

인조, 재위 1623~1649년, 26년(출처 : 구글)

남한산성 남문 모습(출처 : 구글)

군 지휘관이 언제라도 반역을 도모할 수 있다는 불안에 시달려 일선에 정예군을 배치하지 않았다. 그리고 훈련도 제대로 하지 않고 반역의 조짐 여부를 파악하기 위해 감시활동(譏察, 기찰)을 대폭 강화하였다. 조선의 정예군은 인조 주변에만 있었다. 변방 군대는 훈련이 되어있지 않았다. 그리고 인조는 침략을 당하면 변방에서 방어할 생각은 하지 않고 오로지 호위병과 함께 강화도로 도주할 생각만 하고 있었다. 강화도를 제외한 조선 전지역은 그야말로 무방비 상태나 다름없었다.[6]

조선은 후금을 상대할 군사력이 약한 상태에서 '모문룡을 제거하라'라는 후금의 요구와 '조선이 오랑캐와 화친했다'라는 명의 의혹 사이에 끼어있었다.

---

6 한명기, 위의 책, pp. 162–165.

전란을 피하고 백성과 국가안위를 생각한다면 강대해지는 후금의 요구를 수용해야 했지만, 인조는 명분론에서 한치도 벗어나지 않고 있었다. 이런 태도를 고수하는 한 다가온 병자호란은 예정된 전란이었다.

2. 병자호란 시기

가. 청의 요구사항

후금은 국력이 강대해지면서 이에 비례하여 조선에 대한 요구도 점차 증대되었다. 조선에게 가도의 모문룡 문제를 정리하고, 자신들도 명과 동일하게 대우해 줄 것을 요구하였다. 이를 정리하면 크게 3가지이다.

첫째, 후금은 가도의 모문룡을 정벌하기 위해 조선에게 함선을 요구하였다. 홍타이지는 명을 정벌하기에 앞서 배후의 위협인 가도의 모문룡을 제거하려 하였다. 후금은 내륙국가로 수군이 미미하고 수전에 약하기 때문에 당시 수군 강국 조선을 압박한 것이다. 홍타이지는 조선에 보낸 국서에서 "조선이 모문룡에게 식량을 제공하는 바람에 가도가 존속하고 있다. 조선이 과거의 잘못을 사과하는 차원에서 함선을 제공해 달라"라고 요구하였다. 조선은 후금의 사신에게 "명은 우리의 부모 나라이므로 너희들에게 배를 빌려주는 것은 천륜을 저버리는 것이다. 차마 못할 짓을 하지 않는 것은 형제사이에서도 마찬

가지이다. 우리가 명을 저버리면 훗날 너희 나라로부터도 의심을 받을 것"이라며 거부 의사를 분명히 하였다.[7] 조선이 비록 형제관계는 지속하겠다고 하였지만 조선에 대한 후금의 불만과 의심은 점차 커져가고 있었다.

둘째, 명과 동등한 대우를 요구하였다. 후금은 조선이 명 사신이 오면 모든 관원이 말에서 내려 영접하면서 왜 후금 사신에게는 말 위에서 읍(揖, 간단한 예의)만 하는가, 명 사신들을 접대할 때는 금과 은으로 된 그릇을 쓰면서 자신들한테는 사기그릇을 사용하는가, 명에는 성절사(聖節使, 황제나 황후의 생일에 보내는 사신)를 보내면서 자신들에게는 왜 안 보내는가, 자신들에게도 명 사신들의 숙소인 태평관(太平館)이나 남별궁을 제공하라 등이었다.[8] 당시 조선은 명 사신 접대는 영접도감(迎接都監)이 담당하였지만 후금 사신들은 구관소(句管所)가 주무부서였다. 조선은 '황제의 나라 명과 형님의 나라 후금은 동일하지 않다'라고 설명하였지만, 명을 군사적으로 압도하고 있는 후금은 이러한 조선의 논리를 수용하지 않았다. 후금의 불만이 커질 수밖에 없는 상황이었다.

셋째, 경제적 측면에서 무역의 확대를 요구하였다. 후금은 명이 자신들과 무역을 금지시키는 경제제재를 가하자 대체지역으로 조선을 지목하였다. 조선은 후금이 필요로 하는 식량을 포함하여 면직류와

7 한명기, 위의 책, pp. 294–297.

8 한명기, 위의 책, p. 287.

각종 생필품을 공급하였지만 명을 의식해서 후금과 무역에 소극적이었다. 후금의 논리는 '조선과 후금은 이미 형과 아우로서 한집안이 되었다. 서로가 돕고 지내야 한다'였다. 그리고 조선이 명에 대하는 태도와 비교하였다. "모문룡은 값도 치르지 않고 쌀을 노략질했지만 자신들은 정당한 값을 치르고 사겠다는데 뭐가 문제인가"하면서 조선을 압박하였다. 또한 후금은 세폐(歲幣, 물자 제공) 증대를 요구하였다. 조선은 정묘호란 이후 봄과 가을 두 차례 후금에 세폐를 보냈다. 1631년 조선이 보낸 세폐의 양이 줄자 홍타이지는 '자신들을 존중하는 마음이 줄어들었다'라고 조선을 질타하면서, 조선이 보낼 세폐의 항목과 양을 일방적으로 통보하였다. 금 1백 냥, 은 1천 냥, 면직 1천 필, 삼베 1천 필, 물소 뿔 1백 부 등이었다.[9]

1636년 홍타지이는 후금에서 대청(大淸)제국으로 국호를 변경하고 황제의 자리에 오른다. 조선은 이를 인정하지 않았다. 축하사절로 청에 간 조선의 사신들은 홍타이지 앞에서 황제에 대한 예의를 하지 않았다. 홍타이지는 조선이 대청제국을 인정하지도 않고 명과 사대관계를 유지하면서 명의 군사거점인 가도를 유지하는 상황을 방치할 수 없었다. 산해관을 넘어 북경으로 들어가기 전에 배후의 위협세력인 가도를 정리하고 조선을 복속시킬 필요가 있었다. 병자호란이 일어난 것이다.

9 한명기, 위의 책, pp. 283-287.

나. 명의 요구사항

명은 후금을 견제하기 위해 조선으로 활용한다는 이이제이(以夷制夷) 구상에는 변함이 없었다. 그러나 문제는 조선의 군사력이었다.

병자호란 발발 당해년도 1636년 9월 1일, 명의 감군(監軍) 황손무(黃孫茂)가 황제의 칙서를 인조에 전달하였다. 칙서에는 '조선이 청의 협박에도 굴하지 않은 것을 찬양한 뒤, 속히 명과 협력하여 오랑캐를 토벌하라'라는 내용이 담겨 있었다.

황손무는 10월 24일 귀국 길에 오르면서 조선 조정에 서신을 보낸다. 그 내용은 첫째, 압록강과 청천강, 그리고 평안도의 험준한 지형을 잘 이용하고, 병사들을 훈련하여 화약과 총포 등을 갖추면 적을 막을 수 있다. 둘째, 조선 신료들이 현실을 제대로 모르고 있다. 셋째, 청과의 관계를 끊지 마라. 특히 황손무의 세 번째 언급에 주목할 필요가 있다. 황손무는 조선을 설득하여 청과의 싸움을 독려하기 위해 조선에 왔었다. 그러나 황손무가 본 조선은 싸울 준비가 전혀 되어 있지 않았다. 조선이 무모하게 청과 맞서다가 패망할 경우, 그나마 배후에서 청의 서진(西進)을 억제하는 역할을 하고 있던 조선의 견제력 마저 상실할 위험이 있다고 판단한 것이다. 명은 조선에게 '청을 공격해서 패망하지 말고 이 상태로 존재해서 청을 견제하라'였다.[10] 명이 조선에 양보할 수 없는 한계선인 것이다.

---

10 한명기, 『역사평설 병자호란 2』(서울: 푸른역사, 2013), pp. 75-76.

다. 조선의 대응, 명분론의 실체

인조는 청의 침략을 방어하기 위해 전방에 정예군을 보내는 대신 자신을 보호하는 데 총력을 기울였으며, 청이 압록강을 넘어 공격해 온다는 소식에 강화도로 들어갈 궁리만 하고 있었다. 수군이 약한 청군이 강화도를 공격하지 못할 것으로 생각한 것이었다. 그러나 청은 1633년 수군을 보유하고 있었다. 산동 등주(登州)의 명 장수 공유덕(孔有德)과 경중명(耿仲明)이 185척의 선박과 수만 명의 병력을 이끌고 청에 투항해 왔기 때문이다.[11]

청은 인조의 계획을 이미 알고 있었다. 인조가 강화도로 이전하기 이전 벌써 강화도로 가는 길목을 장악하였고, 그 이후에 강화도 역시 청군에 의해 점령당하였다. 군사적으로 청에 대한 대비가 소홀하기 짝이 없었다. 인조는 중앙의 정예군 1만여 명을 변방에 배치해야 한다는 건의도, 임진강 방어선을 강화해야 한다는 읍소도, 개성에 전방 지휘소를 설치해 왕이 직접 지휘해야 한다는 제안도, 왕이 강화도로 가면 백성들이 동요한다는 외침도 모두 못들은 척 외면하고 오로지 자신의 왕권 보위만 생각하였다.[12] 약 10년 전의 정묘호란 시 대응과 동일하였다.

애초부터 명과 합세하여 청(후금)을 토벌한다는 생각은 허구에 불

11 한명기, 앞의 책, p. 344.

12 한명기, 앞의 책, pp.57-71.

과하였다. 심지어 인조는 남한산성에 고립되어 왕조의 존망이 경각에 달렸는데도 불구하고 1637년 신년 선날을 맞이하여 남한산성 내에서 명 황제 숭정제(崇禎帝)를 향해 신년하례(望闕禮, 망궐례)를 올렸다. 그리고 그 이전 12월 24일(음력)에 명 황제 생일날에 춤을 추면서 하례를 올렸다. 그러나 당시 명은 조선에 어떠한 도움도 주지 못하였다. 명분론의 실체인 것이다.

조선 인조 정권은 남한산성 농성 45일 만인 1637년 1월 28일 오랑캐 청에게 항복하는 정축화약(丁丑和約)을 체결하고 이틀 후 인조는 남한산성에서 내려와 청태종에게 무릎을 꿇고 이마를 땅에 조아리고 부딪히는 삼전도 굴욕을 당하였다. 조선이 오랫동안 지녀왔던 숭명배금 명분론은 청의 국력에 의해 허상임이 드러났다. 조선은 강요에 의해 명을 떠나 청을 섬기게 되면서 모든 것을 다 잃었다. 숭명배금의 명분도 잃었고 백성과 왕조를 보존하는 실리도 잃었다. 국방력 강화를 위해 성을 신축하거나 개축하지도 못하게 되었다.

이러한 조선과 청의 관계는 일본이 청·일전쟁에서 청을 꺾고 동북아 패자가 될 때까지 지속되었다. 또 다른 세력교체기였다.

〈정축화약丁丑和約〉 내용

1. 명의 고명(誥命:황제의 명령서), 책인(册印:책봉 문서와 도장)을 청 황제에게 바칠 것
2. 명과 국교를 단절하고, 청과 군신관계를 맺을 것

3. 명의 연호를 폐지하고, 청의 연호를 사용할 것
4. 세자와 왕자 및 대신의 자제를 심양에 인질로 보낼 것
5. 청이 명을 정벌할 때 원병을 파병할 것
6. 청이 가도를 공격할 때 원병을 파병할 것
7. 매년 정기적으로 사신을 파견할 것
8. 조선인 포로가 도망쳐 오면, 즉시 심양으로 돌려보낼 것
9. 두 나라 신하들의 통혼을 장려하여 우의를 돈독히 할 것
10. 성을 새로 쌓거나 개축하지 말 것
11. 매년 세폐(歲幣)를 보낼 것

3. 인조 정권 대응의 한계

당시 인조가 취했던 조치들을 오늘날의 기준으로 잘잘못을 평가하기는 어렵지만 인조의 그러한 조치들이 초래했던 문제점과 시사점을 도출해 보자.

첫째, 인조는 반정 후, 명과 모문룡에게 "힘을 합쳐 오랑캐 후금을 치겠다"라는 발언은 적절하지 못하였다. 이때야말로 전략적 모호성이 필요할 때였다. 둘째, 정묘호란 이후 후금이 명을 능가하기 시작한 시점부터 새로운 강자인 후금과 관계를 적극적으로 개선했어야 했다. 이때 후금이 요구했던 핵심적인 사항은 무역확대와 모문룡 제거였다. 이 요구에 부응하여 무역은 확대하고 모문룡과는 거리를 두어 후금을 안심시킬 필요가 있었다. 셋째, 홍타이지가 황제로 등극할 시점에서는 청의 우세가 확실해졌다. 이때에는 '몰락하는 자' 명이 아니

병자호란 때 청에 끌려갔다가 고향에 돌아온 환향녀의 눈물 모습. 모두 50만 명의 백성이 끌려갔다고 함 (출처 : 구글)

고 '이기는 자' 청을 바라보았어야 했다. 명분론을 벗어던지고 실리론으로 갔어야 했다. 새로운 강자를 인정하면서 백성의 생명과 재산 그리고 영토를 보존했어야 했다. 이를 위해 조선이 청의 배후를 위협한다는 우려를 과감하게 불식시켰어야 했다. 이 당시 명도 조선이 멸망하지 않고 존속하는 것 그 자체가 명을 돕는 것이라는 판단을 하고 있었다.

조선이 병자호란을 앞둔 시점에서 청과 명의 요구를 적절한 선에서 수용하며 전란을 막을 기회가 있었다. 국가와 국가 간의 외교관계는 서로 주고 받는 것이다. 타협을 통해 상대가 원하는 것이 무엇인지 파악해서 조금 주고, 내가 원하는 것을 많이 얻으면 된다. 이 과정에서 상대가 허용할 수 없는 한계선도 있을 것이다. 이 한계선을 넘지 않는 지혜가 필요하였다. 당시 청의 한계선은 조선이 배후에서 청을 위협하거나 공격하는 것이었다. 조선은 청의 이 한계선을 존중했어야 하였다. 즉 조선이 명과 협력해 청을 공격하지 않는다라는 믿음을 주었다면 청도 조선을 침략할 이유가 크지 않았을 것이다. 또한 명이 요구했던 한계선은 조선이 생존해서 청을 견제하는 것이었다. 조선은 이러한 청과 명의 요구를 모두 충족시켜 평화를 유지할 수 있지 않았을까 하는 아쉬움이 있다.

오늘날에 주는 시사점

1. 명·청 교체기와 오늘날, 같은 점과 다른점

약 400여 년 전 조선의 인조 정권이 명·청 교체기 위기 상황에서 취했던 조치들을 오늘날과 대비시켜 보자.

같은 점은 첫째, 강대국의 패권경쟁 상황이다. 당시는 명과 청의 패권경쟁이었고, 현재는 미국과 중국이 패권경쟁을 하고 있다. 둘째, 최고 지도자가 누구인가에 따라 국가의 진로가 결정된다는 점이다. 당시의 인조는 광해군에 비해 현명하게 대처하지 못하였다. 오늘날 대통령은 조선 시대의 국왕은 아닐지라도 그의 재임기간에는 그가 국가의 방향을 쥐고 있다는 점에서는 동일하다고 할 수 있다. 최고 지도가가 중요한 것은 조선시대나 지금이나 변함이 없다. 셋째, 정치권에 대한 불신이다. 당시 인조는 이괄의 난을 당해 공주로 피신하였고, 백성들이 등을 돌리는 상황이 있었다. 인조는 민생보다는 자신의 왕권 보위에 관심이 컸고, 자신의 부친 정원군(定遠君)을 왕으로 추숭

삼전도비, 왼쪽 받침대에 비석이 없는 이유는 청이 비석이 너무 작다고 하여 오른쪽 큰 받침대를 제작하였다고 함(출처 : 구글)

하여 원종(元宗)이라는 묘호를 올리고 종묘에 부묘시키는데 힘을 기울였다. 백성들은 이러한 인조를 '믿고 따를 만한 국왕이 아니다'라는 생각을 하고 있었다. 대한민국의 최고 지도자 대통령과 정치권이 국민의 지지를 받고 국력을 집결시켜 미·중 패권경쟁 시대라는 위기상황을 극복하고 국가를 발전시켰는지 여부는 후세가 판단할 것이다.

다른 점은 첫째, 명·청의 패권경쟁은 약 30여 년 만에 승자가 결정되었지만 미·중 패권경쟁은 언제까지 지속될지 알 수 없으며, 최종 승자를 가려내기도 어렵다는 점이다. 둘째, 한반도가 남북한으로 분단된 상황으로 미·중의 패권경쟁은 미국과 동맹인 한국이 한편이 되고 중국과 긴밀한 북한이 다른 편이 되어 서로 충돌할 개연성이 있다는 점이다. 우리는 조선시대에 비해서 민족을 통일해야 하는 더 큰 과제를 안고 있다. 큰 부담인 것이다. 셋째, 조선시대에는 무능하고 못난 국왕 인조를 정당하게 교체할 방법이 없었다. 그러나 한국은 선거라는 제도를 통해 최고 지도자와 집권정당을 선택할 수 있다. 정책 수정이 가능하다. 그렇지만 집권당 교체에 따른 정책의 변화는 정책의 일관성을 훼손하는 문제점과 동시에 자칫 국내 정쟁의 소지가 될 수 있다. 넷째, 오늘날 한국의 국력과 군사력이 조선과 비교할 수 없이 강하다. 한국은 세계 10대 무역국이며 군사력도 세계 6위로 인정받고 있다.

그러나 변함없는 것은 우리 주변 강대국이 서로 패권경쟁을 벌인다는 사실이다.

2. 미·중 패권경쟁 시기를 극복하는 우리의 지혜

그러면 오늘날 미·중 패권경쟁 시대에 우리가 무엇을 어떻게 할 것인가를 생각해보자. 우선 미국과 중국이 우리에게 요구하는 사항은 무엇이고 그들이 양보할 수 없는 한계선은 어디까지인가를 발견해내는 것이 중요하다.

미국은 한미동맹의 대상 범위를 한반도를 벗어나 전세계로 확대하고 있다. 동시에 중국 견제의 수단으로 삼으려 하고 있다. 한반도는 중국 동북지방과 육지로 연결되어 있고, 중국의 수도권과 서해를 사이에 두고 있다. 한반도는 대중국 포위망의 한 축으로 중국 수도권과 근접해 있는 전략적 거점인 것이다. 미국은 명(明)이 그랬던 것처럼, 우리에게 중국 견제에 동참을 요구하고 있다. 더욱이 현재 우리는 미국과 군사동맹이고 미국군대가 한반도에 주둔하고 있다. 한미연합군 전시작전통제권은 공동사용의 형식으로 미군 4성 장군이 행사한다. 현재의 한미동맹은 우리의 안보를 보장해주는 긍정적 역할을 하지만, 긴 역사적 시각으로 보면 영원히 유지될 수는 없을 것이다. 상황변화에 따라 역할조정이 필요하다고 할 수 있다.

중국은 한반도를 속국으로 삼았던 과거 중화질서를 재현하려고 한다. 특히 시진핑 국가주석이 더욱 그렇다. 중국 입장에서 한미동맹을 약화시키거나 해체시켜 한반도를 자신들의 세력권으로 편입하려고 할 것이다. 후금이 상대적으로 국력이 강하지 않았던 정묘호란 시 조선의 명에 대한 사대를 용인했던 것처럼, 중국은 1970년대에는 주한미군에 대해 문제삼지 않았다. 그러나 청이 국력이 강해지면서 조선에게 자신들도 명과 동일하게 대우할 것을 요구하고 병자호란을 통해 조선을 항복시켰던 것처럼, 중국은 국력이 커지면서 주한미군과 한미동맹을 '냉전시대의 유물'이라고 비난하고 있다. 그리고 중국은 명이 재조지은(再造之恩)과 봉전지은(封典之恩)을 수단으로 조선에 압력을 가했던 것처럼 오늘날의 중국은 '북한카드'와 '경제카드'로 우리를 통제하려고 한다.

미국이 우리에게 요구하는 '대중 견제 동참'과 중국이 우리에게 요구하는 '한미동맹 이탈' 사이에서 우리가 취해야 할 자세는 무엇일까? 필자는 다음과 같이 생각한다. 현재 우리에게 한미동맹은 안보의 핵심 축이다. 중국이 동맹의 약화를 시도한다 하더라도 이에 섣불리 응할 수 없다. 안보가 근본적으로 흔들릴 수 있기 때문이다.

중국에 대응하기 위해서는 첫째, 다자주의로 가야한다. 중국을 자극할 수 있는 한미의 양자간 협력보다는 다자간 협력을 통해 중국의 의심과 우려를 완화시켜야 한다. 2023년 출범한 인도·태평양 경제프레임워크(IPEF)에 창립멤버로 참여한 것은 다자주의의 좋은 사례이다. IPEF가 실질적으로 중국견제를 목적으로 하지만 참여국은 13개국이다. 우리는 13개 국가 중 하나로 중국은 우리만 비난하거나 제재하기는 어려울 것이다. 둘째, 전시작전통제권 전환이 필요하다. 우리 안보여건 상 당장은 어렵다고 하더라도 주권국가로서 중국을 상대하기 위해서는 우리 군에 대한 작전권은 당연히 우리가 행사하여야 한다. 셋째, 미국은 물론이고 중국과 끊임없이 소통해야 한다. 소통을 통해서 상대국의 의도는 물론이고 허용할 수 없는 한계선도 파악해야 한다. 명·청 교체기에 청의 한계선은 조선이 명과 협력해서 자신들의 배후를 공격하는 것이었고, 명의 한계선은 조선이 망하지 않고 존재해서 청을 견제해달라는 것이었다. 인조 정권이 명과 청의 한계선을 제대로 파악하였다면 명과 청사이에서 균형을 이루고, 평화를 유지할 수 있었을 것이다.

여기서 우리는 미국이 요구하는 한미동맹의 역할 확대는 수용하되 이를 통해 미·중의 대결이 한·중 대결로 비화되지 않도록 주의를 기울여야 한다. 동시에 전작권 전환 등 우리의 독자영역을 점차 넓혀가야 한다. 중국에 대해서는 다자주의에 입각하여 중국을 상대하면서 중국이 치명적 위협으로 느끼는 분야에 대해서는 신중할 필요가 있다. 충분한 소통을 통해서 중국의 한계선을 파악하고 한편으로 우리의 한계선도 분명하게 밝혀야 한다. 우리와 중국이 서로의 한계선을 넘지 않도록 상호 존중이 필요하다.

여기서 중국과 미국의 한계선은 무엇일까? 중국은 한미동맹이 중국의 수도권을 겨냥하는 군사적 조치를 한계선으로 설정했을 가능성이 크고, 미국의 한계선은 우리가 한미동맹을 이탈하여 중국과 협력을 강화하면서 군사적 유대까지 진전되는 상황일 것이다.

NEAR 재단 정덕구 이사장은 「극중지계(克中之計)」라는 저서에서, "한미동맹이 중국의 핵심이익을 침범하는 것을 경계해야 한다" 이어서 "중국이 한국에 지켜야 할 레드라인은 우리의 주권과 생존권을 침해하지 못하도록 설정한 선이다"라고 강조하였다. 필자는 동의한다. 우리가 중국이나 미국에 양보할 수 없는 한계선은 우리의 주권과 생존권 그리고 정체성을 훼손하는 것으로, 이는 단순히 경제적으로 계산할 수 없는 가치인 것이다. 우리의 한계선을 건드리려는 시도에 대해서는 경제적 손실을 감수하고 대응하겠다는 자세가 필요하다. 국익이란 경제적 이익을 포함하여 주권과 생존권, 정체성이라는 가치가 있기 때문이다.

우리는 지정학적 한계를 기회로 만드는 지혜를 발휘해야 한다. 역사에서 그 지혜를 찾고, 교훈과 시사점을 도출하려는 노력을 게을리 해서는 안된다.

청·일 패권경쟁(청·일 전쟁) 시기와 고종 정권의 무능

들어가며

만해 한용운, "망국은 내 탓이 크다"(출처 : 구글)

조선왕조는 1876년 2월 일본과 「조일수호조규」(朝日修好條規, 일명 강화도조약)을 체결한 이후 34년이 경과한 1910년 8월 29일 일본에 국권을 빼앗겼다. 지구상에 조선왕조, 또는 대한제국이 사라진 것이다. 이때 조선의 국왕은 고종이었다. 그는 1864년 1월에 12살의 나이로 왕위에 오른 이후 1907년 7월 일본에 의해 강제 퇴위 당할 때까지 약 44년 간 조선의 최고지도자였다.

고종이 집권한 19세기 말, 20세기 초반은 제국주의 시대였다. 부국강병을 통해 해외 식민지를 확장하는 패권경쟁의 시대인 것이다. 다시 말해서 서로가 먹느냐 아니면 먹히느냐 하는 약육강식의 시대였다. 메이지 유신을 통해 부국강병을 이룬 일본이 청·일 전쟁에서 청을 제압하면서 중화질서를 해체하고 동북아의 패권을 차지하였지만, 우리는 제국주의 시대 경쟁에서 낙오되어 일본의 식민지로 전락하는 수모를 겪었다. 수치스러운 역사였다.

지금은 그때와 다르다고 안심할 수 있을까 ? 오늘날은 구한말과 물론 같지 않다. 그러나 근본적으로 변하지 않는 상황도 있다. 아니 더욱 취약한 상황도 있다. 비록 부끄러운 역사이지만 외면하지 말고 마주하면서 그 당시 상황과 진지하게 대화를 해야 한다. 다시는 반복해서도 안되고, 비슷한 상황에 처해서도 안되기 때문이다.

만해(萬海) 한용운은 조선왕조의 망국 원인에 대해 다음과 같이 질타하였다. "어떠한 나라든 스스로 망하는 것이지 남의 나라가 남의 나라를 망하게 할 수 없는 것이다"[13] 이 말의 의미는 망국은 내 탓이지, 남 탓이 아니라는 것이다. 중국에서 일본으로 패권이 전환되는 과정에서 무능하였던 고종과 당시 지도층의 행동을 따라가 보면서 왜 내 탓인지 살펴보겠다.

당시 우리는 어떻게 했어야 '청과 근대국가 간 관계를 수립하고, 동시에 일본 제국주의에 대항하면서, 최소한 국가의 명맥을 유지할 수 있었을까'라는 관점으로 오늘날과 비교하였다.

---

13 https://www.jsd.or.kr/?c=boards/board/806&uid=21918 (검색일: 2022. 6.20). 만해는 이러한 취지의 언급을 여러 번 하였다. 1920년 9월 24일 '3.1운동 관련자 공판기록에도 있으며, 1936년 '조선일보에 '심우장 만필'을 연재하면서 '반성(反省)' 이라는 제목의 기고문에도 이러한 내용을 언급하고 있다. 중국의 량치차오(양계초)도 '조선 망국 사략', '조선 멸망의 원인' 등의 글에서 "한국이 망한 것은 한국 황제가 망하게 한 것이요, 한국 인민이 망하게 한 것이다"라는 글을 남겼다. https://www.hankookilbo.com/News/Read/A2021122009340001426 (검색일: 2022. 6.20)

조선의 개항, 일본의 진출과 청의 기득권 강화

조선 개항 과정과 의미

조선은 1876년 2월 일본과 「조일수호조규」를 체결함으로 개항을 하였다. 당시 조선의 주류는 유학자들로 개항에 반대하였다. 이들을 '위정척사파'[14]라고도 한다. 대표적인 인물이 최익현으로 그는 도끼를 메고와서 '나의 주장을 받아들이든가 그렇지 않으면 이 도끼로 내 목을 치시오'라는 결연한 자세로 개항 반대의 논리를 전개하였다. 그를 포함한 위정척사파들의 주장을 정리하면 다음과 같다.[15]

일본은 더 많은 것을 요구할 것이고, 결국 침략해 올 것이다.
백성들은 일본 사치품에 현혹되어 경제적 파탄과 도덕적으로 타락할 것이다.
일본은 서양 앞잡이이며, 천주교가 기승을 부려, 백성은 금수가 될 것이다.
외국인들이 들어와 부녀자들을 겁탈하여 사회질서가 무너질 것이다.
일본과 서양은 인륜이 없는 진정한 금수로 청나라 오랑캐만도 못하다.

고종은 위정척사파의 반대와 또 다른 목소리인 일본과 종래의 근린외교 관계를 회복해야 한다는 주장 사이에 결정을 못내리고 있었

14 '위정척사파'는 19세기 말 외세를 배격하고 개항에 반대하는 유학자들을 지칭한다. 사상적 배경은 명나라를 숭상하고 성리학에 입각한 정치와 사회를 이상으로 하고 있다.

15 함재봉, 『한국 사람 만들기 II』(경기 광주: 2021), pp. 497-501.

다. 이런 상황에서 조선이 일본과 조약 체결을 결정한 배경은 크게 다음 3가지이다.

첫째, 청의 권유이다. 청은 1875년에 일본으로부터 '조선을 개항시키기 위해 군함과 군대를 보낼 것이다'라는 통보를 받고, '무력을 행사하는 것은 반대한다'라고 의견을 밝혔다. 그렇지만 청은 개입할 의사도 힘도 없었다. 청의 실권자 리훙장(李鴻章)은 조선 조정에 편지를 보내 '일본과 마찰을 일으키지 말고 조약체결'을 종용하였다.[16]

둘째, 일본의 군사위협이다. 일본은 청의 개입이 없을 것이라는 판단을 하고 1875년 9월 운요호(雲揚號)를 강화도와 영종도로 보내 조선군 포대를 무력화시켰다. 조선 조정은 일본의 요구를 수용하지 않는다면 이런 군사공격을 다시 받을 수 있다는 위기를 느꼈다.[17]

셋째, 대원군이 추진하였던 쇄국정책에 대한 반발이었다. 고종은 일본과 관계를 파탄시킨 죄목으로 왜관(倭館) 훈도 안동준을 참형하고 그 상급자들을 파면하거나 귀양보냈다.[18] 이른바 '前정권 정책 지우기 일환'이었다.

고종은 개항을 결심했지만 조선은 전혀 준비가 되어있지 않았다. 조선은 대마도와 부산 왜관을 통한 기존의 교역이 새로 출

대원군, 군사력 강화, 서정쇄신 단행(출처 : 구글)

16 함재봉, 위의 책, pp. 503–504.

17 함재봉, 위의 책, p. 476.

18 함재봉, 위의 책, p. 462.

범한 일본의 메이지 정부로 대체되는 정도로 여기고 있었다. 조선의 협상 대표 신헌(申櫶) 판충추 부사는 일본측 대표 구로다 기요타카 (黑田淸隆)에게 "조약이 무엇입니까"하고 물어본다. 국제법에 대해 무지했던 조선은 일본의 요구대로 무관세, 일본 화폐 통용과 치외법권 등을 수락하는 불평등 조약을 체결하였다.

1876년 일본에게 개항한 6년 후, 1882년 조선은 미국을 비롯하여 영국, 독일과 수교한다. 이들 서구열강과 조약을 체결한 배경은 다음과 같다.

첫째, 청의 권유이다. 당시 동북아 정세는 일본과 러시아가 한반도로 세력을 확대하는 시기였다. 일본은 1879년 류큐 왕국(琉球王國)을 합병하였다. 류큐는 중국에 조공을 바치는 속국 중 최초로 중국과 관계를 단절하고 일본에 흡수되었다. 이 사건을 계기로 청·일 관계는 악화되었고 청은 일본이 조선을 합병할 수 있다고 우려하기 시작하였다. 또한 청은 러시아가 1860년 연해주를 할양받고 블라디보스토크를 건설한 후, 조선을 경유하여 계속 남하할 것으로 우려하고 있었다.

청의 리훙장은 조선을 청의 속국으로 잔류시키기 위해서는 조선으로 하여금 서구 열강들과 조약을 맺어 조선에서 강대국 간 세력균형을 이룩하는 것이 필요하다고 생각하였다. 또한 청은 조선이 국제법에 무지하다는 명분으로 조선을 대신하여 자신들이 협상에 주도하면서 대외적으로 조선과 종주국–속국 관계를 과시하였다. 청은 중화질서에서 속국의 내정과 외교에 개입하지 않는다는 전통을 파기하고 직

고종, 재위 1864년 ~1907년, 44년(출처 : 구글)

민 중전, 민씨 척족의 중심인물이었다(출처 : 구글)

접 나서서 조선에서 이이제이(以夷制夷) 방법으로 일본이나 러시아를 견제하고 이들과 세력균형을 도모하기 위해 서구 열강을 조선으로 불러들인 것이다.[19]

둘째, 고종의 근대화에 대한 관심이었다. 고종은 강화도 조약 체결 이후, 2개월이 경과한 4월에 일본에 수신사를 파견한다. 그렇지만 수신사 김기수는 전형적인 유학자로서 일본의 근대화를 견학하고 배울 생각이 전혀 없었다. 오히려 '기이하고 과도한 기교를 부린 서양 야만인들의 과학기술을 배우려는 일본을 경멸까지 하였다. 그해 7월 고종은 김기수에게 많은 질문을 하였지만 그는 실상을 정확하게 보고하지 않았다. 고종은 4년 후 1880년 5월에 김홍집을 다시 일본에 파견

19 함재봉, 위의 책 pp. 547-552.

한다. 2차 수신사이다. 김홍집은 그 해 10월 고종에세 일본의 발전상 뿐만 아니라 주일 청 공사관 참찬관(參贊官) 황쭌셴(黃遵憲)이 건네준 조선책략도 보고한다. 고종은 이를 계기로 본격적인 개국정책을 추진하기로 결정한다. 이어서 1881년 5월에는 일본에 신사유람단(紳士遊覽團)을 파견한다. 명칭이 '신사들이 유람하러 간다'라는 의미의 신사유람단인 것은 당시 위정척사파들의 반대를 의식한 위장 명칭이었고 편성과 일정 등 모두 비밀사항이었다. 같은 해 7월에는 청에 영선사를 파견한다. 영선사 역시 청의 선진문물을 견학하기 위해서였다. 고종은 대외개방과 근대화 추진을 위해 통리기무아문(統理機務衙門)을 설치하였다.

이와 같이 조선의 개항과 개국은 국제정세 변화에서 조선을 자국의 속국으로 계속 유지하고자 하였던 청의 권유와 이를 수용한 고종의 결심이 주요 요인이었다. 일본이나 서구 열강과 같은 부국강병을 이룩하겠다는 목표가 부재한 상태에서 부분적으로 근대화에 대한 관심을 기울이는 정도로 그쳤다.

일본의 한반도 진출과 청의 기득권 강화

1. 일본의 한반도 진출

일본은 조선을 개항시키기 이전, 1871년 9월 청과 「청일수호조규」(清日修好條規)를 체결한다. 일본은 청의 황제와 일본의 천황을 조약의 주체로 할 것을 주장하였지만 청은 받아들이지 않았다. 이 조약 1조에 '서로의 방토(邦土)에 대한 불가침을 약속한다'라고 명기하였다. 청의 리홍장은 '조선도 청의 방토'라고 주장하면서 일본의 조선 침략 의도를 차단하였다고 생각했지만, 일본은 조선은 조약상에서 거론된 중국의 방토에 포함되지 않는다는 입장이었다. 일본은 이때에도 조선을 염두에 두고 있었다.

일본은 「조일수호조규」 1조에 '조선은 자주국이며 일본국과 더불어 평등한 권리를 보유한다'라고 명시하였다. 조선에 진출하려면 조선을 청의 영향권에서 분리시킬 필요가 있다고 본 것이다.

조선이 일본에 개항한 이후, 일본인 상인들은 조선과 교역을 시작하였다. 이때에 서구 상품이 유입되면서 조선의 수공업자들이 몰락하고 쌀의 대량 유출로 곡가가 폭등하는 등 하층민들의 생활이 어려워졌다. 일본은 상거래에서 폭리를 취하였고 사기와 폭력도 빈번하였지만 치외법권은 일본인들을 보호하였다. 일본과 개화에 대한 조선 백성의 반감은 점차 커져갔다. 또한 민씨 척족들의 가렴주구도 횡행하였고, 민 중전은 무속에 빠져서 국가 재정을 탕진하고 있었다. 이런 상황에서 1882년 7월 임오군란이 발생한다.[20] 군란 참여자들은 일본 공사관을 불태우고 일본 군사교관 호리모토 레이조(堀本禮造) 공병 소위와 일본인 13명을 살해한다.

일본은 이때에 일본 본토에서 일본군을 출동시킨다.[21] 하나부사(花房) 공사는 일본군함 4척과 수송선 3척 그리고 육군 1개대대를 대동하고 인천에 도착한 다음, 8월 20일 고종을 알현하고 요구사항을 제시한다. 조선은 일본과 협의를 거쳐 제물포조약을 체결한다.[22]

〈제물포조약〉

1조~4조 : 주모자 처벌과 피해 배상문제[23]

5조 : 일본 공사관에 약간의 군사를 두어 경비하게 한다. 병영 설치 및 수리는 조선국이 담당한다. 만약 1년 후에 조선의 병민(兵民)이 법률을 지켜 일본 공사가 경비가 불필요하다고 여기면 철병해도 무방하다.

6조 : 조선은 특별히 고위관료를 파견하여 국서를 전달하고 일본에 사과한다.

---

20 조경달 著, 최덕수 譯, 『근대조선과 일본』(파주: 열린책들 2020), p. 86. 장영숙, 『망국의 군주, 개혁군주의 이중성』(서울: 역사공간, 2020), p. 105.

21 함재봉, 앞의 책, p. 659.

22 최덕수 外, 『조약으로 본 한국 근대사』(파주: 열린책들, 2010), pp. 265–273.

23 1조, 20일 내에 조선국은 흉도를 잡고 징계한다. 일본국은 관리를 파견해 함께 조사하고 처리한다. 2조, 조선국이 예의를 갖추어 장례를 치른다. 3조, 조선국은 5만 원을 지불하여 피해자와 부상자를 돌본다. 4조, 조선국은 일본국에 50만 원을 전보한다.

김옥균, 갑신정변의 중심인물(출처 : 구글)

일본은 군대를 철수시켰지만 공사관 경비병력은 150여 명 규모로 잔류시켰다. 이 병력이 2년 후 1884년 갑신정변에 참여하게 된다. 일본은 이에 추가하여 「조일수호조규 속약(續約)」을 관철시킨다. 즉 개항장의 추가 신설과 기존 개항장의 확대, 일본 공사관원의 조선에서 여행의 자유 등을 보장하는 내용이다.[24] 일본은 임오군란 후속조치를 통해 군사적 진출과 경제적 이익을 확대해 나갔다.

임오군란 2년 후인 1884년 12월 조선에서 갑신정변이 일어났다. 김옥균을 비롯한 친일 급진개화파가 민씨 척족이 중심인 친청파에 밀려나는 상황에서 이를 반전시키고자 일본의 지원 약속을 믿고 친위 쿠데타를 일으킨 것이다. 일본은 고종을 호위하기 위해 공사관 경비병력 150여 명을 투입하였다. 그러나 조선 조정의 요청을 받고 출동한 청군의 위세에 눌려 곧 철수하였다. 일본은 갑신정변 피해 배상을 명분으로 다시 조선과 1885년 1월에 「한성조약」(漢城條約)을 체결한다.[25]

---

24 최덕수 外, 위의 책, p. 274.

25 최덕수 外, 위의 책, pp. 283-290.

〈한성조약漢城條約〉

1조 : 조선국은 일본국에 국서를 보내 사의를 표한다.

2조~3조 : 주모자 처벌과 피해 배상 문제[26]

4조 : 조선은 일본 공관 신축에 비용과 토지를 제공한다.

5조 : 일본 경비병력의 병영시설을 공사관 안으로 이전한다.

「한성조약」은 조선과 일본의 관계로 주로 일본의 피해와 희생자에 대한 배상문제였다. 더 큰 의미가 있는 것은 1885년 4월에 일본이 청과 체결한 「텐진조약」(天津條約)이었다. 일본 입장에서는 조선의 문제가 조선과 일본 양국의 범위를 벗어나 청과 일본의 문제가 되는 전환점이었다.

일본은 친일 급진개화파가 주도한 정변에 공사관 경비병력을 동원하여 고종이 거주하는 창덕궁을 호위하였지만 곧 이어 출동한 조선 주둔 청군에 밀렸다. 이 과정에서 일부 교전도 있었다. 이 당시 청군이 우세를 보였다. 일본은 아직은 준비가 부족하다고 판단하여 청과 「텐진조약」을 체결한 것이다.[27]

26 2조, 조선국은 11만 원 지불한다. 3조, 살인범을 체포하여 중형으로 처벌한다.

27 최덕수 外, 위의 책, pp. 295-301.

〈텐진조약天津條約〉

1조 : 청은 조선에 주둔하고 있는 군대를 철수하고, 일본은 공사관 경비병력을 철수시킨다.

2조 : 양국은 조선 국왕에게 병사를 교련할 것을 권하여 치안을 충분히 스스로 지키도록 한다. 청일 양국은 조선에 무관을 파견해서 조선군을 교련하는 일이 없도록 한다.

3조 : 장래 조선에서 변란이나 중대사건이 일어나 청일 양국 혹은 1국이 파병을 요할 때에는 마땅히 우선 상대방 국가에 알릴 것이며(行文知照), 그 사건이 진정되면 즉시 철수하고 다시 주둔하지 않는다.

일본과 청은 조선에서 동시 철군을 하고 이후에 파병 시 통보하기로 하였다. 일본은 조선군을 훈련시키는 청군 교관도 철수시켰다. 청은 조선의 종주국으로 하시라도 조선에 파병이 가능하다고 보고 일본의 제안을 수락하였지만, 일본은 조선에서 점차 청군과 대등한 권리를 확보해 나갔다. 이때에 일본과 청은 조선의 내정이 불안하다는 입장은 동일하였다. 따라서 청과 일본은 조선 국왕에게 군사력을 육성하여 스스로 치안을 담당하라는 조항을 2조에 명기한다.

갑신정변 후 10년이 지난 1894년 조선에서 동학농민혁명이 발생하였다. 자체적으로 수습할 능력이 없었던 고종은 그 해 6월 3일 청군에 파병을 요청한다. 그동안 군사력을 강화하고 기회를 노리고 있던 일본은 청의 통보에 앞서 파병을 결정한다.

일본군 선발대가 6월 8일 인천에 상륙하였으며, 7월 23일 경복궁을 점령하고 조선 군대를 무장해제 시켰다. 이어서 일본은 풍도 해전과 성환전투에서 청에 승리한 후, 8월 26일 「조일양국맹약」(大朝鮮國大日本兩國盟約, 일명 조일동맹조약, 또는 한일공수동맹)을 체결한다.[28]

〈조일양국맹약大朝鮮國大日本兩國盟約〉

1조 : 청국 병력을 조선국의 국경밖으로 철퇴시켜 조선국의 자주독립을 공고히 하고, 조일 양국의 이익을 증진한다.

2조 : 일본은 청과 전쟁에 임하고, 조선은 일본 군대에 대한 군량미 등 편의를 제공해야 한다.

3조 : 이 맹약은 청국과 화약이 이루어지는 날 파기한다.

일본은 청과의 전쟁에 조선을 동원한 것이다. 조선은 일본의 힘에 밀려 일본의 동맹국이 된 것이다. 이와 동시에 『조일잠정합동조관』(朝日暫定合同條款)을 체결한다. 이 조관에는 일본이 조선에 권고하는 내정 개혁안(1조), 경부 및 경인 지역 철도부설(2조), 전신선 문제(3조), 통상항 추가 개항(4조) 등이 경제적 이권 확대 문제가 포함되어 있다.[29]

일본은 청·일전쟁 승리 이후 청과 「시모노세끼조약」(馬關條約)을 맺는다.[30]

28 최덕수 外, 위의 책, pp. 316-318.

29 최덕수 外, 위의 책, pp. .313-316.

30 최덕수 外, 위의 책, pp. .323-336.

〈시모노세끼조약馬關條約〉

1조 : 청국은 조선국이 완전무결한 자주독립국임을 확인한다. 따라서 자주독립에 해가 되는 청국에 대한 조선국의 공헌(貢獻) · 전례(典禮) 등은 완전 폐지한다.

2조 ~ 11조 : 전쟁배상과 영토할양 등 문제

일본은 청·일전쟁의 결과 청과 조선의 종주국-속국 관계를 종식시켜 청의 간섭을 배제하고 자신들이 조선을 독점적 지배하고자 하였다. 1876년 「조일수교조규 1조」의 '조선은 자주국'이라는 조항이 20년 후 1895년 「시모노세끼조약」 1조에서 현실화된 것이다. 이는 조선에서 패권이 청에서 일본으로 전환되었음을 의미한다.

2. 청의 기득권 강화

19세기 말, 서세동점의 시대에 청은 서구열강의 침략을 받았고, 자신들에게 조공을 바치던 류쿠 왕국이 1879년 일본에 합병당하였으며, 1884년 청·불전쟁으로 베트남을 프랑스에게 빼앗겼다. 이제 다음 차례는 조선으로 보고 청은 조선 문제에 적극 개입하기로 하였다. 문제는 청의 국력이 조선에 진출하려는 일본이나 러시아를 압도하지 못한다는 것이었다. 따라서 청은 조선에 일본과 수교를 권유하였고, 서구열강과 수교를 주도하였다. 이러한 청의 정책에 따라 조선은 1882년 5월 미국을 시작으로 6월에 영국, 독일과 각각 수교조약을 체결한다. 일본과 러시아를 상대하기 위해 미국과 영국 등을 끌어들이는 이이제이 (以夷制夷)방법이었다. 리홍장은 이렇게 해서 한반도에서 세력균형을 이룩하여 조선에서 청의 종주권을 지키고자 하였다.

이 과정에서 종주국-속국 관계인 청과 조선의 관계가 항상 현안으로 떠올랐다. 청은 조선이 미국 등 서구열강과 수교조약 체결 시 '청과 종주국-속국 관계' 조항을 조약문에 포함시킬 것을 요구하였다. 조선은 별 이의가 없었지만 미국은 근대 국제법에 어긋난다는 이유로 반대하였다. 중국은 대안으로 조선의 국왕이 조약 체결 후 이러한 내용을 서구열강에 공표하라고 하였다. 조선은 청의 요구대로 고종이 조약을 체결한 서구 열강에 조선은 청의 속국이라는 서신을 발송하기로 하였다.[31]

청은 조선의 외교 활동도 제한하였다. 위안스카이(袁世凱)는 1887년 조선이 미국으로 공사를 파견하는 것을 막았다. 그가 반대한 논리는 다음 세 가지였다. 첫째, 조선은 약소국이며 자주 능력이 없기 때문에 전권공사를 파견할 수 없다. 둘째, 조선은 빈약한 나라이기 때문에 전권공사를 파견한다 하더라도 재정난으로 중도에 철수할 것이다. 셋째, 조선과 미국은 교류가 활발하지 않기 때문에 굳이 전권공사를 파견해도 할 일이 없다.

그러나 청은 고종의 의지와 서구열강의 지원으로 조선의 전권공사 파견을 막을 수 없었다. 위인스카이는 할 수 없이 조선 공사가 지켜야

31 함재봉, 『한국 사람 만들기 II』(경기 광주: H 프레스, 2021), pp. 623-624.

할 다음의 영약3단 (另約三端)[32]을 제시하여 조선을 통제하려 하였다.

〈영약3단 另約三端〉

1. 조선 공사가 미국에 도착하면 먼저 청국 공사를 알현하고, 청국 공사와 함께 국무부와 백악관을 방문한다.
2. 공적 행사나 사적 연회에서 조선 공사는 마땅히 청국 공사 다음에 입장하고 아랫자리에 앉아야 한다.
3. 중요한 사무는 먼저 청국 공사와 협의한 후 그 지시를 따라야 한다.

1882년 조선에서 임오군란이 발생하였다. 청은 조선의 내정불안을 틈탄 외세의 개입을 우려하였다. 청은 즉각 파병을 결정하고 약 2,000여 명의 병력과 전함 3척을 출동시킨다. 이 병력의 일부는 조선에 계속 주둔하여 갑신정변 진압부대로 출동한다.[33] 청은 쇄국주의자 대원군이 집권한다면 청이 추진하는 조선 대외개방정책에 방해가 될 것으로 보고 대원군을 중국으로 압송하여 3년간 억류하였다.

청은 일본이 조선에서 교역을 확대하여 경제적 이익을 취해나가고 서구열강이 조선에 진출하기 시작하자, 이에 대한 대응으로 1882년 10월 조선과 무역협정인 「조청상민수륙무역장정」(朝淸商民水陸貿易章程)을 체결한다.[34] 청은 조선과 관련되는 문제는 국내문제이기 때문에 외

32 함재봉, 『한국 사람 만들기 Ⅲ』(경기 광주: H 프레스, 2021), pp. 750-755.

33 함재봉, 『한국 사람 만들기 Ⅱ』(경기 광주: 2021), pp. 661-662.

34 최덕수 外, 앞의 책, pp. 109-120.

국에 적용하는 조약(條約)이라는 명칭 대신 장정(章程)을 사용하여 국내문제임을 대내외에 주장하였다. 또한 조선문제는 외교부에 해당하는 예부 소관이 아니었다.

〈조청상민수륙무역장정朝清商民水陸貿易章程〉

전문 : 이번에 체결한 장정은 중국이 속국을 우대한 것이다.
1관 : 문제가 발생하면 청의 북양대신과 조선의 국왕이 상호 소통한다.
2관 : 청 상인은 조선에서 치외법권을, 조선 상인은 청에서 청의 법을 적용한다.
3관 ~ 8관 : 청의 통상 특권 명시[35]

청은 「조청상민수륙무역장정」을 통해 조선과 종주국–속국 관계를 분명히 하면서, 1관에서 조선 국왕을 북양대신 즉 리훙장과 동급으로 여겼다.

1883년까지만 해도 조선의 대외무역은 일본 상인들이 장악하고 있었지만 「조청장정」체결 이후 중국 상인들도 점차 상권을 넓혀가고 있었다.[36]

조선에서 1884년 12월 갑신정변이 발생하였다. 청은 군사력으로 신속하게 정변을 진압하였지만 일본이 조선 문제에 개입하고 있음을

35 대표적인 청의 특권으로 관세율은 5% 부과하는 것이다. 1882년에 미국 등 서구에 부과한 10~30% 보다 낮았다. 국경무역을 위한 국경도시의 개방과 선박의 정기 운항, 상호 어업활동 보장 등이었다.

36 함재봉, 『한국 사람 만들기 Ⅲ』(경기 광주: 2021), pp. 734.

우려하였다. 무엇보다 불안한 조선 내정을 크게 걱정하였다. 조선에서 추후에 임오군란이나 갑신정변같은 혼란이 발생하면 청은 본의 아니게 일본과 무력충돌이 불가피하다고 보고, 조선의 내정에 직접 개입하기 시작하였다. 조선 내정의 불안을 우려하는 것은 일본도 동일하였다. 조선 정국의 혼란으로 청과 무력충돌을 원치 않았기 때문이다.

청은 임오군란 진압 부대의 일선 지휘관으로 참여하였던 위안스카이를 1885년 10월 「주차조선총리교섭통상사의」(駐箚朝鮮總理交涉通商事宜)라는 긴 이름의 모호한 직책을 부여하여 조선에 상주시킨다. 리홍장은 위안스카이에게 공사라는 직함을 부여할 경우, 조선을 독립국으로 인정하는 것이고, 총독이라고 할 경우에는 '속방인 조선에 내치와 외교를 간섭하지 않는다는 청의 주장은 거짓'임을 나타내기 때문이었다. 그렇지만 위안스카이는 자신의 명함에 총독으로 기재하고 행동도 총독과 동일하게 조선의 내정뿐만아니라 외교에도 개입하였다. 청과 조선의 관계는 종주국-속국에서 직할 통치제제로 전환된 것이다.

청 위안스카이, 1885년 ~1904년, 조선에 군림(출처 : 구글)

청은 조선의 요청으로 동학농민혁명 평정을 위해 병력을 파견하였다. 이를 계기로 동시 출병한 일본이 청을 상대로 전쟁을 일으켰다. 청은 청·일전쟁 패전으로 조선에서 종주권을 상실하였다. 청은 일본과 강화 협상 과정에서 리홍장은 '청과 일본이 한국의 독립을 인정하고 그 중립을 보장하며, 조선 국내 문제에 대한 관여를 자제한다'라는 방안을 제시하였다. 일본에게 전쟁은 패하였지만 조선에 대한 기득권은 놓지 않으려 하였다. 그렇지만 일본 대표 이토 히로부미(伊藤博文)는 이것에 대해 더 이상 공개 논의를 허용하지 않는다고 하며 청의 제안을 거부하였다.[37]

일본과 청의 요구와 조선의 기회

1. 일본의 의도와 요구

19세기 말, 일본에서는 조선을 정벌해야 한다는 정한론이 대세를 이루었다. 「조일수호조규」 체약 이전 1870년 대 초반에는 조선을 무력으로 침략해야 한다는 강경론이 대두되었지만, 아직 일본이 국력이 충분치 않아 외교적으로 해결해야 한다는 유화론으로 대체되었다. 정한론은 일본 내부에서 메이지 유신 이전 몇 차례의 내전과 내부 갈등을 수습할 수 있는 대책이기도 하였다.

조일수교 이후에는 일본은 조선을 교역 이익을 취할 수 있는 시장이면서 쌀 등을 비롯한 식량과 원자재 공급지역을 보아 경제적 침탈

37 최덕수 外, 앞의 책, p. 333

을 증대하였다. 일본 입장에서는 자신들의 발전과 미래의 번영이 걸려있는 조선으로 진출해야 하였다. 우선 청의 영향력을 배제하여야 하고 최소한 러시아 등 서구 열강이 조선에 독점적 지배권을 행사하는 것은 막아야 하였다. 이를 위해 일본 메이지 정부의 정한론은 조선으로 하여금 자강(自强)을 위한 개혁을 추진토록 하면서 독립을 추구해서 청의 속국 지위를 벗어나도록 하는 것이었다.

메이지 유신 세력이 조선의 자강과 독립을 종용하는 것은 조선에 대한 배려나 이타심에서 비롯된 것은 물론 아니었다. 한반도에 대한 영향력 확보가 일본의 안보에 절대적으로 중요하다고 인식하고 있었기 때문이었다.[38] 이러한 의도를 품은 일본이 조선에 줄기차게 요구한 것은 다음과 같다.

〈일본의 요구〉

1. 조선의 자주 독립 (청과의 종주국–속국 관계 청산)
2. 조선의 개혁과 자강
3. 친일 급진개화파 지원
4. 러시아의 진출 견제

일본은 조선이 청과 종주국–속국 관계를 유지하는 한, 조선에 진출하는 데는 한계가 있다고 판단하였다. 자주독립을 일관되게 요구

---

38 함재봉, 『한국 사람 만들기 II』(경기 광주: 2021), p. 688.

하였지만 그 내면은 조선과 청의 관계변경이었다.

또한 조선이 내정이 불안하여 임오군란과 갑신정변이 발생하자 일본의 권익은 침해당하였다. 이 뿐만 아니라 갑신정변 때 청과 한양 한복판에서 교전을 벌이면서 본격적인 무력충돌 직전까지 갔던 위기도 있었다. 조선의 정정 불안은 러시아 등 다른 열강의 개입을 부르는 결정적인 요인이라고 판단하였다.[39] 조선에서 자국의 이익을 보호하기 위해 조선의 내정이 안정되기를 바랐고, 조선이 친일 급진개혁파에 의해 메이지 유신과 같은 개혁이 일어나기를 바라고 있었다.

2. 청의 의도와 요구

청은 중화질서 틀 속에서 조선과 기존의 종주국-속국 관계를 유지하고자 하였다. 그러나 서세동점의 시기에 일본과 러시아가 한반도로 진출하려는 의도를 막기에는 국력이 부족하였다. 리홍장은 조선에 서구열강을 끌여들여 세력균형을 이루려고 조선에게 서구 열강과 수교할 것을 권유하였다. 특히

민영휘, 민씨 척족 중심인물, 별칭은 '민갈고리'(출처 : 구글)

---

39 함재봉, 『한국 사람 만들기 Ⅲ』(경기 광주: 2021), p. 642.

미국과의 수교를 중시하였다. 청의 입장에서 볼 때, 미국은 서구 열강 중 유일하게 이기적으로 행동하지 않는 국가였다. 미국에 의해 개국을 이룬 일본 역시 서구 열강 중 미국을 가장 신뢰하면서 조선과 미국의 수교가 한반도에 대한 러시아의 위협을 견제할 수 있는 가장 확실하고 안전한 대안이라고 생각했다.[40]

조선으로 하여금 모든 열강과 외교 관계를 맺게 함으로써 조선에서 열강 간의 세력 균형이 이루어지고 이로써 조선을 청의 영향권 아래 두고자 하는 리훙장의 정책은 성공하고 있었다. 문제는 조선 내부의 정정 불안이었다. 임오군란이나 갑신정변과 같은 변란이 계속 일어날 경우 열강들의 보다 직접적이고 강력한 개입을 불러 올 수 있었기 때문이었다.[41]

〈청의 요구〉

1. 조선과 종주국-속국 관계 지속
2. 한반도에서 외세의 세력균형 추구 (러시아 견제 목적, 親中, 結日, 聯美) 조선의 대외 개방 (조선의 외교를 통제)
3. 조선의 자강
4. 친청 온건개화파 지원

40 함재봉, 『한국 사람 만들기 II』(경기 광주: 2021), p. 555.

41 함재봉, 『한국 사람 만들기 III』(경기 광주: 2021), p. 642.

이상의 일본과 청의 요구사항을 볼 때, 일본과 청 양국은 조선이 청과 종주국-속국 관계를 유지하는가 아니면 폐지하고 자주독립국으로 변화하는가에 대해 첨예하게 대립하였다. 이를 위해 일본은 친일 급진개화파를 지원하였고, 청은 민씨 척족이 중심이 되는 친청 온건개화파를 지원하였다.

일본과 청의 이런 차이에도 불구하고 양국이 일치하는 사항은 두 개 있었다. 첫째는 러시아가 조선을 점령해서는 안된다는 것이고, 둘째는 조선은 국정이 안정될 수 있도록 '자강(自强)을 하여야 한다'라는 것이었다. 조선의 내정이 불안하고 민란과 정변이 발생하니 청과 일본은 조선 조정을 신뢰할 수 없었고 앞날을 예측할 수 없었다.

2차 수신사로 일본을 방문한 김홍집은 주일 청 공사 황쭌셴에게 "오직 믿는 것은 중국이 비호하여 주는 힘뿐입니다"라고 하자 그는 "오늘날 조선의 급선무는 자강을 도모하는데 힘쓰는 것뿐입니다"라고 답변하였다. 황쭌셴은 조선이 중국의 속방임을 자처하고 중국의 도움을 기대하는 것은 좋으나 조선을 지켜줄 힘이 없다는 사실을 잘 알고 있었으며, 그렇기 때문에 조선이 자강으로 힘을 기르는 것만이 중국과 각별한 관계를 유지하는 길임을 강조한 것이다.[42] 이때 건네 받은 조선책략도 '親중국 結일본 聯미국하여 자강을 도모할 것'을 강조하고 있다.

---

42 함재봉, 『한국 사람 만들기 II』(경기 광주: 2021), p. 585.

3. 조선의 기회

일본과 청의 요구를 분석해 보면 일본은 조선에서 이권을 더 많이 차지하기 위해 불평등 조약을 체결하였으며, 점차 경제적 이익을 확대하여 나갔다. 이를 위해 군사력 동원도 서슴치 않았다. 전형적인 제국주의의 침략행위였다. 동시에 조선 진출에 장애가 되는 청의 조선에 대한 종주권을 폐지시키려고 하였다. 청은 기존의 중화질서 틀 속에서 조선을 속국으로 남겨두면서 종주권을 행사하려고 하였다. 조선은 자신을 대상으로 하는 일본과 청의 패권경쟁 한가운데에 있었다.

이러한 상황에서 조선은 일본과 청이 한목소리로 요구하는 '조선은 자강(自強)하라'라는 의미에 주목할 필요가 있었다. 일본과 청은 텐진조약 2조에도 '조선은 치안을 충분히 스스로 지키도록 한다'라고 명시하였다. 이어서 일본은 1885년 7월에 '청·일 양국이 제휴하여 청 주도하에 조선의 개혁을 추진하자'라는 변법 8개조를 청에 제의한 바 있다.[43] 조선의 내정 불안에 대한 우려는 일본과 청이 일치하였고 이에 대한 대책으로 조선의 자강을 요구한 것도 다르지 않았다.

이때에 고종은 일본과 청의 패권경쟁 상황 속에서 일본과 청이 공동으로 인식하고 조선에 제안하였던 자강에 전념하였어야 했다. 자강의 방향과 방법은 당시 근대문명의 글로벌 표준이었던 서구문명을 받

---

43 조경달 著, 최덕수 譯, 『근대조선과 일본』(파주: 열린책들 2020), p. 112.

아들이거나 아니면 서구문명을 받아들여 메이지 유신을 통해 근대화를 이룬 일본을 주목하였어야 했다.

이런 상황에서 조선 국왕 고종이 어떻게 하였으면 제국주의 시대에 희생되지 않고 국권을 유지할 수 있었는지 살펴보겠다.

가. 자강(自强)을 이룩해야 했었다.

당시 청과 일본, 양국은 조선이 최소한 적대적인 세력의 지배하에 있어서는 안되었다. 양국이 양보할 수 없는 한계선이었다. 청은 일본과 러시아의 조선 진출을 억제하는 것이고, 일본은 러시아 진출을 억제하면서 동시에 청의 조선 지배도 거부하는 것이다. 이 지점이 조선이 외세를 활용할 수 있는 외교 공간인 것이다.

조선은 이 기회를 활용하기에는 내부의 역량이 너무 허약하였다. 조선은 백성들의 민란 원인을 사전에 해소할 정치력은 물론이고 민란이나 정변을 수습할 행정력과 치안력도 부재하였다. 조선의 내정은 항상 불안하였다. 청은 조선의 혼란을 틈타 일본이 세력을 확대할 것을 우려하였기 때문에 병력을 파병하여 임오군란과 갑신정변을 진압하였고 동학농민혁명을 평정하려 하였다. 일본 역시 조선의 불안한 정국에 청이 개입하여 자신들의 이익이 침해받는 것을 방관할 수 없었다. 이렇게 외세를 불러들이고 외국군의 개입을 초래한 것은 바로 조선이었다고 해도 과언이 아니다.

조선은 청과 일본의 요구를 받아들여 자강(自强)을 했어야 하였다.

군사력을 강화하고, 민씨 척족과 기득권의 특권을 축소하면서 백성들의 삶을 향상시켰어야 하였다. 대원군의 실책인 경복궁의 중건을 중단하고 산업을 중흥시켜 국가의 부를 창출했어야 한다. 고종부터 근검절약을 솔선수범했어야 했다. 당시 고종과 조선 조정이 자강하겠다는 결기는 찾아볼 수 없다.

나. 대원군의 정책을 선별해서 계승했어야 했다.

대원군이 시행한 개혁을 갑자유신(甲子維新)이라고 한다. 주요 내용은 다음과 같다. 첫째, 군사력을 강화하였다. 대원군은 국방 관련 직책에 무장들을 임명하고 국방기구를 개편하였다. 훈련도감과 금위영, 어영청을 통합하여 삼군부(三軍府)를 설치하였다. 안보 요충지인 강화도 진무영(鎭撫營)을 3,500여 명으로 증강하였고 전국 군사 요지에 조총을 쏘는 포군(砲軍) 총 3,600여 명의 병력을 배치하였다. 이렇게 강화된 군사력은 1871년 신미양요(辛未洋擾) 때 결사항전과 장엄한 전멸로 귀결되었다. 총 한번 쏠 엄두도 못내고 지휘관이 도주한 5년 전 1866년 병인양요(丙寅洋擾) 때와 달라진 모습이었다. 신미양요 때는 총과 대포도 있었고, 미 해병대와 백병전을 치를 결기도 있었다.

둘째, 사대부의 기득권을 감소시키고 삼정문란을 개혁하였다. 대원군은 인재의 균형 발탁으로 노론 세력의 200년 독재를 저지하였고 노론의 정신적 구심점이었던 서원과 만동묘를 철폐하였다. 1871년 양반들에게도 세금을 부과하는 호포제(戶布制)를 시행하였으며, 오랜 시절 누적된 환곡과 전정, 군역제도 등 삼정을 개선해 백성들로부터 지지를 받았다. 대원군은 '백성에 해가 되는 되는 것이라면 공자가 살아돌아오더라도 나는 이를 용서하지 않겠다'라는 각오로 민중을 수탈하는 사족을 엄벌에 처하고 재산을 몰수하였다.[44]

대원군은 백성들로부터 지지를 받았다. 임오군란 시, 군란 참여자들이 대원군을 추대하였고, 동학농민 혁명군도 대원군의 국정참여를 원하고 있었다[45] 청과 일본도 대원군의 정치적 역량을 인정하였다. 청과 일본은 조선의 안정을 위해 대원군이 적임자라고 판단하여 갑신정변 후 대원군을 귀국시켜 민씨 척족과 협력하여 조선 정정을 안정시키겠다는 생각도 하였다.[46]

다. 청과 종주국-속국 관계를 탈피하였어야 했다.

조선은 청과 대등한 관계를 1899년 9월 「한청통상조약」(韓清通商條約)을 통해 구축하였다. 청이 청·일전쟁에서 패배하여 조선에서 물러난 지 4년만이었다.

---

44 박종인, 『매국노 고종』(서울: 와이즈맵, 2021), pp 36-49.

45 문소영, 『조선의 못난 개항』(서울: 위즈덤하우스, 2016), p.205.

46 함재봉, 『한국 사람 만들기 Ⅲ』(경기 광주: 2021), p. 696. 일본은 리홍장에게 "대원군은 정치적 재간이 부족하지 않습니다. 오직 외교를 좋아하지 않는 것이 유감이지만, 만약 지난달의 생각을 고쳐서 다시 변란을 일으키지 않은 조건으로 귀국을 허락해서 국정을 감독하게 한다면 좋은 결과를 얻을 수 있을 겁니다" 라고 대원군을 귀국시킬 것을 제안한다.

〈한청통상조약韓清通商條約〉

전문 : 대한제국 대황제의 특파전권대신과 대청국 대황제의 특파전권대신의 전권위임의 증빙문건을 상호교열하니 타당하므로 통상 약관을 맺는다.

1관~13관 : 관세자주권 인정, 쌍무적 영사 재판권 商民의 의무와 규정 등 명시

14관 : 1년 이내에 양국 황제 비준을 받아 서울에서 비준문서 교환, 공표한다.

15관 : 언어는 중국어를 사용한다.

「한청통상조약」은 양국의 대등한 관계를 명시한 평등조약이라 할 수 있다. 1882년 「조청상민수륙무역장정」에서 규정한 두 나라의 상하 종속 관계는 약 17년 만에 대등한 관계로 바뀌게 된다. 대표적으로 전문에 조약 체결권자를 대한제국 황제와 대청국 황제로 규정하고 있다. 14관에서는 양국 황제의 비준을 받아야 한다고 하였다. 조약의 내용도 관세자주권과 영사재판권 등 대등한 관계였다.[47] 청도 국내 관계에 사용하는 장정(章程) 대신 국제관계에 적용되는 조약(條約)이라는 명칭을 사용하였다.

청은 조선과 대등한 조약 체결에 반대하였지만 조선과 늘어나는 교역에 자신들의 경제인을 법적으로 보호하지 않을 수 없었다.

그 해에 청나라 사신을 맞이하던 서대문 인근 무악재 일대의 영은문(迎恩門)을 허물고 자주독립을 의미하는 독립문(獨立門)을 세웠다.

이런 행동이 최소 한반도에서 청과 일본의 힘이 균형을 이루어 가

47 최덕수 外, 앞의 책, pp. 350-363.

던 갑신정변 이후인 1884년 직후에는 나왔어야 하였다. 일본은 이미 1871년 「청일수호조규」를 통해 청과 동등한 관계를 관철시켰다. 조선이라고 못할 이유가 없었다.

라. 인재를 양성했어야 했다.

일본은 메이지 유신 초기 1871년 약 100여 명으로 편성된 이와쿠라(岩倉) 사절단을 미국과 유럽 등 서구열강에 거의 2년간 파견하였다. 이들은 메이지 정부의 핵심요원들이었다. 정부 기능에 공백을 초래할 정도로 현직의 대다수 관료들을 장기간 선진국에 보낸 것이다. 이들에게는 '서구를 배워 서구를 이기겠다'라는 결기가 넘쳤다.

조선도 각 분야별로 엘리트를 선발하여 서구 선진국으로 보냈어야 했다. 최소한 일본으로 보냈어야 하였다. 당시 청에서 시행한 양무운동(洋務運動)은 유교문명을 지키기 위해 서양의 과학과 기술을 도구로 이용한다는 '중체서용'(中體西用)의 개념으로 출발하였지만 1884년 발생한 청불전쟁으로 베트남을 빼앗기면서 한계를 드러낸다.[48] 고종은 갑신정변 주모자 처벌이란 명목으로 자발적으로 대두되었던 개화파 인사들을 척결하였다. 1884년 갑신정변 이후부터 1894년 청·일전쟁 발발 시까지 조선은 답보상태에 있었다. 갑신정변의 실패로 조선의 모든 권력은 당시 32세였던 고종, 33세였던 민 중전, 32세였던 민영준

48 함재봉, 『한국 사람 만들기 Ⅲ』(경기 광주: 2021), p. 30.

(민영휘로 개명) 그리고 24세였던 민영익이 장악한다. 그 후 청·일전쟁이 발발하는 1894년까지 10년 동안 고종과 민 중전, 민씨 척족의 폭정하에 조선은 무너진다. 경제와 외교, 국방은 물론 교육과 의료 등 정부의 가장 기본적인 책임마저 방기한 채 국가로서의 면모를 잃는다.[49]

청 리홍장, 조선에 대외 개방 권유(출처 : 구글)

조선도 일본으로 유학생을 보냈다. 특히 1894년부터 관비 유학생은 113명에 이르렀다. 그 다음해 1985년 명성황후 시해 사건이 발생하자 중단되었다.[50]

---

49 함재봉, 위의 책, p. 19.

50 문소영, 『조선의 못난 개항』(서울: 위즈덤하우스, 2016), p. 112.

고종 정권의 무능과 난맥상

청과 일본은 1876년 조선의 개항 이후 1894년 청·일전쟁 종전 시까지 약 20여 년 동안 한반도에서 각축을 벌였다. 기존 패권국 청은 점차 쇠락해가는 제국이었으며 근대화에 성공한 일본은 새롭게 대두하고 있는 신흥강국이었다. 결국 일본은 청과 전쟁에서 승리함으로 동북아에서 기존의 중화질서를 무너뜨리고 일본 중심의 새로운 질서를 창출해 내었다.

이 과정에서 고종과 조선 조정이 보인 모습은 실망스러웠다. 특히 당시 고종은 국왕으로서 나라와 백성을 지키고 국가를 발전시켜야 한다는 자신의 사명을 인식도 하지 못하였고, 오로지 왕권 유지에만 관심을 기울였다. 그의 44년간 재위는 우리에게 재앙이었다. 여기서 언급하고 있는 고종과 조선 정부의 난맥상은 청·일 패권경쟁기는 물론이고 러·일 패권경쟁기에도 달라지지 않았다. 1910년 나라가 망할 때까지 계속되었다.

1. 약화된 군사력과 고갈된 재정

고종 재위기간에 임오군란과 갑신정변 그리고 동학농민혁명이 발생하였다. 정권 입장에서는 반정부의 민란이고 친위 쿠테타였으며 모두가 정권의 존립을 흔들었다. 고종은 이러한 사태가 발생하지 않도록 통치를 잘 했어야 하였다. 그리고 고종이 민란으로 규정하였다면 자체의 행정력과 군사력으로 진압을 하고 해결하였어야 했다.

그렇지만 조선에는 이를 해결한 군대가 없었다. 고종과 조선 조정은 청에 파병을 간접적으로 혹은 직접적으로 요청하였다. 이를 빌미로 청군이 주둔하였고 또한 일본군도 개입하는 계기가 되었다. 마침내 고종은 1894년 동학농민혁명 진압을 위해 청군 파병을 요청하였고, 동시에 출병한 일본군은 조선땅에서 전쟁을 시작하였다. 청·일전쟁인 것이다. 당시 고종과 조선 조정은 제국주의 시대를 헤쳐갈 수 있는 유일한 길인 부국강병과 정반대 방향으로 나갔다. 그 결과는 나라가 망하는 것이었다.

그러면 고종 집권 기간 조선의 군사력은 왜 이렇게 무력하였는지 의문이 아닐 수 없다. 그 이유는 첫째, 대원군이 육성한 진무영(鎭撫營)을 해체하였다. 이른바 '전(前)정권 지우기'였다. 둘째, 고종 개인을 위한 군대 육성이었다. 강화도에 배치되었던 진무영 병력은 거의 전부 고종의 호위군 무위소(武衛所)로 전환되었다. 고종은 자신의 권력기반이 되어버린 무위소가 필요로 하는 경비는 우선 지원하였다. 지방군은 월급도 지급 못하고 군복도 구입하지 못하고 있었지만 무위소에 군모와 군복, 주거지 지원 등은 모두가 선혜청(예산집행 부서) 업무의 1순위였다.[51]

자체 군사력이 허약하니 국토방위는커녕 내부 민란과 정변에도 대처하지 못하였고, 청·일전쟁 직전 일본군이 경복궁을 공격해도 변변

51 박종인, 『매국노 고종』(서울: 와이즈맵, 2021), pp. 95-96.

한 대응을 하지 못하고 곧 점령당하였다. 조선군은 일본군 장교를 초빙하여 훈련시킨 최초의 근대화된 군대인 별기군은 임오군란으로 해체되었고, 그 후 위안스카이가 조선군대 훈련총책으로 임명되어 조선군을 훈련시켰지만[52] 갑신정변 이후에는 청과 일본의 합의에 의해 중단되었다. 일본도 청도 조선군을 훈련시킬 수 없게 된 이후, 조선군은 속절없이 무너지게 되었다.[53]

다음에 조선의 재정은 무엇 때문에 고갈되었는지 살펴보자.

첫째, 경복궁 중건 재개와 당시 통용되었던 청전(淸錢)[54]을 폐지하는 화폐개혁이었다. 대원군이 시작한 경복궁 중건은 공사비를 감당하지 못해 당백전(當百錢)을 찍어내고 당백전이 문제가 되자 청전을 유통시켰다. 고종은 경복궁 중건을 다시 지시하였고 당시 유통되던 청전을 폐지시켰다. 이 결과 국고에 수납되어 있던 청전 300만 냥은 무용지물이 되었다. 당시 물가 기준으로 쌀 4,500만 섬에 해당하는 거금이었다. 이후 조선 국고에는 고작 800냥이 남아있었다.

둘째, 대원군이 신설하였던 한양 사대문 통행세, 연강세(沿江稅), 강화도 연강세 등을 폐지하였다. 백성들의 부담을 줄여준다는 명목으로 국가의 수입원을 없앤 것이다.

---

52 함재봉, 『한국 사람 만들기 II』 (경기 광주: 2021), p. 680.

53 함재봉, 『한국 사람 만들기 III』 (경기 광주: 2021), p. 717.

54 박종인, 『매국노 고종』 (서울: 와이즈맵, 2021), pp. 102–104, 淸錢은 청나라에서 유통되는 동전으로 조선에서 이를 구입하여 액면가 보다 높게 유통시켰다. 청전 구입이 자체 제작보다 저렴하였다.

임오군란 때 청군은 '조선 국고에는 1개월치 비축분도 없다'라고 리홍장에게 보고하였다.[55] 나라가 망하는 시발점이었다.

셋째, 고종 개인적인 낭비였다. 고갈된 재정에도 불구하고 고종의 낭비와 사치는 멈추지 않았다.

고종은 비용 조달을 위해 매관매직을 하였다. 국왕이 돈을 받고 신규채용자에게 관직을 판매하였으며, 뇌물을 받기위해 수시로 인사이동을 단행하였다. 당시 관찰사(도지사)는 2~5만 냥, 수령(면장)은 1,000~2,000냥이라는 것은 널리 알려진 사실이었다.[56] 그리고 외국으로부터 차관 도입과 이권판매도 서슴치 않았다. 초기에는 차관도입이 가능했지만 조선은 신용불량국가가 되었다. 1895년 총세입 가운데 약 3분의 1은 조세수입이고 나머지는 모두 차입금이나 외채였다.

조선은 관료들에게 줄 급료도 없었다. 급료를 못받는 관료들이 백성을 수탈하는 것은 당연한 이치였다.[57] 부패와 수탈의 사슬이 아닐 수 없었다. 국가의 재정이 비어있으니 관료들의 월급을 제때에 지급할 수 없었다. 임오군란의 직접적 원인이었다.

조선은 일본에 경제적으로 의존하게 되었고 점차 경제적으로 종속될 수밖에 없었다[58]. 심지어는 화폐를 발행하는 주조권까지 판매하였

---

55 박종인, 『매국노 고종』(서울: 와이즈맵, 2021), p. 122.

56 일본의 대리공사 스기무라 후카시가 본국에 보고한 내용임. 조경달 著, 최덕수 譯, 『근대조선과 일본』(파주: 열린책들 2020), p. 124, 함재봉, 『한국 사람 만들기 Ⅲ』(경기 광주: 2021), p. 824.

57 함재봉, 『한국 사람 만들기 Ⅲ』(경기 광주: 2021), p. 90.

58 문소영, 『조선의 못난 개항』(서울: 위즈덤하우스, 2016), p. 280.

다.[59] 정부의 재정은 곧 왕실의 재정이었다. 고종은 견제받지 않고 국가의 재정을 자신 개인의 사치와 낭비에 사용하였다. 이러한 고종을 뒷받침해 준 정치집단이 민씨 척족세력으로 이들의 전횡은 상황에 따라 약간의 차이는 있었지만 고종 재위기간 내내 지속되었다.

1892년 11월 10일, 어거시틴 허드(Augustine F. Heard)는 국무장관에게 다음과 같이 조선의 상황을 보고한다. "조선의 국고가 비었다는 것은 공공연한 사실입니다. 관리들은 월급을 받지 못하기 때문에 어쩔 수 없이 수단과 방법을 가리지 않습니다. 백성들은 억압받고 있습니다. 관직은 가장 돈을 많이 내는 사람에게 돌아가고 그리고 그 사람은 바로 해임되고 새 구매자를 찾습니다. 정부의 고위 관료는 자신들이 저지르는 부정과 부패는 아무런 제재를 받지 않습니다. 정부는 봉급 줄 돈이 없는데도 불구하고 궁중의 예식과 불필요한 사치품에 거금을 들여 탕진합니다. 여왕(민 중전)이 우두머리인 민씨 집안은 왕국의 모든 권력과 부를 완전히 장악하고 있으며 원한의 대상입니다. 얼마가지 않아 무슨 일이 일어날 것만 같은 불안감에 사로잡혀 있습니다. 만일 진정으로 실력을 갖춘 지도자가 나타난다면 혁명을 원하는 세력이 곧바로 모여들 것입니다. 지금보다 더 나쁜 정권이 들어서는 것은 불가능할 것 같습니다. 국왕은 친절하고 착한 사람이지만 필요한 개혁을 밀어부칠 수 있는 능력이나 용기, 힘은 없는 사람입니다."[60]

---

59 문소영, 위의 책, p. 279.

60 함재봉, 『한국 사람 만들기 Ⅲ』(경기 광주: 2021), pp. 841-842.

그의 예언은 적중했다. 약 1년 반 후에 동학농민혁명이 발생하였다. 그러나 고종을 대체하는 새로운 국왕과 민씨 척족을 대신하는 새로운 집권 세력은 들어서지 못했다.

2. 고종과 정치집단의 외세의존

고종은 대원군의 10년 섭정을 끝내고 1873년부터 친정을 시작하였다. 고종은 대원군과 차별화를 위해 정책은 물론이고 인사도 교체하였다. 이 과정에서 민 중전의 추천을 받아 민씨 척족이 점차 정계에 진출하였다. 고종 친정 이전에는 성균관 대사성과 홍문관 제학과 도승지를 역임한 민치상(閔致庠)이 유일하였지만, 그 후부터 1894년까지 고위 관직에 진출한 민씨 척족은 51명에 이른다.[61]

이들 민씨 척족의 횡포와 독단은 임오군란의 한 원인이 되었다. 그러나 민씨 척족세력은 임오군란 진압차 들어온 청군에 우호적이었고 청이 추진하고 있는 양무운동 등 개혁정책을 추종하려 하였다. 이들을 '친청 온건개화파'라고 한다.

일본과 수호조약을 체결 후 메이지 유신을 통해 근대화를 이루어 가는 일본을 경이롭게 보고 조선도 새로운 문명의 기준이 되는 일본을 모델로 근대화해야 한다는 일단의 지식인들이 나타나기 시작하였다. 이들은 '친일 급진개화파'라고 한다.

---

61 장영숙, 『망국의 군주, 개혁군주의 이중성』(서울: 역사공간, 2020), pp. 100-101.

이들 개화파들은 당시 조선의 주류는 아니었다. 조선의 주류는 주자학의 이념을 실현해야 한다는 위정척사파였다. 이들은 특히 일본과 서구열강을 배척하고 종래의 중화질서 틀에서 조선은 중화의 전통을 계승한 소중화로서 국왕이 중심이 되는 왕도정치를 주장하였다.

이런 조선의 정치상황에서 고종의 태도는 애매하였다. 고종은 변화하는 정치상황에서 자신의 왕권을 유지하고 강화하는데 급급하였다. 경우에 따라서는 친일 급진개화파를 지지하여 중국의 속박에서 벗어나고 개화를 하고자 하였으며, 청의 압력이 강하면 청을 배경으로 하는 친청 온건개화파에 기대기도 하였다. 정적을 제거하는 수단으로 위정척사파의 상소도 적절하게 활용하기도 하였다. 고종은 정권을 유지하는 데는 뛰어난 수완이 있었다고 볼 수 있다.

고종은 러시아에게도 손을 내밀어 청과 일본을 대체하려고 하였다.[62] 고종은 갑신정변 직후 1884년 12월 조선의 외교 고문 묄렌도로프[63]를 통해 러시아 황제에게 조선을 보호해 줄 것을 요청하는 전보를 보낸다. 이어서 그 다음해 1월에 러시아 황제에게 친서를 보내고 러시아 측의 권유로 비밀 조약을 체결한 것으로 보인다. 주 내용은 '조선이 다른 열강의 공격을 받을 경우, 러시아가 조선을 보호할 것이며, 이에 대한 대가로 러시아에게 원산항을 임차해 주고, 조선의 육군과 해군을 훈련시킬 전권을 갖게 하는 등'으로 추정된다. '1차 조·

62 함재봉, 『한국 사람 만들기 Ⅲ』(경기 광주: 2021), p. 670.

63 묄렌도르프는 리홍장의 추천으로 조선에서 통리기무아문의 외교고문으로 임명되어, 외교업무는 물론이고 개항장과 광산 등의 업무를 담당하고 있었다.

러 밀약사건'이다. 이 사건이 외부에 알려지면서 고종은 묄렌도르프를 해임하고 친서를 전달한 조선 관리들은 귀향보낸다.

다시 1년 후 1886년에 고종은 내무총리대신(영의정) 심순택의 명의로 주조선 러시아 공사 베베르에게 비밀 서신을 보낸다. 내용은 '러시아에게 조선을 보호해 달라는 것이고 타국과 문제 발생 시 군함을 파견하여 처리해 달라'는 것이었다. 당시 영국이 조선의 거문도를 점령한 상태로 러시아의 힘으로 영국을 거문도에서 철수시키고 더 나아가 러시아의 보호를 통해 청과의 종속관계를 해소하고 다른 나라와 평등한 관계를 구성하겠다라는 의도였다.[64]

위안스카이는 이 문건을 민영익으로 제보받고 곧바로 리훙장에 보고한다. 위안스카이는 고종과 그 주변의 친러파 인물들을 청으로 납치할 것을 주장하였지만 리훙장은 러시아의 군함파견에 대비하는 한편 러시아로부터 사실여부를 확인한다. 러시아는 "고종이나 조선 조정으로부터 아무런 밀서를 받은 적이 없으며 만일 그런 밀서가 전달되었다 하더라도 위조문서로 간주할 것이다."라는 회신을 받는다.[65]

고종과 조선 조정에서는 스스로 나라를 개혁하고 자기 힘으로 나라를 지키겠다는 자강의식을 찾아볼 수 없었다.

---

64 조경달 著, 최덕수 譯, 『근대조선과 일본』 (파주: 열린책들 2020), p. 113.

65 함재봉, 위의 책, p. 670.

3. 개화동력의 상실

고종은 당시 시대의 흐름인 개화에 관심을 보였고 이를 위해 갑신정변 이전에는 인재를 등용하였고 기구도 설치하였다. 대원군의 쇄국정책 지우기의 일환만은 아니었다. 일본에 1877년과 1881년 각각 수신사를 파견하였고, 청에도 영선사를 파견하여 일본의 발전상과 청의 변화를 알고자 하였다. 2차 수신사 김홍집은 일본에서 만난 청 외교관 하여장과 황쭌셴이 건네준 조선책략을 들고 왔다. 조선책략의 내용은 '자강하라'였다. 대신들의 의견은 분분하였고, 유생들의 반대는 극심하여 영남 만인소[66]에 이르게 되었다.

이러한 상황속에서 고종은 개화가 대세임을 느끼고 있었다. 통리기무아문(統理機務衙門)을 설치하고 그 예하에 사대, 교린, 군무, 변정(邊情, 이웃나라 정보수집), 기연(譏沿, 왕래선박의 조사), 어학(외국서적의 번역) 등 12사를 편성하였다.[67] 이 기구는 임오군란으로 정권을 장악한 대원군에 의해 폐지되었다가 청·일전쟁 후 단행된 갑오개혁 시 다시 개편되었다.

고종과 개화파의 공통점 ①청의 속방에서 벗어나고자 하였고, ②국제법 체제를 받아들여 세계 속의 평등한 자주국가가 되려했다는

---

66 함재봉, 『한국 사람 만들기 II』(경기 광주: 2021), pp. 641-642, 영남의 유생들이 1881년 3월, 종선책략을 비판하는 상소이다. 즉 일본은 견제해야할 나라이고, 미국은 잘 모르는 나라이며, 러시아는 우리와 아무 관련이 없다. 러시아와 문제를 만들면 안된다는 내용임.

67 조경달 著, 최덕수 譯, 『근대조선과 일본』(파주: 열린책들 2020), p. 78.

점이다.

김옥균 등 친일 급진개화파가 일으킨 갑신정변의 실패는 급진개화파 몰락과 동시에 민씨 척족이 조정의 주요 직책을 담당하고 개화정책을 추진하는 주체로 부상하게 되었다. 이들이 개화정책을 담당하였다. 그렇지만 이들이 추진하는 개화는 가시적인 성과가 거의 없었다. 이권 관련하여 자신들의 부를 축적하고 있었다. 개화에 대한 사회분위기도 경색되었다.[68]

민씨 척족의 이러한 전횡은 동학농민혁명의 원인이었다.[69] 농민혁명군은 '집권대신이 모두 외척이며 자신들의 이득만 챙길 뿐이어서 백성에게 해악이 되고 있다'라고 주장하였다. 백성의 삶이 힘들수록 개화정책에 대한 적개심이 커졌고, 이는 정책을 주관하는 민씨 척족에 대한 원성으로 이어졌다.[70] 이렇게 개화동력은 사라져갔다.

---

68 장영숙, 『망국의 군주, 개혁군주의 이중성』(서울: 역사공간, 2020), p. 131.

69 장영숙, 위의 책, p. 135.

70 장영숙, 위의 책, p. 137.

오늘날에 주는 시사점

1. 청·일 패권경쟁 시기와 오늘날, 다른점과 같은점

청·일 패권경쟁 시기의 조선과 오늘날의 대한민국은 비교할 수 없을 정도로 크게 다르다.

첫째, 당시의 조선은 무능한 전제군주 고종이 44년간 재위하면서 조선을 망국의 길로 이끌었던 기간이었지만, 오늘날 대한민국은 자유민주주의 체제로서 국민이 정권을 심판하고 선택할 수 있는 시대이다. 우리는 이러한 정치제도 아래서 산업화와 민주화를 달성하였고, 선진국에 진입하였다.

둘째, 오늘날 대한민국의 국군은 세계 6위로 평가받고 있다.[71] 재정도 고갈되지 않았다. 국내의 모든 문제를 스스로 해결할 수 있는 행정력과 치안력도 갖추고 있다. 그리고 개발도상국을 원조하고 있고, UN PKO 평화유지활동에 참여하여 국제사회에도 기여하고 있다. 당시 청과 일본이 조선에 요구한 '자강(自强)해라'와 같은 요구는 현재 어느 누구도 우리에게 제기하지 않고 있다.

셋째, 오늘날에는 국정을 전횡하고 백성을 수탈하는 민씨 척족같은 특권세력이 존재하지 않는다. 그리고 국제정세 변화에도 둔감하지

71 https://www.yna.co.kr/view/AKR20210116025400504 (검색일: 2022. 6.25). 미국의 군사력 평가기관인 글로벌파이어파워(GFP)가 2021년 1월, 인구, 병력, 무기, 국방예산 등 48개 항목을 종합하여 군사력 지수를 산정한 결과 한국군을 6위로 발표하였다.

도 않고 국제화된 인재도 넘친다.

그렇지만 오늘날이 청·일 패권경쟁 시기 조선과 같거나 유사한 측면도 있다. 더 어려운 상황도 있다.

첫째, 국내 정치가 불안하다. 우선 고종이 대원군의 긍정적인 정책조차 부인하였듯이 오늘날에도 전(前)정권 정책이었다는 이유로 좋은 정책일지라도 폐기하는 '전정권 지우기'가 없다고 말할 수 없다. 또한 정치 지도자들이 타협하고 협력하는 모습을 보기 어렵다. 당시에도 대원군과 민 중전은 원수와 같았고, 위정척사파와 개화파는 대립하였으며, 친일 급진개화파와 친청 온건개화파도 노선의 차이로 협력하지 않았다. 정치권이 분열되고 내부투쟁에 몰두하는 모습은 고종 시대에만 그랬었다고 할 수 있다면 얼마나 좋을까.

둘째, 패권경쟁이 심화되고 있다. 당시 청과 일본은 타협의 여지가 없었다. 일본은 1876년 조선과 「조일수교조규」를 체결한 이후 점진적으로 한반도로 영향력을 확대하더니 20년 후 1894년 청·일전쟁으로 청의 종주권을 종식시켰다. 오늘날도 미국과 중국의 패권경쟁은 점차 치열해지고 있다. 향후 20년 후 미·중 패권경쟁은 전쟁으로 귀결될 수도 있다.

셋째, 일본은 「조일수호조규」에도 그리고 「시모노세키조약」에도 1조에 '조선은 자주독립국'이라고 명기하였다. 청나라에 종속되어 있던 조선을 독립시켜야 제국주의 일본이 침략할 공간이 만들어지기 때문이었다.

오늘날에는 중국이 우리에게 자주성(自主性) 운운하는 이야기를 한다. 2022년 8월 9일 한·중 외교장관 회담에서 중국 왕이(王毅) 외교부장은 우리에게 '마땅히 견지해야 할 5대 사항(堅持五個'應當')'을 언급하면서 첫 번째가 "한국은 독립 자주노선을 견지해 외부간섭을 배제하라"였다. 싱하이밍(邢海明) 중국대사는 한·중 수교 30주년 기념행사 인사말에서 "지금의 중·한 관계는 더욱 성숙하고 자주적이고 진중해져야 하고, 더 큰 활력이 있었으면 한다"라고 '자주'라는 단어를 사용하였다. 모두 터무니없는 이야기이다. 그렇지만 중국이 왜 우리에게 '자주'를 강조하고 있는지 생각해 볼 필요는 있겠다.

청·일 패권경쟁기보다 더욱 어려운 상황도 있다. 남북한 분단 상황이다. 우리는 미국과 중국을 주시하면서 동시에 북한의 동향도 파악해야 한다. 남북한은 과거에는 동족상잔을 치러 상호 적대감과 불신이 아직 남아 있고, 오늘날에는 북한이 핵으로 우리를 위협하고 있으며, 남북한 간 이질감은 갈수록 더 심해져 서로 동질성을 회복할 수 있을지 의문이다. 이 외에도 미·중 패권경쟁 상황에서 우리는 미국의 동맹국이지만 북한은 중국과 전통적 우호국가이다. 남북한은 자칫하면 미·중 패권경쟁의 대리전에 연루될지 모르는 상황이다.

2. 미·중 패권경쟁 시기를 극복하는 우리의 지혜

청·일 패권경쟁기에 조선은 '청을 택할 것인가, 아니면 일본을 택할 것인가'하는 문제가 아니었다. 조선이 추구했어야 하는 것은 '자강(自强)'이었다. 청과 일본이 조선에 요구한 것도 바로 '자강(自强)'이었다.

자강이 이 시기에 조선이 살아 남기 위한 국가적 과제였다.

자강을 이루지 못한 고종과 조선 조정은 한반도에서 패권교체가 이루어지는 상황속에서 피동적으로 끌려갔고, 일방적으로 희생되었다. 청과 일본이 경쟁하는 가운데 형성되는 외교 공간에서 고종은 그 기회를 살리지 못하였고 수동적으로 휩싸여 흘러갔다. 그래서 도달한 종착지가 일본의 식민지였다. 나라가 망한 것이다.

조선이 망해갔던 이유는 위기의 상황에서 무능한 최고지도자가 44년간 집권한 것이었다. 고종에 대한 국내외 평을 보면 그가 얼마나 무능한 군주였는지 여실히 들어난다. 리홍장은 고종을 "본래 유약해서 눈치나 살피는 오락가락하는 인물이고, 암약(暗弱)해서 정견(定見)이 없다"라고 하였고, 영국의 세계적인 여행가 이사벨라 버드 비숍은 "자기의 주관이 없고 일을 끝까지 밀어 부칠 줄도 모른다"라고 하였다. 그녀는 이어서 "고종은 사안들에 대해 큰 틀을 파악하는 능력을 결여하고 있고, 그의 의지 박약이 치명적이다"라고 평하였다. 영국의 쿠르존 경은 "고종은 그의 부친인 대원군처럼 편협하지는 않지만 결단력은 물려받지 못하였다. 지금의 어려운 상황을 감당하기에는 아무런 준비가 되어있지 않았다"라고 언급하였다.[72] 이들 외국인에 비친 고종의 모습은 공통적이었다. 우유부단하다는 것이었다. 조선의 불행이었다.

김옥균은 임오군란 소식을 접하고 "대원군은 완고하지만 그 정치는

---

72 함재봉,『한국 사람 만들기 Ⅲ』(경기 광주: 2021), pp. 835-836.

친일 급진개화파, 갑신정변의 주역들, 왼쪽부터 박영효, 서광범, 서재필, 김옥균(출처 : 구글)

정대하고 국왕 전하는 총명하지만 과단성이 부족하다"라고 대원군과 고종을 비교하였고,[73] 윤치호는 "조선에는 국왕이라고 할 수 있는 사람이 없다. 그는 자신의 안위에 조금이라도 위협이 오는 소리가 들리면 겁에 질리는 나약한 인간이다"[74]라고 혹평하였다. 조선의 재앙이었다.

오늘날 우리의 최고지도자가 이렇지 않음을 다행으로 여겨야 할 것이다. 성신여대 윤종성 교수는 그의 저서 〈대통령이 거꾸로 가야 국민이 행복하다〉에서 대통령 리더십에 대해 다음과 같이 주장하였다. "대통령의 리더십은 첫째 국민에게 미래비전을 제시하고 이를 현실화하는 것, 둘째, 발생된 문제를 해결하는 것이다. 그리고 리더십

73 함재봉, 『한국 사람 만들기 II』(경기 광주: 2021), p. 710.

74 함재봉, 『한국 사람 만들기 III』(경기 광주: 2021), p. 837.

과 관리능력이 결합될 때 성과는 배가될 수 있다"라고 하면서, 리더십 발휘에 있어 핵심적인 요소는 인재운용, 의사소통, 위기관리 세 가지를 들었다. 결론적으로 대통령 리더십의 목적은 '국민을 행복하게 하는 것이다'라고 강조하였다.[75] 청·일 패권경쟁기의 고종을 보면서 최고지도자 대통령을 꿈꾸는 오늘날의 정치인들이 새겨들어야 할 대목이다.

참고도서

김기혁 著, 김범 譯, 『동아시아 세계질서의 종막』(파주: 글항아리, 2022)
김영수 外, 『동북아시아의 갈등과 대립』(서울: 동북아역사재단, 2008)
문소영, 『조선의 못난 개항』(서울: 위즈덤하우스, 2016)
박종인, 『매국노 고종』(서울: 와이즈맵, 2021)
유용원, 『미·중 패권경쟁과 한국의 생존전략』(서울: 플래닛미디어, 2021)
윤종성, 『대통령이 거꾸로 가야 국민이 행복하다』(서울: 시간의 물레, 2021)
장영숙, 『망국의 군주, 개혁군주의 이중성』(서울: 역사공간, 2020)
정덕구 外. 『극중지계 1, 2』(파주: 김영사, 2021)
정재호, 『생존의 기로』(서울: 서울대학교출판문화원, 2021)
조경달 著, 최덕수 譯, 『근대조선과 일본』(파주: 열린책들 2020)
진창수 外, 『미·중 경쟁시대와 한국의 대응』(서울: 윤성사, 2021)
최덕수 外, 『조약으로 본 한국 근대사』(파주: 열린책들, 2010)
최덕수, 『대한제국과 국제환경』(서울: 선인, 2003)
최문형, 『국제관계로 본 러·일전쟁과 일본의 한국병합』(서울: 지식산업사, 2004)
함재봉, 『한국 사람 만들기 Ⅰ, Ⅱ, Ⅲ』(경기 광주: H 프레스, 2021)

75 윤종성, 『대통령이 거꾸로 가야 국민이 행복하다』(서울: 시간의 물레, 2021), pp. 27–28.

러·일전쟁 시기와 고종 정권의 자멸

들어가며

일본과 러시아의 대립

1. 일본의 한반도 이해관계 : 한반도는 일본 열도의 이익선
2. 러시아의 남하정책과 한반도의 지정학적 가치
3. 일본과 러시아의 이익조정과정, 조선의 기회와 혼란

조선 고종 정권 외교안보 정책의 비현실성 : 중립화, 외세의존

1. 조선중립화의 비현실성 : 조선의 무능과 열강들의 외면
2. 고종정권의 외세의존 : 외국공관으로 피신

조선 민중의 요구와 정부 광무개혁의 한계

1. 독립협회 만민공동회 및 관민공동회의 좌절
2. 고종의 전제왕권 유지에 묻힌 광무개혁의 움직임
3. 러 · 일전쟁의 결과 일본의 한반도 장악과 조선의 국권 상실
4. 고종을 위한 변명 : 고종은 비운의 개명군주

오늘날에 주는 시사점

1. 러 · 일 전쟁 시기와 오늘날, 다른 점과 같은 점
2. 미 · 중 패권경쟁 시기를 극복하는 우리의 지혜

들어가며

19세기 말 한반도에서 청과 일본이 패권경쟁을 벌인 결과 일본이 승리하였다. 일본은 전쟁을 통해 청을 한반도에서 축출시켜 한반도에

대한 청의 종주권을 종식시켰다. 일본이 조선을 용이하게 장악할 것으로 예상하였지만 러시아가 남하하면서 한반도는 다시 러시아와 일본의 대결장으로 바뀌게 되었다.

어느 누구도 절대적으로 우세하지 않은 상황에서 상호 견제하고 대립하고 있는 정세는 조선에게 자주적으로 활동할 수 있는 외교공간을 제공하였다. 고종과 대한제국(조선)에게는 위기였지만 동시에 기회이기도 하였다. 고종과 대한제국은 떠오르는 신흥 강국 일본을 택할 것인가, 아니면 서양의 군사 대국 러시아를 택할 것인가, 아니면 중립화하여 세력 균형자로서 생존을 도모할 것인가 선택의 기로에 서게 되었다.

당시 고종의 선택은 최악이었다. 패배하는 러시아로 기울어졌다. 고종은 영국과 러시아가 대립하는 국제정세를 읽지 못하고 있었기 때문이다. 러시아의 남하정책과 이를 저지하고자 하는 영국의 봉쇄정책이 충돌하는 큰 틀의 국제질서의 움직임에서 '조선은 어떻게 해야 살아 남을 수 있을까'하는 고민과 노력의 흔적은 찾아보기 어렵다.

일본이 영국과 미국 등 해양세력을 대리하여 러시아에 대항하고 있는 현실을 꿰뚫어 보았어야 했다. 즉 영국과 미국은 일본과 지정학적 이해를 함께하는 '일본과 같은 편'인 것이다. 영국의 거문도 점령 사건이 이러한 국제질서의 흐름을 암시하였지만 고종을 비롯한 조선의 지도층 그 누구도 그 의미를 알지 못하였다. 알려고 하지도 않았다.

국가 안위가 위협받는 이 시기에 대한제국의 최고지도자 고종이 취한 조치는 러시아공사관으로 피신한 것과, 수시로 외국 공관으로 피신할 궁리만 하였다. 그리고 그는 민중 내부에서 분출되는 개혁의

대한제국 황제 고종(출처 : 구글)

고종의 말년 모습(출처 : 구글)

목소리를 자신의 전제군주 왕권을 제한하려는 불순한 기도라고 판단하여 이를 묵살시키고 오히려 왕권 강화에 몰두하였다.

나라가 망한 이후 그는 일본 황실이 주는 혜택으로 편안한 일상을 지냈다. 나라 잃은 민초들이 일제로부터 수탈당하고 억압받는 고단한 삶은 그의 관심이 아니었다. 나라를 찾겠다고 국내와 해외에서 일제에 저항하고 희생된 수많은 독립지사들은 그와 관계없는 다른 세상의 일이었다. 조선일보 선임기자 박종인이 그의 저서 〈매국노, 고종〉에서 지적한 대로 고종은 매국노인 것이다.

오늘날 미·중 패권경쟁은 당시 상황과 유사하다. 대한민국도 선택의 기로에 서 있다. 한미동맹은 우리 안보의 기축이고 중국과는 경제적으로 밀접하다. 미국과 중국, 우리에게는 모두 중요한 국가들이다.

미국과 기존 동맹관계를 중시하면서도 중국과 우호관계도 유지해야 하는 어려움에 직면해 있고, 향후 이러한 고민은 깊어질 것이다. 그러나 잊지말아야 할 것은 '누가 이기는 자'인가 이다. '이기는 자'와 더 가까워야 한다. 그리고 또 하나 있다. 자강(自强)을 해야 한다. 자강의 기본은 내부 단합이다. 정치 리더십이 요구되는 대목이다. 그런 측면에서 고종은 우리에게 아픈 교훈을 준다.

최근 일본 언론은 "일본은 2027년 무렵 한국에 추월당한다"라는 연구 결과를 보도했다. 그리고 이 연구결과와 관계없이 우리는 몇 개 분야에서는 일본을 넘어섰다. 우리는 구한말 고종과 집권층에 비해 후손에 떳떳하다. 단 우리가 일본을 능가하는 분야를 계속 확대할 때 가능한 이야기이다.

일본과 러시아의 대립

1. 일본의 한반도 이해관계 : 한반도는 일본 열도의 이익선

일본이 청·일전쟁을 승리한 이후 직면한 상황은 러시아의 도전이었다. 러시아는 프랑스와 독일과 함께 일본에게 청으로부터 할양받을 예정인 랴오둥 반도를 청에 반납하라고 압력을 가하였다. 소위 3국 간섭이다. 러시아의 명분은 일본이 랴오둥 반도를 차지하면 청의 안보를 위협하고 조선의 독립을 침해한다는 것이었다.

또한 러시아는 청으로부터 1860년 11월 베이징 조약으로 연해주를 할양받고 그 이후 블라디보스톡에 군항을 건설하고 계속해서 한반도의 동해안과 남해안으로 진출 할 기세였다. 더욱이 러시아는 1891년 5월 시베리아 횡단 철도를 착공하였다. 이 철도가 완공된다면 일본에 큰 위협이 아닐 수 없었다.

이 무렵 일본은 자신들의 주권이 미치는 일본 열도는 '주권선'(主權線, line of sovereignty)이고 자국 안보에 영향을 미치는 중요한 외국은 '이익선'(利益線, line of advantage/interest)으로 구분하는 안보 개념을 설정하였다.[76] 일본은 한반도를 자신들의 주권선인 열도를 지키는 이익선이라 규정하여, 한반도를 획득하기 위해 러시아의 남하를 저지하는 것이 불가피하며 이 과정에서 전쟁을 피할 수 없다고 판단하였다.

2. 러시아의 남하정책과 한반도의 지정학적 가치

러시아의 남하는 크게 세 방향이었다. 크림반도, 중앙아시아, 그리고 중국 만주와 한반도였다. 영국은 러시아의 남하는 자신들의 식민지 특히 인도에 대한 위협으로 인식하여 남하하는 러시아와 대립하였다. 러시아는 1856년 크림전쟁 패배로 지중해 진출이 저지당하였고, 중앙아시아에서는 영국이 1880년 아프카니스탄을 점령함으로 인도와 인도

76 "일본의 주권선과 이익선, 그리고 미중대결 속 한반도," http://www.ohmynews.com / NWS_Web/ View/at_pg.aspx?CNTN_CD=A0002784204 (검색일: 2022. 11.12).

양 진출이 봉쇄당하였다.

한반도를 거쳐 만주로 진출하는 일본(출처 : 구글)

그렇지만 아시아에서는 상황이 달랐다. 연해주를 할양받고 블라디보스토크에 군항을 건설하였으며, 삼국간섭으로 일본을 압박하여 랴오둥 반도를 청에 반납시켰으며, 1898년 랴오둥 반도의 다롄(大連)과 뤼순(旅順)항을 청으로부터 조차(租借)하였다. 중국 만주지역까지 세력을 확대한 러시아는 한반도에서 일본과 대립하였다. 그러나 일본 뒤에는 영국과 미국이 있었다.

러시아는 1897년 9월 주한 러시아공사를 적극적 침략 간섭 정책을 주장해 오던 스페이에르(Speyer, A.)로 교체하였다. 본격적인 식민지 속국화의 침략 간섭 정책을 강화하기 위한 조치였다. 스페이에르로 주한러시아공사가 교체된 시기를 전후하여 러시아는 한반도에 대하여 다음과 같은 세 가지 정책을 시행하려 하였다.

첫째, 군사 기지 설치의 제1차 작업으로 부산 절영도(絶影島)의 석탄고 기지를 조차(租借)하려 하였다. 그들은 부산·진해·마산포일대에 겨울에도 얼지 않는 군항을 건설할 준비를 시작한 것이었다.

둘째, 대한제국의 군사권을 장악하기 위해 황실 호위를 담당하던 시위대(侍衛隊)에 러시아 사관들을 파견하여 러시아 군사 편제에 따라 편성하고 훈련시켜 러시아의 장악 하에 두려고 하였다. 러시아는 1897년 11월에는 레미노프(Reminoff)를 기기창(機器廠) 고문으로서 임명하였고 이어서 서울에 1,000명의 러시아 육군을 상주시키고 러시아공사관에 300명의 코작기병을 주둔시켜서 모두 1,300명의 러시아군을 대한제국의 수도에 주둔시킨다는 계획을 추진하였다.

셋째, 대한제국의 재정권을 장악하기 위해 러시아 전 재무대신서리 알렉세이예프(Alexeiev, K.)를 한국 재정 고문으로 임명하였다. 또한 1897년 12월에는 반관반민의 한러은행(The Russ·Korean Bank)을 창설하도록 하였다.[77]

3. 일본과 러시아의 이익 조정 과정, 조선의 기회와 혼란[78]

일본과 러시아는 한반도와 만주에서 자신들의 이익을 지키기 위해 이익 조정의 과정을 거쳤다. 일종의 강대국 간 거래이다. 거래의 대상은 대한제국이었다. 일본은 청·일전쟁 승리로 차지한 한반도의 이권을 양보할 수 없었고 러시아는 자신들이 세력을 확대하고 있는 만주를 지켜야만 했고 부동항 확보를 위해 한반도 진출도 도모하고 있었다. 일본을 긴장시킨 것은 러시아가 1891년 착공한 시베리아 횡단 철

77 "만민공동회, 「한국민족문화대백과사전」," http://encykorea.aks.ac.kr/Contents/Item/E0017594 (검색일: 2022. 11.9).

78 "일본과 러시아의 이익 조정 과정, 조선의 기회와 혼란"의 내용은 『조약으로 본 한국 근대사』에서 발췌, 요약한 내용임. 최덕수 外, 『조약으로 본 한국 근대사』 (파주: 열린책들, 2010). pp. 375-435.

일본과 러시아에 고통받는 조선 모습(출처 : 구글)

도 완공 시점이었다. 이 철도가 완공되면 러시아는 필요시에 이 횡단 철도를 통해 군사력을 극동으로 이동시킬 수 있다. 이럴 경우, 일본은 한반도에 대한 이권이 위협받는 것은 물론이고 자신들의 안보도 위태로운 상황이었다.

청·일전쟁 이후 1896년 당시 일본의 조선에 대한 영향력은 급속도로 약화되었고, 상대적으로 러시아 세력은 급격히 확대되고 있었다. 명성황후 시해와 단발령으로 조선내에서 반일 감정이 최고조에 이른 상황에서 국왕 고종마저 러시아공사관으로 피신하고 친러 내각을 구성하였기 때문이다.

러시아는 이 기회를 놓치지 않고 조선 문제에 적극 개입하여 막대한 영향력을 행사하였다. 조선 역시 고종을 비롯한 친러, 친미 성향의 관료들도 러시아의 재정적, 군사적 지원을 크게 기대하고 있었다.

일본과 러시아는 1896년 5월 「베베르-고무라 각서」를 체결하였다. 일본은 조선의 아관파천의 정당성을 인정하고 러시아가 조선에 일본군과 동일한 규모의 병력을 주둔시킬 수 있는 주병권(駐兵權)을 인정하는 내용이었다. 일본도 비록 한반도에서 러시아에 밀리는 상황이었지만 조선에서 자국의 전신선 보호와 개항장의 자국민 보호를 명분으로 군대 주둔을 보장받았다.

일본과 러시아 양국은 보름 후에 다시 「로마노프-야마가타」 의정서를 체결하였다. 일본과 러시아는 상호 간 견제하면서 이익을 조율해야 할 내용이 많다는 의미이다.

〈로마노프-야마가타 의정서〉

제1조. 조선의 차관 요청에 대해 양국이 합의해서 제공한다.
제2조. 조선인으로 이루어진 군대와 경찰을 창설하고 조선 정부가 유지한다.
제3조. 러시아는 조선의 한성에서 러시아 국경까지 전신선 부설 권리를 갖는다.
제4조. 러시아와 일본은 조선문제에 대해 필요시 논의한다.

제1조와 제2조는 어느 일방이 조선에 영향력을 행사하기 위해 일방적으로 차관을 제공하고 군사력과 경찰을 장악하는 것을 방지하겠다는 것이다. 러시아와 일본 간 상호 견제조치였다. 제3조는 일본이 「베베르-고무라 각서」에서 자국의 전신선 보호를 명분으로 군대를 주둔시키는 것을 보고 러시아도 군대 주둔의 명분을 만들기 위해 포함시켰다.

특이한 사항으로 일본이 이 의정서 체결과정에서 〈한반도 39도선 분할〉을 제의하였으나 러시아가 거부하였다. 유리한 입장에 있는 러시아가 한반도 남해 통항이 제한될 수 있는 일본의 제안을 받아들이지 않은 것이다.

「로마노프-야마가타」 의정서 체결 2년 후 1898년 4월에 러시아와 일본은 다시 「로젠-니시」의정서를 체결한다. 러시아와 일본은 조선과 러시아 정세 변화에 따라 다시 이익을 조정한 결과이다. 조선은 국왕 고종과 친러 내각이 러시아 니콜라이 2세 대관식에 민영환을 파견하여, '조선을 러시아 보호령으로 삼아달라'라고 요청하고 재정지원을 요구하였지만 러시아는 일본을 의식하여 소극적이었다. 이에 실망한 고종이 러시아공사관에서 환궁을 하면서 조선과 러시아 관계는 이완되었고, 러시아에서도 한반도보다 만주진출을 우선시하는 인사들이 대두되었다.

이런 상황에서 일본은 조선에 대한 이익을 분명히 보장받으려 하였다. 협상 과정에서 일본은 러시아에 〈만한교환론(滿韓交換論)〉을 제시하였다. 즉 만주는 러시아 세력권으로 하고 한반도는 일본이 차지한다는 타협책이다. 러시아는 만주진출이 우선이지만 랴오둥 반도의 다롄이나 뤼순의 항구 조건은 한반도 남부 항구보다 양호하지 않았고, 블라디보스톡과 다롄이나 뤼순을 연결하려면 한반도 남부를 거쳐야 하기 때문에 쉽게 한반도 진출을 포기할 수 없었다. 〈만한교환론〉도 러시아가 거부하였다.

〈로젠-니시의정서〉

제1조. 러시아와 일본은 한국의 주권 및 독립을 확인하고 내정에 불간섭
제2조. 조선에 군사교관이나 재정고문을 파견시 상호 협상한다.
제3조. 한일 양국 간에 상업상 및 공업상 관계의 발달을 방해하지 않는다.

「로젠-니시의정서」는 제1조에 '양국이 한국의 주권과 독립을 확인하고 내정에 간섭하지 않는다'를 명기함으로 상호 견제를 분명히 하였다.

이렇게 한반도에서 일본과 러시아는 첨예하게 대립하면서 동시에 균형을 이루고 있었다. 조선에게는 기회였다. 이 기회는 청·일 패권경쟁 시기보다도 조선에게 더욱 유리하였다. 청·일 패권경쟁 시기 조선은 청의 속박에 묶여있는 상황으로 선택의 여지가 적었던 반면 러·일 패권경쟁 시기는 러시아와 일본 모두 조선에서 비슷한 위치를 차지하고 있어 조선에게는 선택의 폭이 넓었다.

조선에는 이때 3가지 정도의 안보론이 대두되었다. 첫째는 영세중립화론(域外權), 둘째 세력균형론(均勢法), 셋째 자강론(自强論)이었다. 불행하게도 이 세 가지 방안이 모두 실패하였다. 당시 고종이 황제로 있던 대한제국은 스스로 무엇을 할 수 있는 역량이 없었다.

조선 고종 정권 외교안보 정책의 비현실성 : 중립화, 외세의존

1. 조선 중립화론의 비현실성 : 조선의 무능과 열강들의 외면

1897년 10월 황제에 오른 고종은 대한제국이 영세중립국으로 자리잡기를 희망했다. 1902년 중립국인 벨기에와 국교를 수립한 것도 당시 국제사회가 인정하는 스위스·벨기에의 중립국 모델을 본받아 중립외교를 펼치기 위함이었다. 러시아와 일본이 한반도를 차지하기 위해 군비를 확충하고 외교에 총력을 기울이고 있는 시기에 대한제국이 설 위치가 중립국이라 보았던 것이다.

중립론을 처음으로 주장한 조선인은 개화파 유길준(俞吉濬)이었다. 그는 1885년 청나라가 조선을 속국으로 지배하고 있을 때, 중국 주도의 중립화가 러시아 남하를 막는 길이라고 주장했다. 비슷한 시기에 청국이 조선에 보낸 외교자문관 묄렌도르프(Paul G. von Möllendorff)는 러시아가 주도하는 조선의 중립화를 추진했다. 그는 러시아가 조선을 벨기에처럼 중립화를 추진해 줄 것을 요청했지만, 러시아는 호의적인 반응을 보이지 않았다.

조선주재 독일 부영사 헤르만 부들러(Hermann Budler)도 1885년 3월에 청군이 조선에 주둔하고 있는 상황에서 "조선과 관련국들이 이상적으로 공존할 수 있는 방법은 조선을 중립국으로 만드는 것"이라고 주장했다. 그는 중국·러시아·일본이 조선의 중립화를 영원히 보장하는 조약을 맺을 것을 제안했다.

일본 외교관들도 청국의 조선 지배시기에 중립화론을 꺼내들었다. 야마가타 아리토모(山縣有朋)는 일본과 중국이 주도하고 영국과 독일이 주선하는 조선의 중립화를 주장했다. 이노우에 코와시(井上毅)는 "일본·청·미국·영국·독일의 다섯 나라가 조선을 하나의 중립국으로 삼아 벨기에·스위스의 예에 따라 타국으로부터 침략받지도 않는 나라로 함께 보호해야 한다"고 주장했다. 그는 1882년에 일본 외무성 당국을 통해 청과 미국에 타진을 시도했지만, 유야무야되었다.

고종은 주한 미국공사들에게 여러 차례 미국 정부가 대한제국 중립화를 제의해 줄 것을 요청했다. 1899년봄, 알렌 공사(Horace N. Allen)가 미국으로 출발할 때 고종은 미국이 주도해 열강에 의한 대한제국의 독립과 영토 보전을 보장해줄 것을 요청했다. 그러나 미국은 한반도 문제에 불개입 원칙을 견지했다.

또 고종은 중립화를 추진하기 위해 1899년 10월 주한 미국공사관의 윌리엄 샌즈(William F. Sands)를 궁내부 고문으로 초빙했다. 샌즈는 한국을 스위스·벨기에 같은 영세중립국으로 만들기 위해 열강과 평화조약이나 국제협약 체결을 추진했다. 이어서 고종은 조병식(趙秉式)을 주일공사로 파견해 한반도 중립화안을 추진케 했다.

그러나 한반도 중립화안에 관심을 두는 나라는 없었다. 일본 외상은 스위스·벨기에는 중립을 유지할만한 국력을 갖추고 있지만, 대한제국은 그런 조건을 충족하지 못하고 있다며 조병식의 제의를 거부했다. 조병식은 주일미국공사를 만나 미국 정부가 열강과 협력해 조선의 독립과 중립의 국제적 보장을 위해 노력해달라고 요청했지만, 버크 공사는 그의 말을 들어주지 않았다.

러시아와 일본 사이에 전운이 고조되자 고종은 유럽에 직접 전권대사를 파견했다. 1901년 3월 이범진을 러시아 공사로, 민영찬을 주프랑스공사로 파견했다. 또 독일과 오스트리아 공사에 민철훈, 영국과 이탈라아 공사로 민영돈을 파견했다. 미국이 중립화에 거부의사를 보이자 유럽에 매달린 것이다.

그러나 유럽 열강들은 대한제국의 중립화안을 지지하지 않았다. 러시아와 일본이 팽팽하게 맞서고 있는 한반도에 어느 나라도 끼어들고 싶지 않았던 것이다. 영국은 1902년에 일본과 동맹을 체결했기 때문에 한반도 중립화안을 지지할 수 없는 입장이었고, 프랑스는 러시아를 지지했으므로 대한제국 중립화에 관심을 두지 않았다.

1902년 영일 동맹 체결 협상이 진행될 때 영국 외상은 일본의 하야시 공사에게 "조선을 중립상태로 하는데 여전히 불만족인가"라고 물었다. 그때 하야시 곤스케(林權助) 공사는 조선 중립화 불가의 이유로 "조선인은 스스로 나라를 다스릴 힘이 없고, 열국에 의한 중립을 보장받는다고 해도 아무런 효력이 없다. 내란이 언제 발생할지 모르기 때문이다"라고 답변했다고 한다.

고종이 1901년 3월에 벨기에와 수호통상조약을 체결한 것도 그런 맥락이었다. 고종은 1902년에 벨기에 국왕에게 자신의 중립화안을 설명하고 이를 지지해 줄 것을 요청하는 서한을 보냈다. 벨기에 국왕은 "대한제국이 벨기에처럼 영세중립국이 되는 것을 찬성한다"는 회

러시아와 대립하는 일본, 일본을 지원하는 영국과 미국(출처 : 구글)

답을 보내왔다. 고종은 이에 고무되어 프랑스·독일·이탈리아·미국에 같은 안을 제의했지만, 독일만이 검토 의사를 표명했을 뿐, 다른 나라들은 그 제안을 접수조차 하지 않았다.

서구 열강이 한반도 중립화에 귀를 기울이지 않게 되자 결국 고종의 한반도 중립국 추진은 실패하고 말았다.

고종은 러·일전쟁 발발 직전인 1904년 1월 21일 국외중립을 선언했지만 일본이 전쟁에서 승리하면서 그 선언도 무위(無爲)로 돌아갔다. 고종은 중립국화가 힘을 전제로 가능하다는 사실을 이해하지 못했던 것이다.[79]

79 "메아리없는 외침으로 끝난 대한제국 중립국론," http://www.atlasnews.co.kr/news/articleView. html?idxno=1743 (검색일: 2022. 11.15).

2. 고종 정권의 외세의존 : 외국 공관으로 피신

고종은 국가가 위기에 처하여 망해가는 상황에서 개인의 안위에 급급하여 외국 공관으로 피신할 생각을 하였다. 고종은 청·일전쟁 기간이었던 1894년부터 러·일전쟁 종전 시까지 약 11년 간 7회에 걸쳐 외국공관에 피신을 타진하였다. 평균 1년 6개월 만에 한 번 시도한 셈이다.

고종은 1894년에 동학농민혁명 발생 시 미국공관과 영국공관에 피신 의사를 전했지만 거부당했다. 미 국무부는 주한 공관에 '조선 정국에 개입 금지'라는 훈령을 하달하였기 때문이다. 영국도 마찬가지였다.

1896년 명성황후 살해사건 직후 러시아 공관으로 피신은 성공했

러시아공사관에 피신한 고종의 모습(출처 : 구글)

다.[80] 우리가 잘 알고 있는 아관파천이다. 고종은 1895년 10월 8일 명성황후가 일본인 무리에게 살해된 그 다음해 1896년 2월 11일 러시아공사관로 피신하였다.

파천을 수용한 러시아는 물론이고 파천을 요청받은 미국도 이 기간 막대한 이권을 챙겼다. 경인철도 부설권과 운산금광 채굴권이 미국에 넘어갔다. 함경도 경원과 종성 광산 그리고 압록강과 울릉도 벌목권은 러시아가 확보하였다.

환궁 한 달 전 러시아공사관은 "신변 보호를 넘어 조선을 차지해야 한다"라고 본국에 보고했다. 위협을 느낀 고종은 다시 미국공사관에 피신을 타진하였다. 그러나 미국 공사는 "왕은 우리 공사관으로 오기를 희망한다. 나는 거듭 그에게 파천을 기대하지 말라고 말했다. 파천이 불가능함을 깨닫자 왕은 이번에는 소위 '도서관'을 공사관 옆에 짓기 시작했다. 그러면 유사시에 미국이 자기를 보호할 수밖에 없다고 생각한 것이다." 라고 본국에 보고하였다. 도서관 부지는 미 공사관과 미국 장로교 선교사 숙소로 에워싸여 있었다. 알렌은 "우리가 미국 재산 보호를 위해 자기를 보호할 수밖에(compelled) 없다고 생각한 듯하다"라고 했다.

전쟁이 한창인 1905년 1월 19일 알렌은 또 "황제가 파천을 간청한

---

80 고종의 러시아공사관 피신 모습에 대해 《한겨레》 신문에 다음과 같이 보도내용이 있다. "1896년 2월 11일 이른 아침 궁녀 교자(가마) 두 대가 경복궁 영추문을 빠져나갔다. 한 대에 둘씩 합승하고 있었다. 교자는 1㎞ 남짓 떨어진 러시아공사관 앞에 멈춰섰다. 상궁 옷차림의 네 사람이 내렸다. 하지만 그 중 여장 남자 고종과 세자가 있었다. "2022년, 몽진과 파천," 《한겨레》, 2022년 10월 8일. 발췌 요약

다는 요청을 조선 관료로부터 접수했다"라고 보고했다. 알렌은 "황제가 공사관 담을 넘더라도 내쫓겠다"라고 보고했다. 1905년 미국으로 돌아간 알렌은 "일찍이 구만리를 돌아다녀 보고 4,000년 역사를 보았지만 한국 황제와 같은 사람은 처음 보았다"라고 했다.

고종은 아관파천에서 환궁한 그 다음해부터 총 4회 외국 공관 피신을 시도하였지만 미수에 그쳤다. 1897년 대한제국 선포 직후에 미국 공관 피신 미수 1회, 1904년 러·일전쟁 직전 역시 미국 공관 피신 미수 1회와 1905년 러·일전쟁 도중 미국 공관과 프랑스 공관 미수 각 1회이다. 부끄러운 일이다.[81]

러·일전쟁에서 일본이 승리한 후, 서구 열강들이 대한제국을 외면하자 고종이 의지할 외세가 없었다. 러·일전쟁 결과 「포츠머스 조약」 체결 직후 1905년 9월 19일 미국 시어도어 루즈벨트(Theodore Roosevelt) 대통령의 딸 앨리스가 대한제국을 방문하였다. 단순 관광이었지만 고종은 '구세주가 왔다'라고 반색을 하면서 극진하게 국빈대우를 하였다. '혹시 미국으로부터 도움을 받을 수 있을까'하는 요행을 바란 것이다. 그러나 앨리스 일행의 대표인 태프트(William Howard Taft) 육군장관은 대한제국으로 오기 직전 7월 29일 이미 카쓰라 타로(桂太郎) 일본 총리와 이른바 「카쓰라-태프트 밀약」을 체결하였다. 이 밀약에서 일본이 조선을 지배하고 미국은 필리핀을 지배한다고 합의하였

81 "〔박종인의 땅의 歷史〕 11년 동안 고종은 일곱 차례 파천을 시도하였다." https://www.chosun. com/site/data/html_dir/2019/11/12/2019111200001.html (검색일: 2022. 11.13).

다. 앨리스는 훗날 고종에 대해 '친절하지만 불쌍한 황제'라고 언급하였다고 한다. 고종은 불쌍하였다. 그래서 대한제국도 불쌍하였다.[82]

시어도어 루스벨트 미국 대통령은 대한제국에 관심을 보여야 한다는 존 헤이 국무장관에게 "우리는 한국인들을 위해서 일본에 간섭할 수 없다. 한국인들은 자신들을 위해 주먹 한 번 휘두르지 못했다. 한국인들이 자신을 위해서도 스스로 하지 못한 일을 자기 나라에 아무런 이익이 되지 않음에도 불구하고 한국인들을 위해서 해주겠다고 나설 국가가 있으리라고 생각하는 것은 불가능하다." 대통령의 이 한 마디에 그나마 대한제국에 동정심을 갖고 있던 헤이 장관은 입을 닫았다.[83]

조선 민중의 요구와 정부 광무개혁의 한계

1. 독립협회 만민공동회 및 관민공동회의 좌절

독립협회는 1896년 7월 서울에서 조직되었던 사회정치단체이다. 1898년 12월에 고종에 의해 강제해산될 때까지 약 2년 6개월 동안 자주국권·자유민권·자강개혁사상을 통한 근대화 운동을 전개하였다.

---

82 박종인, 『매국노 고종』 (서울: 와이즈맵, 2021), pp. 299–306.

83 "[기자수첩] 미국은 자유를 위해 싸울 의지가 있는 나라만 돕는다." http://m.monthly.chosun.com /client/mdaily/daily_view.asp?idx=13255&Newsnumb=20210813255 (검색일: 2022. 11.22).

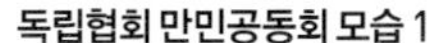
독립협회 만민공동회 모습 1

독립협회 만민공동회 모습 2(출처 : 구글)

특히 1898년 3월 독립협회가 주도한 제1차 만민공동회(萬民共同會)에서는 민중의 힘으로 러시아의 침략을 저지하고 자주·독립을 공고히 하기로 하였다. 당시 러시아는 한국 재정권을 장악하기 위해 한러은행을 서울에 개설하고 업무를 시작하였고, 군사와 재정고문을 파견하였으며, 부산 절영도를 조차하여 석탄고 기지 설치를 추진 중이었다.

만민공동회에는 서울 시민의 약 17분의 1인 1만여 명의 시민이 자발적으로 운집하여 러시아의 침략 정책을 규탄하였다. 이러한 민중의 요구를 대한제국 정부는 외면할 수 없었으며 러시아도 민중의 동향을 지켜보고 있었다. 결국 대한제국 정부는 한러은행 폐쇄와 러시아 재정 고문과 군사 고문을 해고하고, 절영도 석탄고 설치 승낙을 철회하였으며, 러시아도 이를 수용하였다. 일본도 월미도 석탄고 기지를 대한제국 정부에 반납하였다. 조선 민중의 힘으로 외세의 이권 침탈과 영향력 행사를 저지시킨 드문 사례였다.

민중의 힘을 확인한 독립협회도 다음의 요구를 중심으로 운동을 전개하였다. 외세로부터 주권과 경제적 이익을 보존하고 개혁과 근대화를 요구하는 내용들이다.

〈독립협회 활동 중점〉

① 서재필 추방 반대 운동
② 생명과 재산의 자유권 수호 운동
③ 탐관오리 규탄
④ 러시아의 목포·진남포 항구 매도 요구 저지
⑤ 독일 등 외국의 이권 요구 반대
⑥ 프랑스의 광산 이권 요구 반대
⑦ 이권 양여의 조사
⑧ 무관학교 학생선발 부정 비판
⑨ 의학교 설립 요구
⑩ 의병에 피살된 일본인에 대한 배상 요구 저지와 이권 요구 반대
⑪ 황실 호위 외인 부대 창설 저지
⑫ 노륙법(孥戮法)[84] 및 연좌법 부활 저지
⑬ 7대신 규탄과 개혁 정부 수립 요구
⑭ 민족상권수호운동 고조
⑮ 언론과 집회의 자유권 수호운동 의회설립

이후 민중들은 자발적으로 만민공동회를 개최하였는데 그들의 요구와 주장도 독립협회와 큰 차이는 없었다.

독립협회는 1898년 10월 개혁파 정부가 수립되자, 신정부와 협의하에 중추원(中樞院)을 개편하여 의회(上院)를 설립하기로 합의한 뒤 의회 설립안을 정부에 제출하였다.

또한 이어서 독립협회 주도로 만민공동회에 정부 관료들이 참여한 관민공동회(官民共同會)가 개최되었는데 이 자리에서 새로 개설되는 의

---

84 노륙법(孥戮法)은 일정의 연좌제로 처자까지 연루시키는 법

독립협회 관민공동회 모습, 단상 우측에 관복을 입은 관료들의 모습이 보인다(출처 : 구글)

회와 자주적 개혁 정책을 실현해 나갈 것을 다짐하고, 다음의 〈헌의 6조〉를 결의하였다. 고종도 받아들였다.

〈헌의 6조 獻議 六條〉

1. 외국인에게 의지하지 말고 관민이 한마음으로 전제 황권을 견고하게 할 것.
2. 외국과의 이권에 관한 계약과 조약은 각 대신과 중추원 의장이 합동 날인할 것.
3. 국가 재정은 탁지부에서 전관하고, 예산과 결산을 국민에게 공표할 것.
4. 중대 범죄를 공판하되, 피고의 인권을 존중할 것.
5. 칙임관(高官)을 임명할 때에는 정부에 그 뜻을 물어서 중의에 따를 것.
6. 정해진 규정을 실천할 것.

그러나 개혁 반대 세력인 수구파는 의회가 설립되면 자신들이 정권에서 배제되는 것이라고 판단하였다. 그래서 그들은 독립협회 등이 의회를 설립하여 공화정(共和政)으로 국체(國體)를 바꾸려는 것이라는 내용의 익명서(匿名書)를 뿌렸다. 고종은 자신이 폐위될 수 있다는 허위 보고에 놀라 11월 4일 밤부터 5일 새벽에 걸쳐 독립협회 간부들을 기습적으로 체포하고 독립협회 해산령을 내림과 동시에 개혁파 정부를 붕괴시키고 다시 수구파 정부를 조직하였다.

만민공동회의 민중들은 그 후 17일간 철야 시위를 포함하여 강력 저항하였으나 12월 25일, 고종은 열한 가지 죄목을 들어서 만민공동회와 독립협회를 불법화시키고 해체령을 포고하였으며, 430여 명의 만민공동회와 독립협회 지도자들을 일거에 체포, 구금하였다. 이로써 밑으로부터의 개혁과 근대화 움직임은 소멸되었다.[85]

2. 고종의 전제왕권 유지에 묻힌 광무개혁의 움직임

광무개혁은 1896년부터 고종 및 대한제국 정부가 주도한 근대적 개혁이다. 1897년 고종이 황제에 등극하고 대한제국을 선포한 후 이 개혁이 집중적으로 진행되었기 때문에 고종황제의 연호인 '광무(光武)'를 따서 '광무개혁(光武改革)'이라고 부른다.

광무개혁은 '구본신참(舊本新參)' 즉, 구식을 근본으로 삼고 신식을

85 "독립협회,「한국민족문화대백과사전」,"http://encykorea.aks.ac.kr/Contents/SearchNavi?keyword =%EB%8F%85%EB%A6%BD%ED%98%91%ED%9A%8C&ridx=0&tot=2164 (검색일: 2022. 11.8).
"만민공동회,「한국민족문화대백과사전」," http://encykorea.aks.ac.kr/Contents/Item/E0017594 (검색일: 2022. 11.9).

참고한다는 정책이념을 추구한 데에서 나타나듯이 복고주의적인 인상을 풍기고 있었다.

광무개혁의 복고적 경향은 왕권 강화의 측면에서 두드러지게 나타났다. 갑오·을미개혁에서 왕의 지위를 상당 부분 제한하였으나, 아관파천 직후 새 정부는 왕권을 강화하는 데에 노력을 기울였다. 그 결과 1899년 「대한국제(大韓國制)」가 제정, 반포되었다.

대한국제에 의하면, 국왕(또는 황제)은 무한불가침의 군권(君權)을 향유하며, 입법·사법·행정·계엄·해엄에 관한 권한을 가진다고 규정하였다. 이는 격하된 왕권의 지위를 복고시키는 한편 구미국가의 절대왕정체제를 모방하여 왕권의 전제화를 법제적으로 뒷받침하는 것이었다.

갑오·을미개혁은 왕실 재정을 통제하였지만 광무개혁에서는 왕권의 강화를 위해 왕실 재정도 확대되었다. 각종 잡세가 부활되었고, 홍삼의 제조, 화폐 주조의 특허, 수리·관개 및 광산사업을 통해 왕실 재정의 수입원이 확대되었다.

이 외에도 점차 긍정적인 개혁도 이루어졌다. 우선 국가의 완전한 자주독립을 대외에 천명하고자 하였다. 대한국제 제1조에서 "대한제국은 세계 만국의 공인된 자주독립하는 제국이니라"라고 천명하였다. 자주독립을 지키고 근대국가로서의 위상을 정립하려는 시도가 진행된 것이다.

자주독립을 지켜나가기 위한 노력은 외교적인 면에서도 발휘되었다. 해삼위(海蔘威,블라디보스톡)·간도지방으로 이주한 교민들을 보호하기 위해 해삼위통상사무·북간도관리(北墾島管理)가 설치되었다. 갑오개혁부터 중요한 과제로 대두되었던 양전사업(量田事業, 전답측량사업)도 추진되었다. 전후 두 차례에 걸쳐서 전국 토지의 약 3분의 2에 달하는 218군(郡)에 대한 토지 측량을 완료하였다. 양전사업이 시작되면서 지계(地契, 전답문서) 발급 사무도 이루어졌다. 지계는 근대적 소유권 제도로 발전되었다는 점에서 주목할 만하다. 그러나 이후 양전사업이 중단되면서 지계 발급도 중단되고 말았다.

상공업진흥 정책도 당시의 여론을 수용하여 적극적으로 추진되었다. 정부 스스로가 제조공장을 설립하거나 민간 제조회사의 설립을 지원하였다. 또 유학생을 해외에 파견하거나 기술교육기관을 설립하여 근대적 기술을 습득하게 했다. 민간 제조회사의 근대적 기술 습득을 장려하거나 기술자 장려책을 강구하기도 했다. 이러한 정책에 따라 각 분야에서 근대적 회사와 실업학교들이 설립되었고, 과학기술을 응용한 각종 기계나 윤선(輪船:증기선박) 등이 제조되었다.

경제생활의 기준이 되는 도량형제도(度量衡制度)도 새로 제정, 실시되었다. 각 지역간의 거리를 단축시켜 장벽을 무너뜨리는 통신·교통 시설도 개선되어 갔다. 우편·전보망이 전국적으로 확충되었고, 서울·인천·평양·개성 등지에 전화가 개설되었다. 외국 자본과 기술에 의존하기는 했지만, 경인선·경부선·경의선의 철도가 개통되었다. 서울에 발전소가 건설되어 전등이 켜지고 전차가 운행되었다.

사회적인 면에서도 주목할 만한 개혁이 있었다. 호적제가 시행되고 순회재판소가 설치되었으며, 종합병원인 제중원(濟衆院), 구휼기관인

혜민원(惠民院) 등이 설립되었다. 또 관리들은 복장으로 양복을 입었고, 1902년에는 재차 단발령이 내려져 관리·군인·경찰이 상투를 자르게 되었다.

그러나 광무개혁은 몇 가지 취약점을 가지고 있었다. 독립협회의 시정개선 건의를 제대로 수렴하지 못한 점, 재정적 뒷받침 없이 개혁을 추진한 점, 민중의 경제생활과 국가 재정을 희생시키고 왕실 재정을 개선한 점, 철도의 부설 등을 외국인에게 특허를 내주어 그 기술과 자본에 의지했다는 점 등을 들 수 있다.

광무개혁은 왕권의 전제화를 제외하고 갑오·을미개혁을 대체로 그대로 이어 추진했다는 점은 주목된다. 따라서 1890년대부터는 대한제국을 중세 국가에서 벗어나 절대왕정을 지향한 과도기적 근대 국민국가로 보는 시각도 존재한다. 물론 대한제국이 제국을 유지할 수 있는 정치력과 군사력을 제대로 갖춘 국가가 아니라는 점은 분명하지만 그러한 국가를 만들기 위해서 노력을 전개했던 국가라는 점은 확실히 평가받아야 할 부분이다. 그러나 광무개혁은 1905년 을사조약으로 일본의 보호국이 되면서 중단되었다.[86]

대한제국 시대의 위로부터의 개혁인 광무개혁도 그리고 아래로부터의 독립협회 활동도 모두 성공하지 못하였다.

고종은 개화와 개혁이 대세임을 느끼고 있었다. 사상적 토대는 동

86 "광무개혁, 「한국민족문화대백과사전」," http://encykorea.aks.ac.kr/Contents/Item/E0005118 (검색일: 2022. 11.9).

도서기(東道西器)였다. 기존의 성리학 통치 이념은 유지하면서 이 틀속에서 부분적으로 서구의 근대화를 받아들이겠다는 것이다. 그러나 어떠한 경우에도 왕권을 약화시키는 조치는 거부하였다. 전제군주의 왕권을 그대로 두고는 개화는 가능할 수 있겠지만 부분적인 발전에 그칠 수밖에 없었다.

전제군주 고종이 유능하였다면 강력한 통치력으로 어느 수준까지의 부국강병을 이룰 수 있었겠지만 고종에게는 그런 역량이 없었다. 당시의 조선 사회는 급진 개화파를 제외하고는 왕권 제한을 거론하지 않았다. 심지어 동학농민혁명군도 무력으로 중간 계층을 배제하고 국왕 앞에서 직접 자신들의 충정과 폐정 개혁의 실현을 호소하려 하였다.[87] 폐정 14조 등에서 탐관오리를 척결하도록 국왕에 건의하겠다는 생각이었다.[88]

고종이 서양문물을 도입하려는 근본적인 목적은 백성들의 편리함과 이로움을 도모하기 위한 것이었다. 그러나 전제군주 체제를 위협하는 것은 받아들일 수 없었다. 즉 동도서기의 개념으로 중화질서의 틀속에서 왕권을 유지 강화하는 동도에다가 일부 선진문물인 서기를 받아들이겠다는 제한적 근대화였다.[89]

87 조경달 著, 최덕수 譯, 『근대조선과 일본』 (파주: 열린책들 2020), p. 130.

88 문소영, 『조선의 못난 개항』 (서울: 위즈덤하우스, 2016), p. 205.

89 장영숙, 『망국의 군주, 개혁군주의 이중성』 (서울: 역사공간, 2020), p. 80.

3. 러·일전쟁 결과, 일본의 한반도 장악과 조선의 국권 상실[90]

일본은 러시아와 전쟁을 시작한 지 보름 후인 1904년 2월 23일 대한제국과 「한일의정서」를 체결하였다. 일본은 의정서에서 '대한제국 황실의 안전 강령과 대한제국의 독립과 영토의 보전'을 약속하였다. 그러나 그 이면에는 대한제국의 정치적, 군사적, 외교적, 자주권을 제약하는 조항들을 담고 있다. 일본은 의정서를 통해 '조선의 보호국화'라는 구상을 한 걸음 실현할 수 있었다.

일본은 의정서 체결 이후 6개월이 경과한 같은 해 8월에 대한제국과 「고문용빙에 관한 협정서」를 체결하였다. 주요내용은 '대한제국은 일본인 재정고문과 외국인 외교고문을 채용하고, 외국인에 대한 특권 양여와 계약 등 중요한 외교 안건에 대해서는 일본과 협의한다'이다. 일본은 대한제국의 재정과 외교를 장악해 대한제국을 보호국화 하는데 한 단계 더 앞으로 나아갔다.

1905년 11월 18일 대한제국의 외교권이 일본으로 넘어간 「을사조약」이 일본과 대한제국 사이에 체결되었다. 대한제국은 대외적으로 주권 행사를 할 수 없게 되었을 뿐만 아니라, 대내적으로도 일본 통감의 감독을 받는 보호국 체제로 전락하고 말았다. 이런 상황에서 조약에 명시된 황실의 안녕과 존엄은 아무런 의미도 없었다

---

90 "러·일전쟁의 결과 일본의 한반도 장악과 조선의 국권 상실"의 내용은 『조약으로 본 한국 근대사』에서 발췌, 요약한 내용임. 최덕수 外, 『조약으로 본 한국 근대사』 (파주: 열린책들, 2010). pp. 565-742.

을사조약 체결은 한국에 주재하던 각국 공사관의 철수로 이어졌다. 조약 체결 다음 날인 11월 19일에 주한 영국공사가 일본에 조약 체결 축하 전문을 보냈고 미국 공사관이 11월 24일 철수 의사를 밝힌 것을 시작으로 12월 초까지 대부분의 주한 외교사절이 한국을 떠났다. 당시 한국인들은 대한제국은 을사조약 체결로 사실상 멸망하였다고 생각하였고, 거국적인 저항을 하였지만 최고 책임자인 고종은 말이 없었다. 고종은 1905년 11월 17일 오후 3시 경운궁에서 조약 체결 여부를 논의하기 위한 어전회의에서 인후염이 있다고 자리를 피하였다.

1907년 7월에는 일본과 대한제국은 「정미조약」을 체결하고 부속각서를 교환하였다. 이를 통해 일본 통감의 대한제국 감독 범위가 외교를 넘어 전 행정분야에 미치게 되었다. 부속각서는 대한제국 군대해산에 관한 사항이었다.

대한제국이 망하기 3년 전인 1907년 7월에는 「한국 사법 및 감옥 사무 위책에 관한 각서」가 체결되어 대한제국의 사법권은 소멸되었으며 이때부터 한반도에 식민지적 사법제도가 시행되기 시작하였다.

고종이 1907년 강제 퇴위 된 이후 이토 히로부미(伊藤博文) 통감이 대한제국의 실질적인 최고 통치권자가 된 다음부터는 대한제국의 병합은 시간 문제일 뿐 기정사실이었다. 일본은 행정을 마비시킬 정도로 거센 조선의 의병들의 저항을 종식시킬 필요가 있었고, 열강의 완전한 동의를 획득하기 위해 병합을 늦추고 있었다. 한편 일본은 병합을 결정하였지만 직접 나서 병합을 선언하기 보다는 한국인의 자발적 청원에 부응하는 방식을 택하였다. 이를 위해 친일 집단인 일진회(一

대한제국의 멸망(출처 : 구글)

進會)를 동원하여 1909년 12월 합방청원서를 제출하도록 하였다.

일본 정부는 1910년 초반 한국 병합에 대해 러시아와 영국의 동의를 득한 후, 3대 조선 통감 데라우치 마사다케(寺內正毅)는 총리대신 이완용에게 병합조약 내용에 관한 이의 여부를 확인하였다. 이 자리에서 이완용은 별 다른 이의를 제기하지 않았다. 다만 병합 이후에도 국호를 존속할 수 있도록 해줄 것과 황실의 종칭에 있어서 왕의 칭호를 보존할 수 있도록 해줄 것을 요청할 뿐이었다. 나라가 망했는데 국호와 왕의 칭호는 무슨 의미가 있는지 이해하기 어렵다.

조약 내용은 사실상 황족과 친일 인사에 대한 신분 보장 규정이 대부분 내용을 차지하고 있다. 러·일전쟁 이후 추진된 식민지화 과정에서 일본은 대한제국을 완전히 장악한 상태에서 법적 구속을 할 새로운 조약이 필요 없었기 때문이다.

〈병합조약〉

일본국 황제 폐하와 한국 황제 폐하는 두 나라 간의 특수하고 친밀한 관계를 고려해 상호의 행복을 증진하며 동양의 평화를 영구히 확보하기 위해서는 한국을 일본 제국에 병합하는 방법밖에 없다고 확신해 (이하 생략)

제1조. 한국 황제 폐하는 한국 전부에 관한 일체의 통치권을 완전하고 영구히 일본 황제 폐하에 양여한다.

제2조. 일본국 황제 폐하는 앞 조항에 열거한 양여를 수락하고 한국을 완전히 일본 제국에 병합함을 승낙한다.

제3조. 한국 황제 폐하. (중략)에게 충분한 세비를 공급할 것을 약속한다.

제4조. 앞의 조항 이외에 한국 황족과 그 후예에 대해 (중략) 필요한 자금을 공여할 것을 약속한다

제5조. 훈공이 있는 한국인에게 (중략) 작위를 수여하고 은금(恩金)을 준다.

제6조. 한국인의 신체와 재산에 대해 보호하며, 그들의 복리 증진을 도모한다.

제7조. 신제도를 존중하는 한국인을 한국의 제국 관리로 등용한다.

제8조. 본 조약은 일본국 황제 폐하와 한국 황제 폐하의 재가를 받은 것으로 공포일로부터 이를 시행한다.

* 제2조~제5조의 주어는 '일본국 황제 폐하', 제6조 및 제7조 주어는 '일본국 정부' 임

일본은 치밀한 정치적 계산 아래 '병합'이라는 단어를 사용하였다. 비슷한 의미의 '합방'이나 '합병'보다는 '병합'이라는 단어는 침략적 어감을 감출 수 있었던 것이다.

이 조약을 통해 독립국 대한제국은 역사의 무대에서 사라지고 일본의 지배를 받는 식민지 조선이 되었다. 고종은 무력하기만 하였다.

나라가 망한 후 대한제국 황실은 이왕가(李王家)로 명칭이 바뀌고, 고종은 도쿠주노미야 이태왕 (德壽宮李太王)에 융희제 순종은 쇼토쿠노미야 이왕 (昌德宮李王)에 책봉되었다. 순종의 직계는 일본 천황가의 일

원인 왕족(王族)으로, 그 형제들은 공족(公族)으로 대우를 받았다. 고종은 죽을 때까지 일본이 주는 세비(歲費)를 받으며 혜택을 누리면서 호의호식하고 심지어 후궁을 두 명이나 들이면서 자식을 얻고 편안하게 지냈다.[91]

4. 고종을 위한 변명 : 고종은 비운의 개명군주

필자는 이 글에서 고종을 망국의 군주, 심지어 매국노라고 혹평을 하였다. 그러나 이런 고종에 대해 긍정적인 면을 부각시킨 학술적 노력도 있다. 이태진 서울대 국사학과 교수는 〈고종시대의 재조명〉이라는 그의 저서에서 "일본이 침략을 정당화하기 위해 한국사를 왜곡하였다"라는 기본 인식 아래서 "일본은 고종 황제와 대한제국 정부의 무능과 무력을 강조하여 망국의 원인을 전적으로 한국의 내적 결함으로 돌려 그들의 통치를 정당화하려 했다"라고 기술하고 있다.

---

91 '조선총독부통계연보'에 따르면 대한제국 구 황실이 받은 세비는 1911년-1920년까지 매년 150만엔이고 1921년부터 1945년까지는 180만엔이었다. 박종인, 앞의 책, pp.344-347. "나라가 망한 후 고종의 하루 일과가 "덕수궁 찬시실 일기'에 기록되어있다. 1911년 2월 1일 찬시일 일기에 따르면, "고종은 새벽 3시에 함녕전에 침실 잠자리에 든 뒤 오전 10시40분에 잠에서 깼다. 11시30분쯤 각종 탕약과 차를 마신 뒤 당직자 보고를 받고 오후 1시20분 점심을 먹었다. 이어 간식 차를 마신 뒤 야간 당직자 명단을 보고받고 조선 귀족과 고위직을 접견했다. 저녁은 오후 6시20분에 먹었고, 오후 7시에는 역대 조선 국왕 초상화를 모신 선원전과 위패를 모신 경효전, 의효전 보고를 받았다. 경효전은 첫왕비 민씨 (명성황후)를 모신 곳이고 의효전은 첫 며느리 민씨 위패를 모신 곳이다. 오후 9시55분에 야식을 먹고 이날은 새벽 2시35분에 잠자리에 들었다. 이런 일상이 계속적으로 반복되었다. "일본 천황은 이들을 조선 왕족으로 책봉했다," 《조선일보》, 2022년 5월 11일.

특히 "국가적(정부적) 차원의 자력 근대화 성과는 거의 거론되지 않았다"라고 주장하면서 다음의 연구결과를 제시하고 있다. 독자들의 균형된 시각을 위해 이태진 교수의 주요 주장을 소개하도록 하겠다.

첫째, 고종은 일본과 국교 수립에 일본 측이 놀랄 정도로 능동성을 보였으며, 근대화 사업에 필요한 지식과 정보 수집을 목적으로 중국 상하이의 여러 서점에서 약 3만여 권의 서적을 구입하는 등 동도서기론(東道西器論)의 개화를 추구한 개명군주(開明君主)로 평가되어야 한다.

둘째, 1894년 6월 동학농민혁명군 진압을 위해 고종이 청군 출병(淸軍出兵)을 요청한 것이 아니라, 위안스카이(袁世凱)가 반청(反淸) 감정이 날로 높아가는 조선 민중을 다시 한번 무력으로 제압하여 내정간섭체제를 재강화하기 위해 (출병 요청을) 강요한 것이다.

셋째, 1896년 아관파천 후 대한제국 출범을 앞두고 황성(皇城)을 조성하려고 미국의 워싱턴 D.C를 모델로 서울의 근대적 도시개조사업을 추진하였다.

넷째, 대한제국 정부를 약화시키기 위해 끊임없이 계속되는 일본 공사관의 밀정들의 공작활동을 차단하기 위해 황제가 '익문사(益聞社)'라는 통신사를 가장하여 비밀 정보기관을 창설 운용하였다.

이태진 교수는 고종황제가 무능한 유약한 군주라는 이미지는 일제의 의해 조작된 것으로, 한국 황제나 그 정부가 조금이라도 유능하다고 해서는 일제의 통치 명분이 서지 않기 때문에 무능설을 만들어내

게 되었다고 주장한다.[92]

이태진 교수 외에도 최근 명성황후의 일대기를 다룬 소설 〈그림자 황후〉를 발간한 소설가 손정미도 《조선일보》 2022년 11월 12일(토) 인터뷰에서 다음과 같이 견해를 밝혔다. "공부를 할수록 고종 황제가 결코 수동적이거나 무능한 사람이 아니란 생각이 들었다." 그리고 이어서 "우리가 나라를 망하게 한 게 아니라 일본이 강탈한 것이다. 그런데도 지금 우리는 강도가 아닌 도둑맞은 사람들을 탓한다. 지금 우리나라에는 내분이 없나? 여전히 권력형 비리는 많고, 정파 간의 싸움이 극심하다. 무능해서 나라를 빼앗겼느냐고 돌을 던져선 안된다."[93]

---

92 이태진, 『고종시대의 재조명』 (파주: 태학사, 2019), pp. 4-10. 이태진 교수는 그의 저서에서 고종의 황제권 강화에 대해서도 긍정적이었다. "고종은 외세의 위협을 받고 있는 당시의 상황에서는 황제 중심의 전제정치가 곧 독립의 기초를 견고하게 다질 수 있는 유일한 길이라고 인식하였던 것이다."(p. 78). 또한 독립협회와 만민공동회 그리고 광무개혁에 대해서도 다음과 같이 언급하고 있다. "한국 근대사에서 독립협회가 가지는 중요성은 의심할 것이 아니지만, 일부 회원들이 주도한 의회개설운동은 그 진상에 대한 규명이 최근까지도 제대로 이루어지지 못함으로써 지나치게 긍정적으로 평가되는 과오를 저질렀다. 일본으로서는 이 운동이 대한제국의 황제권을 중심으로 한 발전을 와해시킬 것으로 기대하였고, 친일분자들은 일본의 힘을 배경으로 집권을 노렸던 것이다 (중략) 독립협회의 의회개설운동의 대일 의존성과 그 실패, 그리고 이와 대조를 이루는 광무개혁의 성공은 곧 이 시대의 개화, 근대화의 진정한 길이 무엇이었던가를 바로 말해주고 있다. 대한제국은 무능, 무력해서 망한 것이 아니라 광무개혁이 뜻밖의 성과를 올리자 이를 경계한 일본이 러·일전쟁이란 비상수단을 동원해 국권을 강제로 강탈함으로 말미암은 것이다." (p. 91).

93 "독부인가, 잔다르크인가,.130년 전 명성황후가 내게 말을 걸어왔다,"《조선일보》, 2022년 10월12일.

오늘날에 주는 시사점

1. 러·일 전쟁 시기와 오늘날, 다른 점과 같은 점

구한말 시절 국권을 상실해 가는 과정을 보면 당시의 대한제국과 오늘날 대한민국은 같지 않다. 대한제국은 일제의 식민지로 전락한 반면 오늘날 대한민국은 분단과 전쟁의 참화 속에서 산업화를 일구어 내고 민주화를 꽃피웠다. 이 결과 우리의 국제적 위상은 그 어느 때보다 드높다. '대한민국은 선진국이 아니다'라고 말 할 수 있는 사람은 국내외에서 몇 명이나 될까. 우리는 우리에 대해 자부심을 갖고 있다.

2021년 12월 16일 일본 《니혼게이자이》 신문은 전날 니혼게이자이 연구센터(닛케이센터)가 아시아·태평양 지역 18개국을 대상으로 예측한 '중장기 아시아경제전망'을 인용하여, 한국이 1인당 명목 GDP에서 2027년 일본을 추월할 것이라는 분석 결과를 보도하였다.[94] 이제 일본 사회의 일각에서 우리를 경제적으로 경쟁자로 인식하고 있다는 의미이다.[95] 대한제국과 당시의 일본 제국주의, 오늘날 대한민국과 일본

94 "日연구소"일본 1인당 GDP, 2027년 한국에 역전당한다,"https://www.hankookilbo.com/News/Read/ A2021121609490004091 (검색일: 2022. 8.15).

95 한국의 일본 추월에 대한 다음의 국내보도도 있다. "한국의 성장과 일본의 쇠퇴는 디지털 전환기 적응여부가 갈랐다는 평가가 많다. 반도체, 스마트폰, 5G 등 첨단 IT 분야에서 한국이 일본을 추월했다. 세계를 제패했던 일본 만화 산업은 IT 경쟁력을 앞세운 한국 웹툰에 무너지고 있다. 그리고 한국이 코로나 선별 지원금 지급을 2주만에 완료한 반면 일본은 전 국민에게 10만엔 씩 똑같이 나누어 주는 데 6개월 걸렸다. 그러나 일본은 대외 순자산 3조1500달러로 한국

관계는 이렇게 큰 차이가 있다.

오늘날 대한민국은 구한말 당시 미국의 루즈벨트 대통령이 '자신을 지킬 의지도 없고 자치능력도 없다'라고 외면했던 망해가는 대한제국과 근본적으로 다르다. 우리의 대통령은 일본은 물론이고 미국의 대통령과 그리고 중국 최고지도자 등과 대등한 입장에서 정상회담을 하는 당당한 국가이다. 미국과 중국 양측에서 러브콜을 받고있는 것도 사실이다. 그 러브콜은 가시가 돋친 위험한 장미이기는 하지만 두 강대국이 우리를 필요로 하는 것도 사실이다.

이런 차이점에도 불구하고 변하지 않은 같은 점도 있다. 한반도의 지정학적 가치와 강대국 국제정치이다.

전통적으로 국제정치는 강대국이 규칙을 정하고, 중소국은 그 처분을 따르는 약육강식의 세계이다. 그리스의 역사가 투키디데스는 2500년 전 저술한 『펠로폰네소스 전쟁사』의 '멜로스 대화' 편에서 이런 국제 정치의 속성을 설파했다. 당시 스파르타의 식민 동맹국이었던 멜로스가 적대 강대국인 아테네로부터 침공당하자, 중립을 제안하며 존립시켜 줄 것을 간청했다. 이때 투키디데스는 아테네인의 입을 빌려 약소국의 운명에 대한 유명한 말을 남겼다. "강대국은 할 수 있는 일을 할 뿐이고, 약소국은 당할 것을 당할 뿐이다." 멜로스가 다시 소국에 대한 대국의 정의(正義)를 거론하자, 아테네는 "정의는 힘이 있는 국가만이 주장할 자격이 있다"라고 하면서 일축했다.

의 7배에 이른다." "국력 한일 역전?," 《조선일보》, 2022년 10월 8일. 발췌 요약

결국 아테네는 적의 동맹국을 제거하는 안보적 이유뿐 아니라, 강대국으로서 위신과 다른 소국에 본보기를 보인다는 이유로 멜로스를 멸절시켰다. 당시 멜로스는 동맹국인 강대국 스파르타가 지원해 줄 것을 원했지만, 스파르타는 아테네와 전쟁을 피하고자 멜로스를 외면했다. 여기서 멜로스는 동서고금을 통틀어 강대국 들 사이에 놓인 수많은 '낀 국가'의 비극을 대변하고, 아테네와 스파르타는 변하지 않는 강대국 행태를 대변한다.[96] 오늘날의 대한민국이 명심해야 할 국제정치의 본질이다.

국제정치에서 과거에도 그랬듯이 현재에도 정의(正義)는 명분에 불과하다. 국가이익만 존재할 뿐이다. 그리고 힘이 없다면 동맹도 중립도 아무 소용이 없다. 투키티데스가 설파한 것처럼 "약소국은 당할 것을 당할 뿐이다"

러시아와 일본이 조선을 두고 서로 이익을 조정해가면서 상호 견제하는 과정에서 형성된 외교공간을 고종과 조선 정부는 활용하지 못하였다. 정치적 리더십이 부족하였기 때문이다.

오늘날도 유사한 상황이다. 미국과 중국이 패권경쟁을 하면서 상호 견제하는 과정에서 생겨나는 이 외교공간을 최대한 활용해야 한다. 국제정치에서 "꼬리가 몸통을 흔든다"(Tail wag dog)라는 현상이 있다. 이 용어는 경제와 금융에서 많이 사용되는데 주로 주객전도(主

96 "강대국에 낀 국가의 비애, 국론분열부터 막아야," https://www.joongang.co.kr/article/25050052#home (검색일: 2022. 8.15).

客顚倒), 사소한 사항이 본질이나 중요한 사항에 큰 영향을 미친다는 의미이다. 이 의미는 국제정치에서도 약소국 안보론에 적용이 가능하다. 즉 약소국이 강대국을 휘두르는 현상이다. 두 가지 조건이 갖추어져야 한다. 첫째는 내 주변에 나를 필요로 하는 두 개의 강대국이 경쟁을 벌일 때, 둘째 나의 내부에서 한목소리가 나올 때이다.

구한말 러·일 패권경쟁 시기에는 첫째 조건은 조성이 되었지만 둘째 조건은 형성되지 않았다. 친일파와 친러파의 대립이 심했고, 민중의 제안을 제압했던 고종에게 리더십은 찾아볼 수 없었다.

오늘날, 대한민국은 미국과 중국을 흔들 수 있다. 미·중 패권경쟁 시기는 나를 필요로 하는 주변 강대국이 서로 경쟁해야 한다는 첫째 조건을 충족하고 있고, 둘째 조건도 충족해야 한다. 즉 우리 내부에서 한목소리가 나올 때 가능한 일이다.

2. 미·중 패권경쟁 시기를 극복하는 우리의 지혜

최근 우리는 두 가지 극명한 지도자상을 보고 있다. 하나는 우크라이나의 '젤렌스키' 대통령이고 다른 하나는 아프카니스탄 대통령 '가나'이다. 젤렌스키는 러시아 침공에 대항하고 미국 등 외부의 도움을 받아 맞서고 있다.[97] 반면에 가나는 나라가 망하기 직전 돈보따리

97 젤렌스키 우크라이나 대통령은 미국이 "당신과 가족의 목숨이 위태롭다"하면서 도피를 권했을 때 "내가 필요한 것은 차량이 아니라 탄약"이라며 도피를 거부했다. 그리고 그 다음날 정부청사를 배경으로 한 동영상을 공개하면서 "대통령, 총리, 군 수뇌부 모두 여기에 있다. 우리는

를 싸들고 외국으로 도주하여 호의호식하고 있는 것으로 알려지고 있다. 그가 통치했던 아프가니스탄은 비참함을 면하지 못하고 있지만 그의 관심 사항은 아니다. 마치 고종을 보는 듯하다.

우리는 지금 구한말의 지나간 지도자를 비난해서 무엇하겠는가. 그렇다고 해서 식민지로 전락했던 조선 망국이라는 사실이 역사에서 지워지겠는가. 문제는 오늘날과 미래이다.

'미·중 패권경쟁 시기를 극복하는 우리의 지혜'는 앞서 살펴 본 '청·일전쟁 시기와 고종 정권의 무능'에서 언급한 내용과 큰 차이가 없어 여기서는 생략한다.

다시 한번 강조하고 싶은 것은 우리는 '이기는 자'와 보다 친밀해야 한다는 것이다. 명·청(明淸) 교체기에는 망해가는 명에 집착하였고, 청·일 패권경쟁 시기에는 패배한 청의 속박에서 벗어나지 못하고 있었다. 러·일 패권경쟁기에도 마찬가지였다. 패배한 러시아로 기울었다. 일본이 아니고 일본 뒤에 있는 패권국 영국과 미국을 주시했어야 하였다.[98] 고종이 러시아공사관으로 피신할 때는 이미 돌이킬 수 없는 상황이었다.

국가와 독립을 지켜 낼 것"이라고 선언하였다. 전쟁 초기 피신하였던 관리들도 젤렌스키의 항전의지를 확인하고 복귀하였다.

98 오늘날 미·중 패권경쟁에서 누가 이길 것인가 하는 문제는 판단하기 어렵다. 이 주제에 대해 《조선일보》는 2022년 10월 6일자에서 "중국 경제, 미국 추월 어렵다... 뒤집히는 '美·中 경제 역전론'"이라는 주제로 서방의 싱크탱크의 연구결과를 인용 보도하였다. 주요 내용은 "중국 경제는 2030년쯤 미국의 87%까지 커지겠지만 ① 인구 감소 및 고령화, ② 미국의 견제, ③ 공산당의 기업 개입 등으로 2050년에는 다시 미국의 81% 선으로 떨어질 것"이라고 하면서 "중국 경제가 미국을 넘어서는 일은 벌어지지 않을 것이라고 하였다.

그렇다면 미·중 패권경쟁 시기에 우리가 생존하고 번영하기 위해서는 무엇을 어떻게 할 것인가는 분명하다.

첫째, 주변 강국 미국과 중국을 흔들 수 있도록 한목소리를 내면서 자강(自强)을 이루어야 한다. 둘째, 기존의 한미동맹을 공고히 하면서도 중국과도 적대적이지 않도록 정교하고 세심한 주의가 필요하다. 아직은 미국이 패권국이다. 물론 영원불변하지는 않다. 미·중 패권경쟁을 국익의 관점에서 예의주시해야 할 이유인 것이다.

참고 자료

문소영, 『조선의 못난 개항』(서울: 위즈덤하우스, 2016).

박종인, 『매국노 고종』(서울: 와이즈맵, 2021).

이태진, 『고종시대의 재조명』(파주: 태학사, 2019).

장영숙, 『망국의 군주, 개혁군주의 이중성』(서울: 역사공간, 2020).

조경달 著, 최덕수 譯, 『근대조선과 일본』(파주: 열린책들 2020).

최덕수 外, 『조약으로 본 한국 근대사』(파주: 열린책들, 2010).

"독립협회, 「한국민족문화대백과사전」,"
http://encykorea.aks.ac.kr/Contents/SearchNavi?keyword=%EB%8F%85%EB%A6%BD%ED%98%91%ED%9A%8C&ridx=0&tot=2164 (검색일: 2022, 11.8).

"만민공동회, 「한국민족문화대백과사전」,"
http://encykorea.aks.ac.kr/Contents/Item/E0017594 (검색일: 2022, 11.9).

"광무개혁, 「한국민족문화대백과사전」,"
http://encykorea.aks.ac.kr/Contents/Item/E0005118 (검색일: 2022,

11.9).
"〔기자수첩〕 미국은 자유를 위해 싸울 의지가 있는 나라만 돕는다,"
http://m.monthly.chosun.com/client/mdaily/daily_view.asp?idx=13255&Newsnumb=20210813255 (검색일: 2022. 11.22).
"日연구소"일본 1인당 GDP, 2027년 한국에 역전당한다,"
https://www.hankookilbo.com/News/Read/A2021121609490004091 (검색일: 2022.8.15).
"강대국에 낀 국가의 비애, 국론분열부터 막아야," https://www.joongang.co.kr / article /25050052#home (검색일: 2022. 8. 15).
"메아리없는 외침으로 끝난 대한제국 중립국론,"
http://www.atlasnews.co.kr/news/articleView.html?idxno=1743 (검색일: 2022. 11.15).
"〔박종인의 땅의 歷史〕 11년 동안 고종은 일곱 차례 파천을 시도하였다,"
https://www.chosun.com/site/data/html_dir/2019/11/12/2019111200001.html (검색일: 2022. 11.13).
"일본의 주권선과 이익선, 그리고 미중대결 속 한반도,"
http://www.ohmynews.com/NWS_Web/View/at_pg.aspx?CNTN_CD=A0002784204 (검색일: 2022. 11.12).

중·소분쟁 시기와 북한의 선택과 한계

들어가며

북한의 김일성은 제2차 세계대전 승전국 소련의 후원과 지도로 1948년 정권을 수립하였고 소련의 지원으로 6·25전쟁을 일으켰다. 국군과 UN군의 반격으로 북한은 멸망 직전까지 몰렸지만 중국의 개입으로 정권의 명맥을 이어갔다. 그 후 중국과 소련은 북한의 전후복구를 위해 원조를 아끼지 않았다. 이렇듯 북한의 김일성 정권 초기에 소련과 중국의 지원은 절대적이었다.

그렇지만 1950년대 말부터 소련과 중국이 대립하고 갈등이 노출되자 북한은 소련 및 중국과 관계를 어떻게 해야 할지 고민스러웠다. 북한 입장에서 소련과 중국의 도움이 모두 필요했기 때문이다. 소련은 북한의 공업화를 지원할 수 있는 유일한 국가였고, 중국은 식량과 생필품을 공급해 줄 수 있는 국가였다.

중·소 분쟁기에 북한이 겪었던 고민과 선택의 사례는 오늘날 미·중 패권경쟁 한가운데에 있는 우리에게 다음과 같은 시사점을 주고 있다. 첫째, 어느 한쪽으로 편향되면 그 반대편으로부터 보복을 받는다는 점이다. 둘째, 관계가 경색되었다고 하더라도 추후 관계 개선의 여지를 남겨두라는 것이다. 셋째, 중·소 분쟁기 북한 내부에서 친중파와 친소파의 갈등은 없었다. 한목소리는 북한의 협상력을 높혀 주었다.

중국과 소련의 갈등, 중·소 분쟁으로 발전

1950년대 냉전 초기 중국과 소련은 사회주의 국가로서 같은 이념과 정치·경제체제를 공유했고, 미국의 위협에 공동 대처해야 하는 안보 공감대도 있었다. 그러다가 소련에서 후루시초프가 1956년부터 스탈린의 개인 우상화를 비판하기 시작하자 중국은 이를 마오쩌둥 개인숭배를 비난하는 것으로 해석해 소련공산당을 의심하기 시작했다. 소련이 대미 화해 및 서방과의 평화공존을 추구하자 중국은 이와는 반대로 미 제국주의자들과 전쟁은 불가피하며 이를 위해 사회주의 국가들의 단결을 주장하면서 소련과 다른 입장을 보이며 대립했다.

소련과 중국은 경제정책에 대해서도 이견을 드러냈다. 중국이 1950년대 추진한 '대약진 운동'과 '인민공사' 등은 소련이 구상한 '사회주의 분업'과 맞지 않아 소련과 갈등을 빚었다.

소련은 자신의 정책을 따르지 않고 독자노선을 걷는 중국을 자국에 대한 도전으로 받아들였다. 중·소 분쟁 초기 동구 공산권 국가 대부분이 소련 측에 가담해 중국을 비난하기 시작하자, 중국은 북한, 베트남 등 아시아 공산권 국가들과 연대를 강화해야 할 필요성을 느꼈다.

북한은 중국과 소련이 대립하고 갈등이 증폭되는 상황에 당황하였다. 북한은 중국과 소련이 단합하여 미국에 대항하고 자신들에게 전폭적인 지원을 해주길 바라고 있었다. 따라서 북한은 중립적인 입장에서 중·소 분쟁 초기에 공산권의 단결을 주장하였다.

김일성과 후루시초프(출처 : 구글)

중·소분쟁 초기 북한의 성공과 한계

북한은 6·25전쟁 직후 전후복구 시기에 소련과 중국으로부터 아낌없는 지원을 받았다. 이어서 '5개년 인민경제발전계획(1957~1961년)'을 수립하고 중국, 소련 및 동구 공산권에 원조를 요청했으나 이들의 반응은 전쟁 직후와 달리 냉담했다. 그 이유는 첫째, 공산권 국가들의 경제 사정도 좋지 않았고, 둘째, '당연한 것을 받는다'라는 북한의 태도에 대한 불만 때문이었다. 중국은 북한의 지원 요청에 회신하지 않고 있었고, 소련은 무상원조 대신에 소규모 차관제공을 검토하고 있었다.

그렇지만 1957년 11월경 중·소 이념분쟁이 시작되자 마오쩌둥은 북한의 지지를 받기 위해 '북한이 만족할 때까지 원하는 모든 것을 지원한다'라는 방침을 세웠다. 중국은 그동안 북한의 지원 요청에 대해 침묵하고 있었던 태도를 바꾸어 즉각적으로 지원하겠다고 답변한 것이다. 김일성은 마오쩌둥과 회담에서 중국과 함께하겠다고 화답하였다. 또한, 마오쩌둥은 김일성이 요구한 북한 주둔 중국지원군 철군도 수용하고 이듬해인 1958년 철수를 완료했다.

소련도 북한에 긍정적 신호를 보냈다. 중국의 도전을 억제하기 위해서는 중국과 순망치한의 관계인 북한을 자기편으로 끌어당겨야 했다. 게다가 소련은 1956년 헝가리의 반소 운동을 무력으로 진압해 손상이 간 자신들의 공산권 리더십을 만회할 필요도 있었다. 김일성이 1959년 1월 소련을 방문해 후루시초프의 정책을 지지하는 입장을 표명하자, 소련은 북한이 요구했던 화력발전소와 김책제철소 등 중공업과 정유공장 건설을 지원하겠다고 약속하였다.

이어서 1959년 9월 소련은 북한과 '원자력의 평화적 이용에 관한 협정'을 체결했다. 중공업과 정유공장, 원자력 지원은 중국이 제공할 수 없기 때문에 소련이 북한을 움직일 수 있는 수단이었다. 북한은 중국 앞에서는 중국의 입장을 지지한다고 하면서 지원을 받아내고, 소련에는 소련의 정책을 따르겠다고 하면서 지원을 약속받았다. 김일성이 중국과 소련으로부터 모두 지원을 받아내는 능란한 술수를 보였지만 북한의 성공은 여기까지였다.

북한의 한쪽으로 편향은 다른 한쪽으로부터의 보복을 초래

북한은 1962년부터 중국에 편향됐는데, 북한은 스탈린 우상화 비판과 대미 화해 정책을 추진하는 소련에 동조하지 않았고, 소련이 주창하는 경제정책인 사회주의 분업화에 참여하지 않았다. 대신 중국이 추진 중인 대약진운동, 인민공사와 유사한 천리마운동과 협동농장 제도를 채택하고 자립적 민족경제 노선을 추진하면서 중국으로 기울기 시작했다.

소련은 즉각 보복을 시작했다. 각종 공장 건설 지원 약속을 보류했고, 중공업 장비의 현금 구매를 요구했으며, 동구 공산권 국가와 북한의 교역을 통제했다. 북한은 중국의 전폭적인 지원을 받는다 하더라도 소련과 동구 공산권의 공백을 메우긴 어려웠다. 북한이 중공업 발전을 위해 추진했던 7개년 인민경제발전계획(1961~1967년)은 소련의 지원이 없으면 목표달성이 불가했다. 결국, 북한이 1965년 소련과 관계 개선을 통해 지원을 받은 후 이 계획은 목표연도보다 3년 늦은 1970년 종료할 수 있었다.

중·소 분쟁기 북한을 자기편으로 끌어당기려는 중국과 소련의 러브콜(호의 보이기) 경쟁은 불과 5년 정도에 불과했다. 오히려 어느 한 편으로 편향되어서 다른 편으로부터 보복을 당한 기간이 10여 년에 달하고 그 후 중국과 소련이 화해한 1989년까지 20여년 간 북한은 항상 선택의 어려움에 있었다. 북한은 양국의 지원이 필요했지만, 양쪽 요구를 모두 충족시킬 수 없었다. 이때 어느 한쪽으로 편향된다면 다른 쪽의 보복과 견제를 감수해야만 했다.

관계가 경색되더라도 추후 관계 회복을 위한 여지 마련

북한은 중국을 공개적으로 지지하면서도 소련을 중심으로 공산권의 단결을 강조하고 소련과 관계를 단절하지 않았다. 1963년 9월 북한을 방문한 중국 국가주석 류샤오치(劉小奇)는 소련에 대한 최후통첩을 중·북 공동성명 형식으로 발표할 것을 북한에 요구했던 것으로 알려졌다. 그러나 북한은 소련이나 후루시초프 이름을 언급하는 직접

김일성과 마오쩌둥(출처 : 구글)

적인 소련 비난은 자제하고 강경한 반소입장보다는 오히려 온건한 태도를 유지했다.

비록 소련을 비판했지만, 공산당 차원에서는 개선의 여지를 남겨놓고 있었다. 소련에서 후루시초프에 이어 브레즈네프가 집권하자 북한은 관계 개선을 시도했다. 북한이 소련과 관계를 개선하자 이번에는 중국이 가만있지 않았다. 중국은 즉각적으로 1965년 이후 북한에 대한 경제 지원을 중단하거나 축소했고 추가 지원을 약속하지 않았다. 더욱이 1965년 발생한 문화혁명 시기 홍위병들이 김일성을 비난하자 중국과 북한은 더욱 소원해졌다.

이때에도 북한은 중국을 크게 자극하지 않으면서 중국에서 문화혁명이 진정되기를 기다리고 있었다. 북한으로서는 중국과의 관계를 악화시킬 필요가 없었다. 김일성은 중국이 소련을 적대시하는 반소련 정책과 베트남 전쟁에서 공산 월맹 지원에 소극적인 점에는 불만이 있었지만 공개적으로는 "북한은 언제나 중국과 함께 할 것이고 중국을 고립시키려는 어떠한 행동에도 강력히 반대한다"라고 중국을 두둔했다. 그 결과 1970년 무렵 북한이 중국과 관계를 회복하는데 큰 어려움이 없었다.

북한은 중국에 편향된 기간에도 소련과의 관계가 악화하지 않도록 신중했고 소련으로 기울어진 시기에도 중국과 적대적이지 않았다. 그 결과 북한은 경색됐던 관계를 정상화하는데 긴 기간이 소요되지 않았다.

중·소 분쟁기 북한에서는 김일성 목소리만 존재

중·소 분쟁기 10여 년간 북한이 중국과 소련을 오가며 '시계추 외교'를 벌이는 과정에서 소위 친중파와 친소파의 대립은 없었으며, 오직 김일성 목소리만 나왔다. 중국과 소련은 김일성을 통하지 않고는 북한에 영향력을 행사할 수 없었다. 김일성은 1956년 소위 '8월 종파사건'으로 우리에게 알려진 '8월 전원회의사건'에서 친중파와 친소파를 제거하였다. 친중파는 중국공산당과 유대를 갖고 있고 친소파는 소련을 배경으로 하는 인물들로서 공통적으로 김일성의 독재를 비판하고 중공업보다는 경공업을 발전시켜 인민들의 삶의 질을 개선하자는 주장을 하였다. 김일성은 이들을 제거하고 독재체제를 굳힘에 따라 북한에서는 김일성 한목소리만 존재하였는데, 역설적으로 이 한목소리가 북한의 협상력을 높혀 주었다.

한미동맹을 강화하는 가운데 중국과 소통 추진 및 내부 한목소리 필요

우리는 현재 한미동맹을 강화하고 있다. 미국과 중국이 패권경쟁을 벌이고 있는 상황에서 미국과의 동맹을 강화하면서 동시에 중국과 우호관계를 유지하는 것은 쉽지 않다. 그리고 양쪽으로부터 러브콜(호의 보이기)을 받는 시기는 이미 지나갔다. 어느 정도 중국으로부터

북한 '8월 종파사건'관련(출처 : 구글)

의 반발과 상응한 조치를 예상해야 한다. 그렇지만 중국과 관계를 악화시키지 않도록 세심한 주의가 필요하다. 변화하는 질서 속에서 언젠가는 중국과 관계 개선의 시기를 맞이할 수 있기 때문이다. 북한의 사례가 말해주고 있다.

그리고 한목소리를 내야 한다. 우리가 한목소리를 낸다면 독재국가 북한이 내는 한목소리와는 질적으로 다를 것이다. 북한은 다른 목소리가 존재하지 않는다. 그러나 우리는 다양한 다른 목소리가 존재하며, 이를 수렴해서 한목소리로 만들어 낸다면 어느 강대국도 한 국민 전체의 의견을 무시하기 어려울 것이다. 필자가 경험했던 한목소리와 일치된 행동으로 중국을 한발 물러서게 했거나 놀라게 한 최근의 사례를 들어보겠다.

첫째, 중국의 동북공정에 대한 우리 국민의 일치된 대응은 중국의 양보를 받아낸 바 있고, 둘째, 1997년 IMF 사태 때 우리의 금 모으기 운동에 중국인들은 경탄했다. 셋째, 2002년 서울 월드컵 때 보여준 붉은악마의 행동은 우리를 선진국으로 인식하게 만들었다. 이 시기는 보수, 진보를 가리지 않고 정치권을 포함하여 국민 모두가 한마음으로 한목소리를 내면서 하나로 뭉쳤던 시기들이었다.

최근 정부가 추진하고 있는 한미동맹 강화와 한·미·일 군사협력 등 일련의 안보문제를 두고 정치권이 보이는 모습은 볼썽사납다. 안보문제에 대해 사전에 공감을 형성하지 못한 여권도 문제이지만 정부와 다른 목소리를 내는 야권도 그들의 언행이 국익에 도움이 되는지 먼저 살펴봐야 할 것이다.

후루시초프와 마오쩌둥(출처 : 구글)

세계 주요국에서 자국의 안보문제를 두고 이렇게 다른 목소리를 내는 정치권은 우리 외에는 없을 것이다. 필자를 포함한 국민은 우리 정치권의 이런 분열된 모습이 불안하기만 하다.

역사의 교훈 :
이기는 자와 손 잡아라

우리 주변에서 강대국이 패권을 장악하기 위해 경쟁을 하는 것은 우리에게는 위태로운 상황이다. 선택을 잘 못할 경우, 국가는 파멸로 치닫는다. 필자는 이런 상황에서 살아남기 위한 한 가지 방안을 제시하고자 하였다. 그것은 '승리하는 자를 선택'해야 한다는 것이다. 우리의 비극은 패배하는 자를 선택했기 때문이다. 명·청 교체기에는 명을 택했었고, 청·일, 러·일 패권경쟁기에서는 패배하는 청과 러시아를 각각 선택했다.

미·중 패권경쟁시기에도 동일한 원칙이 적용될 것이다. 우리의 선택 기준은 '누가 도덕적이고 정의로운가' 이런 측면이 아니다. '강한 자가 누구인가, 누가 이기는가'이어야 한다. 과거와 다른 점은 두 가지이다. 첫째는 우리는 과거와 달리 분단되어 있어 선택의 폭이 제한된다는 점이다. 북한과 관계 개선이 시급하고 통일을 향한 노력을 멈춰서는 안되겠다. 둘째는 미·중 패권경쟁은 그 특성상 오래 지속될 것이고 언제 승패가 결정될지 가늠할 수 없으며, 누가 승자일지 구별하기 어렵다는 점이다. 기간이 길어지는 만큼 우리에게는 어려운 시간이 길어질 것이라는 의미이다.

앞에서 살펴본 역사적 교훈을 정리해보자. 우선 조선은 명·청 교체기에 명에 대한 기존의 사대관계를 조정하면서 동시에 명을 제압하면서 패권국으로 등장한 청의 실체를 인정하고, 청과 관계를 개선했어야 했다. 망해가는 명이 조선을 지켜줄 수 없었기 때문이다.

청·일 경쟁기와 러·일 경쟁기에서 조선은 너무 무능했고 무기력했다. 서구문명을 받아들여 개혁이 필요한 시기였지만 당시 고종과 집권층은 청과 러시아 등 외세에 의존하고 왕권강화에만 관심이 있었다. 일본에 패배하여 한반도에서 물러나는 청과 러시아는 조선에 어떠한 도움도 줄 수 없었다. 고종의 왕권은 강화되었지만 나라는 망하고 말았다.

북한이 겪은 중·소 분쟁기에도 교훈이 있다. 북한이 중국에 편향되자 소련으로부터 보복을 받았고 이번에는 소련으로 기울자 중국이 보복하였다. 어느 한쪽으로 쏠리면 보복을 받는 것은 불가피하다. 그런 가운데 북한은 對중국 및 소련 관계를 적대적으로 악화시키지는 않았다. 그 결과 관계 개선이 필요할 때 즉각 관계를 개선시킬 수 있었다.

필자가 제시한 역사적 교훈이 미·중 패권경쟁기 국가안보를 걱정하는 전문가 여러분께 참고가 되길 바란다.

국익에 대한
한목소리가 시급하다

제22대 국회의원을 선출하는 2024년 4.10 총선에서는 국가안보와 외교에 대한 이슈보다는 국내와 지역별 관심사가 더 주목받았다. 그렇지만 이번 총선 유세 과정에서 야당 대표는 "셰셰" 발언으로 국익이 무엇인지에 대해 문제제기를 하였고 이에 대해 여당의 반박이 있었다. 국익이 여당과 야당에 따라 달라진다면 국익이라고 할 수 없다.

총선이 끝난 이 시간부터 2027년 3월 대선까지 정치권은 '국익이 무엇인가'라는 개념정립이 필요하다. 국익에 대한 생각이 일치되어야 안보문제에서도 한목소리가 나올 수 있고 국가안보정책이 한방향으로 나아갈 수 있기 때문이다. 필자는 이를 위해 "국익이 무엇인가"라는 주제로 정치권과 전문가의 '대토론'을 제안한다.

정치권과 전문가는 '대토론'으로 국익에 대한 개념의 차이를 좁혀야 한다.

이재명 민주당 대표는 2024년 3월 22일 충남 당진시장 선거유세에서 "왜 중국을 집적거려요, 그냥 셰셰, 대만에도 셰셰, 이러면 되지, 대만해협 문제에 우리가 왜 개입합니까? 중국과 대만 국내문제인 대만해협 문제가 어떻게 되든 우리가 무슨 상관이 있어요"라고 발언하였다. 여당은 이 발언에 대해 "對중국 굴종 인식이 다시 한번 확인되었다"라고 비난하였고, 다시 야당은 "중국은 우리 최대 교역국이다. 최대 교역국과 잘 지내라는 말이 왜 사대주의냐"라고 반박하였다. 야당은 이어서 "외교의 목적은 국익이다. 국익 실현을 위해 외교를 하라는 게 무슨 굴종적 자세인가"라고 언급하였다.

논쟁은 여기까지였다. 이 논쟁이 계속되었다면 결론은 "그렇다면 국익이 무엇인가"였을 것이다. 이 문제가 여기서 멈추게 되면 향후 야당은 이재명 대표 언급의 연장선에서 중국과 경제관계에 중점을 두고 대중국 우호적인 정책을 주장할 것이고, 정부와 여당은 자유와 민주 등 가치를 중요시하면서 한미동맹을 강화하는 기존의 정책을 고수하게 되어 정치권의 대립은 피할 수 없게 될 것이다.

정치권은 국론분열을 심화시킬 수 있는 이 문제의 중요성을 직시하여 '대토론'을 통해 국익에 대한 이견을 좁히고 공감대를 넓히려는 노력을 해야 할 것이다. 이 토론은 유쾌할 것이고 유익할 것이며 지켜보는 국민들도 우리 정치에서 희망을 보게 될 것이다.

야당은 세 가지 질문에 답해야 한다.
① 우리의 주권 및 정체성을 어떻게 지킬 수 있는가.
② 중국을 능가하는 첨단기술 개발이 우선 아닌가.
③ 중국의 영향력 공작에 대한 대책은 무엇인가.

'대토론'에서 야당은 다음 세 가지 질문에 답변해야 한다.

첫째, '중국이 우리의 주권과 정체성을 침해할 경우 어떻게 할 것인가'이다. 중화민족의 위대한 부흥을 추구하는 시진핑 주석은 한반도는 과거에 중국의 일부라고 하였다. 우리의 군사 주권인 사드포대 배치에 대해 '사드 3불'을 강요하였고 '한한령(限韓令)'이라는 무역보복 조치를 취했다. 야당은 이 사안에 대해 견해를 밝혀야 한다.

둘째, '중국과 우호관계가 우리에게 어느 정도 경제적 이익을 줄 수 있는가'이다. 최근 우리의 중국 적자 폭 증가와, 첨단기술 분야에서 중국에 역전당하는 현상은 경제적 논리로 봐야 한다. 중국은 혁신을 통해 우리에게 의지했던 중간재를 국산화하였기 때문이다. 중국 시장을 우리 장터로 만들려면 중국과 우호관계도 중요하지만 중국을 능가하는 첨단기술과 제품 개발이 우선이다. 정치권이 힘을 합쳐 지원해야 할 분야이다.

셋째, 중국의 영향력 확대 공작에 대한 대응이다. 중국은 전세계적으로 해외 비밀경찰서와 공자학원 운영, 정치인 매수 등 내정개입 문제로 비난을 받고 있고, 주요국에서는 이와 관련된 보고서와 서적이 발간되었다. 최근 우리나라에서도 주재우 경희대 교수가 '중국의 영향력 공작에 꿀 먹은 한국 정치'라는 부제로 〈불통의 중국몽〉이라는 저서를 발간하였다. 이에 대해 야당의 입장이 무엇인지 밝히고 어떻게 할 것인지 기준을 정해야 할 것이다.

정부 여당도 세 가지 질문에 답해야 한다.
① 중국 및 러시아와 관계개선 방안은 무엇인가.
② 미국의 정책변화에 대한 대책은 있는가.
③ 야당과 함께 대처할 준비가 되었는가.

여당도 다음 세 가지 질문에 답해야 한다.

첫째, 중국과 러시아와 소통 및 관계개선 방안이다. 한미동맹 강화와 한·미·일 안보협력 증대는 현정부의 성과이지만, 이로 인해 중국과 러시아와 관계가 경색되었다. 중국은 과거와 달리 탈북자를 북송하고 있고, UN 등 국제사회에서 북한의 합리적인 안보불안을 고려해야 한다면서 북한을 두둔하고 있으며, 러시아와 함께 UN 대북 제재를 무력화시키고 있다. 러시아는 북한에게 첨단 군사기술을 제공하여 북한의 전략무기 성능이 급격히 향상되고 있다. 북한으로 기울어진 중국과 러시아를 우리 쪽으로 끌어 당겨 국익을 극대화할 수 있는 대책이 무엇인지 밝혀야 한다.

최근 미국과 유럽은 중국을 안보적 위협이라고 경계하고 있지만 경제적으로는 협력을 추구하고 있다. 호주도 미국이 주도하는 중국견제

안보대화 Quad와 AUKUS 회원국이지만 중국과 경제적인 협력을 재개하였다. 우리도 이들과 같이 중국을 견제하는 미국과 함께하면서 동시에 중국과 경제적 협력도 진행하는 방안이 무엇인지 설명하고 추진해야 할 것이다.

둘째, 현재의 굳건한 한미동맹과 밀접한 한·미·일 안보협력 체제 변화 가능성에 대한 대비이다. 미국은 2024년 11월 대선결과에 따라 한미동맹의 상징인 주한미군 감축과 철수 문제를 제기할 수 있으며, 북한과 대화도 재개할 수 있다. 윤석열-바이든의 굳건한 한미동맹에 변화가 예상되는 상황이다. 최근 일본 기시다(岸田) 총리는 "일본은 북한과 고위급 접촉을 이어가고 있다"라고 밝혔다. 북한 문제에 대해 미국 및 일본은 우리와 다른 입장일 수 있다. 이런 상황에 정부 여당은 무슨 대책이 있는지 공개해야 할 것이다.

셋째, 야당과 안보문제를 함께 논의할 의지가 있는가에 대한 질문이다. 정부와 여당은 우리 안보를 굳건히 해야 하는 의무와 책임이 있고 관련 정책을 추진할 권한도 있다. 그렇기 때문에 정부와 여당이 주도적으로 야당을 국정에 참여시키고 의견을 존중하여 정책에 반영한다면, 우리의 안보정책은 여야 합의라는 명분도 있고 정권교체와 관계없이 지속가능할 것이다. 지금까지 현실은 그렇지 않았다. 윤 대통령의 2023년 4월 26일 미국 국빈 방문단에 여당 국회의원만 참여하였고, 국회의원의 중국 방문단은 주로 야당이 주도하였다. 정치권이 이렇게 분열된 모습을 다시는 국민들과 주변국에 보여주지 않기 위해서 정부 여당이 먼저 열린 자세로 야당에 다가설 수 있는지 답변해야 할 것이다.

2024년 4.10 총선 유세 과정에서 야당 대표에 의해 잠시 대두되었던 '국익'과 관련한 문제 제기는 '대토론'을 거쳐 '국익이 무엇인지' 공감대를 형성해야 한다. 다음 대선 유세 기간에는 이렇게 합의된 '국익'을 어떻게 극대화시킬 것인가에 대한 정책 토의로 이어지길 바란다.

PART 2

미·중 패권경쟁 시대 우리의 선택, 주변국에 답이 있다

- 일본은 미국과 '군사 일체화'로 나아가고 있다
- 국익을 기준으로 균형을 취하는 유럽과 호주
- 인도는 미국 진영과 중국 진영 사이에서 전략적 자율성 확보
- 미·중 패권경쟁에서 ASEAN 국가들의 선택
- 미·중 패권경쟁 첨단에 있는 우리는 생존의 위기
- 주변국의 지혜 및 우리의 대응책,
  미·중 패권경쟁 승자를 알 수 있는 4가지 포인트

일본은 미국과 '군사 일체화'로 나아가고 있다

현재 일본은 미·중 패권경쟁의 국제질서 속에서 기존의 미·일동맹을 강화하고 있고 미국과 '군사 일체화'로 나아가고 있다. 일본은 중국의 위협에 대응하기 위해 미국이 필요하고, 미국도 아태지역에서 중국이라는 패권 도전자를 억제하기 위해 일본이 필요하기 때문에 양국이 '군사 일체화'를 형성하는 것은 당연한 흐름이라고 할 수 있다.

중국이 급성장한 경제력을 배경으로 군사력을 강화하여 해양진출을 시도하자 일본은 위협을 느끼기 시작하였다. 중국이 진출하고 있는 해양은 남중국해 그리고 대만, 센카쿠(중국명 댜오위다오) 일대를 포함한 동중국해이다. 일본 입장에서는 중국이 대만과 센카쿠 일대를 장악한다면 자국의 해상교통로가 중국에 의해 차단될 위험에 처하게 된다. 또한 일본은 중국이 러시아와 연합으로 일본 열도 근처에서 실시하는 해상훈련이나 공중훈련에 부담을 느끼고 있고 북한의 핵과 미사일을 안보위협으로 보고 있다. 그러나 현재 일본의 군사력은 비록 첨단화되어있다고는 하지만 핵과 장거리 미사일, 그리고 항공모함 등 공격용 전략무기를 보유하고 있지 않아 자국에 가해지는 위협에 대응하기에는 부족하다고 판단하고 있다.

2023년 1월 11일 일본은 미국과 외교+국방장관 회담 (2+2회담) 공동성명에서 '양국의 새 국가안보전략과 방위전략이 통합된 방식으로 억지력 강화'라는 문구를 시작으로 "발생 가능한 모든 상황에서 통합된 방식으로 대처한다"라고 밝히고 있다. 이에 따라 일본은 상설통합사령부를 설치하여 미 7함대, 미국의 인도태평양군 사령부와 협력할 예정이며, 미·일 공동 정보분석조직을 발족시키고, 양국이 서로의 군사기지를 공유하거나 합동으로 운영할 방침이다. 일본이 2022년 12월에 '국가안전보장전략', '국가방위전략', '방위력정비계획' 등 3개 안보문서에 반영한 '반격능력 보유'도 동맹국 즉 미국에 대한 무력공격 임박 시 적기지에 대한 미사일 공격도 포함하고 있다. 일본은 이를 위해 미국으로부터 사거리 1,600㎞인 토마호크 순항 미사일 400발을 구매하여 2026년까지 이지스함에 배치할 예정이며, 2026년 이후에는 사거리 200㎞인 자국의 12식 미사일을 1,000㎞까지 늘려서 1,000발 이상 보유할 계획이다. 이 미사일 등은 오키나와에서 중국의 상하이와 대만을 사정권에 두고 있다. 2024년 4월 미·일 정상회담에서 일본은 미국과 지휘권과 작전체계 무기해외판매 문제를 논의하기로 합의하는 등 더 한층 군사 일체화로 나아갔다.

일본은 NATO와 협력을 증진하고 있다. 미·중 패권경쟁은 진영 대결로 진화하고 있다.

2023년 1월 유럽을 순방했던 기시다 후미오(岸田文雄) 일본 총리는 영국 런던에서 리시 수낵 영국 총리와 군대와 장비가 상대국에 쉽게 들어갈 수 있는 '(군사협력) 원활화 협정 (RAA) 협정'에 서명하였다. 이 협정은 유사시 상호파병을 쉽게 할 수 있어 준군사동맹 관계라고 할 수 있다. 또한 프랑스와는 2023년에 외교+국방장관 회담을 개최하고 이어서 자위대와 프랑스군의 연합훈련을 구상하고 있다. 이 외에도 일본은 영국, 이탈리아와 공동으로 차세대 전투기를 개발하고 있다.

일본은 지속적으로 NATO 주요국가와 군사관계를 강화하고 있다. 2019년에는 해상자위대가 프랑스 샤를 드골 항모와 해상 훈련을 하였고, 2021년 9월에는 영국의 퀸 엘리자베스 항공모함이 일본 요코스카항에 입항한 바 있으며, 2021년 11월에는 독일 호위함이 일본에 기항하였다.

현재 일본은 미국이 주도하는 중국 견제 안보협력체인 쿼드(Quad)에 가입해 있으며 미국, 영국, 호주가 구성멤버인 오커스(AUKUS) 가입 문제도 논의 중인 것으로 알려지고 있다. 이러한 미국 진영은 안보분야 뿐만 아니라 경제와 무역분야에서도 결속을 강화하고 있다. 2022년 5월에는 미국주도로 인도태평양 경제프레임워크(IPEF)가 창설되었고, 미국이 중심이 되어 한국, 일본 그리고 대만 등 4개국이 반도체 공급망 협력체 '칩4'를 출범시킬 준비를 하고 있다. 일본이 주도해서 2018년 1월 창설된 아태 경제협력체인 '포괄적·점진적 환태평양 경제동반자협정(CPPTPP)'도 점차 NATO 주요국으로 확대될 전망이다. 결국 동북아에서 벌어지는 미·중 패권경쟁은 미국을 중심으로 일본과 NATO 그리고 호주 등이 미국 진영을 구성하고 있다.

일본 국내 정치권에서 안보문제에 대해 한목소리 나오고 있다.

일본 정치권은 미·일 동맹을 강화하고 군사력을 증강하는 일련의 정부 정책에 반대하는 등 분열의 모습을 보이고 있지는 않다. 이른바 한목소리를 내고 있는 것이다. 이 문제에 대해 일본 정치권에 나오는 다른 목소리는 5년간 소요되는 방위력 증강 예산 약 43조엔 확보 방법이다. 정치권은 방위력 증강을 위해 세금을 추가로 더 걷는 것에는 반대하고 있고, 사회복지 분야에서 예산이 삭감되는 것은 아닌지 우려하는 정도이다. 일본 정부는 법인세 증세외에도 주세와 담뱃세, 지진피해 지역 부흥세 활용 등의 다양한 방안을 강구하고 있다. 일본 정치권은 국론을 분열시킬 수 있는 소위 평화헌법 9조 개정문제는 보류한 가운데 국민이 공감하는 범위내에서 안보정책을 신중하게 추진하고 있는 것이다

2023년 4월 6일 일본 육상자위대 8사단장 사카모토 유이치 육장(陸將)과 사단 참모 5명 등 총 10명이 탑승한 헬기(UH60JA)가 대만과

미·일 군사협력 모습
(출처 : 구글)

근접한 미야꼬지마(宮古島) 일대에서 실종되었다. 8사단은 대만 유사 사태에 즉각 대응하기 위해 남서제도(南西諸島)에 배치된 부대이다. 헬기는 지상 통제센터와 '이상없음' 교신 후 2분만에 아무런 교신없이 레이다에서 사라졌다. 때마침 사고 하루 전에 중국 항공모함이 사고 해역을 항행하였다는 첩보와 주변에서 검은 연기를 보았다는 어부의 증언이 있었던 만큼 일본 인터넷에서는 즉각 '중국의 미사일 발사설' '전파 방해설' '일본정부 사고 은폐설' 등 각종 괴담과 음모론이 퍼져 나갔다.

그러나 주요 언론들이 '폭발음이 없었고, 주변에 접근한 비행물체도 없었으며, 방해전파도 없었다' '어부의 증언은 사고 2시간 후의 상황이다' '이 사건은 중국과 관련이 없다'라는 일본 방위성 발표를 사실로 보도하자 괴담과 음모론은 수그러 들었다. 일본 정치권은 자위대가 주요 잔해를 발견할 때까지 비난을 자제하면서 수색결과를 기다렸다. 자위대는 사고 7일만에 '해저에서 헬기 기체와 6명의 시신을 확인하였고 나머지 4명은 발견하지 못하였다'라고 중간발표하고 이어서 사고 2주 후인 21일 사단장의 사망과 사건경위를 최종 발표하였다. 사실에 입각한 정부 발표에는 의혹의 소지가 없었고, 정치권과 국민도 정부의 발표를 신뢰하였다. 정치권이 분열되었다면 불가능한 모습일 것이다. 괴담과 의혹이 난무하고 진상규명과 특검, 국정조사 요구가 끊이지 않아 정치권부터 국론이 분열된 우리나라의 국민 입장에서 일본의 모습은 부럽기만 하였다.

중국은 한목소리 내는 일본을 예우하고 있다.

중국도 이런 일본을 예우하고 있다. 2023년 4월 2일 일본 외무상 하야시 요시마사(林芳正)가 중국을 방문하여 중국 외교부장 친강(秦剛)과 회담을 하였다. 이때 친강은 베이징 댜오위타이(釣魚臺) 국빈관에 하야시를 맞이하여 회담하였고, 이어서 리창(李强) 총리와 왕이(王毅) 국무위원 등이 하야시 외상과 대담하였다. 중국이 우리 박진 외무장관을 예우한 것과 차이가 있다. 중국은 박진 장관을 베이징 국빈관이 아닌 산동성 칭다오 어느 호텔로 불러 회담을 하였고, 중국 고위층과 면담도 없었다. 중국이 볼 때 우리는 이렇게 대우해도 될 만한 정도로 생각한 것이다. 국내 정치권이 자기 나라 외교장관을 탄핵하려고 하고 있는데 중국이 이러한 한국의 외교장관을 제대로 예우하겠는가. 우리 정치권이 그렇게 만든 것이다.

우리에게 주는 시사점

2022년 이전에 '안보는 미국, 경제는 중국'이라는 안미경중(安美經中)이 미국과 중국사이에서 우리의 국익을 극대화시킬 수 있는 정책으로 여겨졌다. 그러나 미·중 패권경쟁이 격화되면서 진영대결로 진화해 가는 국제질서 변혁기에 진영 밖에서 '전략적 모호성'으로 홀로서는 것은 국익에 도움이 되지 않는다. 양진영으로부터 동시에 견제와 압력을 받아 고립될 수 있기 때문이다. 이 상황에 대해 필자는 다음의 의견을 제시하고자 한다.

첫째, 미국 진영인 한·미·일 안보협력에 한발 더 다가서야 한다. 그 이유는 ① 현재의 우리 안보의 기축인 한미동맹은 미·일동맹과 긴밀히 연계되어 있어 한미동맹이 제대로 작동되려면 유엔사 후방기지가 있는 일본의 협력이 필요하다. 일본의 협력은 미·일동맹으로 구현될 수 있기 때문이다. ② 우리 자체 능력으로 유럽 및 중동에서 이어지는 해상교통로를 확보하기에는 역부족이다. 해상교통로 확보는 일본과 이해가 일치하는 지점으로 일본과 협력이 필요한 분야이다. ③ 현재 한·미·일 안보협력 밖에서 우리 단독으로 북한핵과 미사일에 대응하면서 중국의 군사적 압력을 상대하기에는 현실적으로 어려움이 많다. ④ 한·미·일 안보협력을 대체할 수 있는 대안이 현재로서는 마땅하지가 않다.

둘째, 정부 여당은 야당을 포함하여 안보관련 사안에 대해 광범위한 의견을 수렴해야 하고, 정책 결정과정과 내용을 국민과 야당에게도 충분히 설명해서 공감을 도출해야 한다. 야당도 국익이라는 큰 틀에서 정부 여당에 협조해야 한다. 이때 당연히 개인의 정치적 이익을 내려놓을 줄 알아야 한다. 그래야 우리가 속한 진영뿐만 아니라 다른 진영에서도 정당한 예우를 받을 수 있다.

국익을 기준으로 균형을 취하는 유럽과 호주

중국은 경제력을 수단으로 유럽을 미국 진영으로부터 분리시키려 한다

중국은 유럽연합이 2022년에 자신을 '전면적 경쟁자' 또는 '체계적 도전(systemic challenge)'이라고 규정하였지만, 시진핑 주석은 2024년 5월 프랑스를 방문하면서 "중국은 시종일관 유럽을 중요한 파트너로 여겨왔다"라고 유화적인 자세를 표명하였다. 특히 프랑스를 향해서는 '미국에 맹종하지 않는다는 전략적 자율성'을 치켜세웠다.

중국은 2023년 3월 전국인민대표대회 대변인 왕차오(王超)가 유럽에 대해 "중국과 유럽 사이에는 근본적인 전략적 불일치는 없다. 서로 역사와 문화, 이데올로기에 차이가 있어 일부 문제에 대해 이견이 있는데 이것은 정상이다"라고 언급하면서 "중국은 유럽을 포괄적 파트너로 간주하고 유럽연합의 전략적 자주성을 지원한다"라고 덧붙였다. 그러나 왕 대변인은 미국을 겨냥하여 "사적 이익을 위해 국제법에 맞지 않는 방식으로 국내법의 역외 적용을 남용한다"라고 발언하여 유럽과 미국에 대한 인식의 차이를 보이고 있다. 이는 유럽에 우호적인 신호를 보내면서 미국과 '갈라치기'하고 있음을 알 수 있다.

최근 유럽 주요국의 지도자가 중국을 방문하여 경제적 이익을 확보하고 있다. 유럽내에서 어느 정도 비난의 여론은 있었지만 이들은 유럽 내 행동통일보다는 자국의 이익을 우선시 한 것이다. 중국은 유럽을 미국과 분리하여 대응하고 있고, 유럽에 대해서도 국가별로 각각 상대하고 있다. 미국 주요 진영을 약화시키는 전략의 일환이다. 이러한 정책도 성과를 내고 있다고 보여진다.

유럽은 중국과 교류를 추진한다.
단, 주권과 정체성 문제는 엄정하다.

유럽은 NATO를 통해 미국과 군사동맹관계이며 미군과 미국의 전술핵이 유럽 주요국가에 배치되어 있다. NATO는 미국 핵무기 배치와 사용계획에 대해 미국과 협의를 할 정도로 군사 및 안보분야에서 밀접하다. 그렇기 때문에 유럽은 미·중 패권경쟁 국제질서 속에서 미국진영임은 분명한 사실이다.

유럽연합 통계기구인 유로스타트(Eurostat)는 2020년 유럽연합과 중국의 교역액이 미국과 교역액을 넘어섰다고 밝혔다. 경제적으로는 중국이 미국과 대등하거나 더 중요하게 되어간다는 의미이다. 유럽 주요국가는 점증하는 중국과 경제적 교류를 무시할 수 없다. 미국도 유럽 각국이 자신들의 국익을 위해 중국과 교류를 확대하고자 하는 행동을 제어하는데 한계가 있다. 그 이유는 첫째, 미국이 중국보다 더 큰 경제적 이익을 보장할 수 없고, 둘째, 이 행동은 어느 특정국가의 돌출된 모습이 아니고 여러 국가가 보이고 있는 단체행동이기 때문이다.

독일의 올라프 슐츠 (Olaf Scholz) 총리 2022년 11월, 그리고 1년 6개월 후인 2024년 4월에 다시 중국을 방문하였다. 2023년 5월에는 프랑스 에마뉘엘 마크롱 (Emmanuel Macron) 대통령과 우르즐라 폰데어라이엔 (Ursula Gertrud von der Leyen) 유럽연합 집행위원장이 동시에 중국을 찾았다. 이들은 방중 명분을 중국에게 우크라이나 전쟁 종식을 위해 러시아 설득을 권유하는 것이 목적이라고 하지만 실질적으로는 경제적 이득이다. 독일 총리는 민항기 140여 대 판매계약을 체결했고 프랑스도 에어버스 160대 판매를 성사시켰다.

우리가 이런 유럽에 대해 간과해서 안 될 사항은 중국이 주권과 정체성을 침해하면 강하게 대응한다는 사실이다. 중국이 공자학원을 거점으로 영향력 확대를 추구한다는 의혹이 일자 영국에서는 리시 수낵 (Rishi Sunak) 총리가 2022년 7월 자국에 있는 공자학원 30곳을 모두 폐쇄할 것이라고 밝혔다. 스웨덴과 노르웨이는 2020년 자국의 모든 공자학원을 폐쇄했고, 핀란드는 올해를 끝으로 공자학원 운영을 더 이상 연장하지 않을 것이라고 언급했다. 그리고, 유럽은 중국의 해외비밀경찰 활동에 대해 강경한 입장을 취하는 것으로 알려져 있다. 또한 유럽에서 유일한 중국의 일대일로 프로젝트 참여국인 이탈리아는 중국이 영향력을 확대해 오자 2023년 이 프로젝트에서 탈퇴하였다.

우르즐라 폰데어라이엔 유럽연합 집행위원장은 2024년 5월, 프랑스를 방문한 시진핑 주석에게 "유럽연합과 중국의 관계는 복잡하다. 우리 시장은 공정 경쟁과 투자에 개방됐지만 그것이 우리의 안보를 해치고 우리를 취약하게 한다면 필요한 무역 방어 수단을 최대한 활용할 것"이라고 언급하였다. 이어서 "우리는 시장 접근에서 실질적 진전을 이룰 수 있는 방법에 대해 논의했다"며 "무역이 공정해지려면 서로의 시장에 대한 접근도 상호주의적이어야 한다"고 강조했다. 이러한 발언에 대해 시 주석은 "중국과 유럽이 손잡고 새로운 세계 평화를 이룩하자"라고 유럽과 관계 발전을 강조하였다.

호주도 미국의 우방이지만
중국으로부터 경제적 이익은 취한다

호주는 대중 견제 안보협의체인 쿼드(Quad)와 오커스(AUKUS) 회원국이고, 미국과 영국으로부터 핵추진 잠수함 기술을 이전받아 총 8척을 건조할 계획이며 미국으로부터 2030년까지 핵추진 3~5척 도입할 예정으로 알려져 있다. 이 잠수함 기지는 호주 북부 다윈항 부근으로 예상되고 있으며 이 지역에는 미해병대가 약 2,500여 명 주둔하고 있어 미국은 해군기지를 신설할 예정이다.

호주는 이런 다윈항을 2015년 중국 민간기업과 99년간 임대계약을 체결하였다. 중국의 영향력 확대에 대한 우려로 2022년 6월 신임 총리는 계약 해지를 밝혔지만 2023년 10월 호주는 중국과 관계가 호전되면서 "계약을 취소할 필요가 없다"라는 결론을 내렸다. 호주는 "국가 안보이익을 충분히 보호할 수 있는지 고려해서 내린 결정이다"라고 덧붙였다. 호주 다윈항 부근에는 호주의 핵추진 잠수함 기지와 미 해병대 주둔지, 해군기지, 그리고 중국의 임대 항만이 공존하고 있을 것이다.

호주는 중국과 교역이 전체 교역량의 40%를 차지하고 있어 경제적으로 중국 의존도가 심한 국가이다. 중국은 이러한 호주에 정치적 압력을 가하고 철강석 및 석탄 등 주요 품목에 대해 수입을 금지하는 무역보복을 하였지만 호주를 굴복시키지 못하였다. 호주도 피해가 있지만 중국의 피해도 컸기 때문이다. 결국 중국은 2023년 호주와 관계를 개선하였다.

우리도 미국 진영에 속하지만 중국과 전략적 대화와 경제적 교류를 지속해야 한다

싱가포르 리콴유 前 총리는 2015년 〈리콴유가 말한다〉라는 저서에서 “미국은 중국의 부상을 막을 수 없다. 더 커진 중국과 더불어 살 수밖에 없다”라고 미·중 관계를 예측하였다. 우리도 중국을 배제하고 미국하고만 살아가는 것은 바람직하지 않다. 미국 진영인 유럽 주요 국가와 호주가 중국과 경제적 관계를 발전시켜 나가듯이 우리도 중국과 경제적 관계를 어떻게 증진시켜야 할 것인가라는 국가적 과제에 지혜를 모으고 한목소리를 내야 하겠다.

인도는 미국 진영과 중국 진영 사이에서 전략적 자율성 확보

미·중 패권경쟁은 미국 진영과 중국 진영 간 대결로 치닫고 있어 대부분 국가들은 양 진영 중 어느 진영에는 속해있다. 이런 가운데 인도는 양 진영에 모두 가담하는 독특한 행보를 보이고 있어 주목받고 있다. 인도는 미국 진영국가들과 협력을 통해 중국을 견제하고 있고, 경우에 따라서 러시아를 지원하고 중국과도 소통을 단절하지 않는 등 전략적 자율성을 높이고 있다.

인도는 미국 진영이면서도 중국 진영에도 가담... 인도의 힘은 '다자동맹'에서 나와

인도는 1962년 중국과 영토 문제로 전쟁을 하였고 오늘날에도 분

인도 모디 총리와 미국 바이든 대통령 회담(출처 : 구글)

쟁은 계속되고 있다. 또한 중국이 티베트에서 발원하여 인도로 흐르는 2,840㎞의 브라마푸트강(중국명, 雅魯藏布江 야류장부강)에 산샤댐 3배 규모의 세계 최대의 댐 건설을 계획하고 있어 안보 위협과 수자원 갈등도 점차 표면화 될 것으로 보인다. 중국의 일용품 등이 인도 시장을 잠식하고 있어 인도인들은 경제적으로 중국 의존도가 심화되면서 경제적 종속으로 이어지지 않을까 우려하고 있다.

인도는 이러한 중국을 견제하기 위해 1960년대에는 소련과 손잡았다. 현재도 소련을 계승한 러시아로부터 군사장비를 수입하고 있으며. 인도군 무기와 장비의 80%는 러시아 제품으로 알려져 있다. 인도는 중국이 미국과 패권을 다투는 G2로 성장하자 중국을 상대하기에 러시아와 협력만으로는 부족하다 보고 미국과 연대하고 있다.

인도는 2017년 미국이 주도하는 Quad(쿼드, 미국·일본·호주·인도 4개국 안보협의체) 창설멤버로 참여하고 있으며. 2020년 11월과 2021년 10월 인도양에서 쿼드 회원국과 '말라바르(Malabar)' 해상훈련을 실시하였다. 2022년 12월에는 인도-중국 접경지역인 아물리 (Auli)에서 미국과 '2022 유드 아비아스(Yudh Abhyas 22)' 연합훈련을 시행한 바 있다. 인도는 또 2022년 8월 호주에서 열린 17개 국가가 참여하는 다국적 연합훈련 '피치블랙'에 공군을 파견했고, 2023년 1월에는 일본 항공자위대와 연합훈련을 한 바 있다.

인도는 미국이 주도하는 인도태평양경제프레임워크(IPEF)에도 참여하고 있다 2022년에는 호주 및 UAE와 FTA를 체결한데 이어 OECD 주요 국가인 영국, 캐나다, EU와도 FTA 협상을 진행하고 있다. 이런 측면에서 인도는 미·중 패권경쟁 상황에서 미국 진영의 일원임에 분명하다.

그렇지만 인도는 미국의 제재 위협에도 불구하고 러시아제 첨단 방공미사일 S-400 5개 포대(총비용 6조5천600억 원)를 도입해 2022년 7월 중국과 접경지역에 배치하였다. 러시아의 우크라이나 침공을 규탄하는 유엔 결의안 모든 투표에 기권하였고, 러시아를 제재하는 국제은행간통신협회(SWIFT) 결제망을 우회하는 '루피화-루블화 무역협정'을 체결하고 러시아산 석유, 가스, 석탄 등의 수입을 확대하여 러시아를 간접 지원하고 있다.

인도는 2022년 9월 러시아가 주도하고 중국 등이 참여한 '보스토크(동방)-2022' 다국적 군사훈련에 군 병력을 파견했다. 비록 소규모이기는 하지만 인도군이 중국군과 함께 훈련에 참여한 것이다. 인도의 주력지 〈더힌두〉는 "인도는 이번 훈련 참가를 통해 우크라이나 전쟁에도 불구하고 러시아와 관계를 지속하겠다는 점, 국제 위기 속에서 균형을 찾겠다는 점, 중국과도 관계를 유지하겠다는 점 등의 메시지를 주었다"라고 보도하였다.

또한 인도는 중국과 러시아와 함께 '브릭스(BRICS)' 회원국이기도 하다. 그리고 인도는 중국이 주도하고 있는 '상하이협력기구(SCO)' 회원국이며 2023년 9월 인도 뉴델리에서 SCO 정상회의를 개최하였다. 인도는 러시아와 긴밀한 관계를 유지하고 있으면서 중국과도 소통하고 있다.

인도는 최근 다양한 '소다자 회의체'를 활용하여 국제적 위상을 높이고 있다. 인도는 2023년 1월 화상으로 125개 국가를 초청하여 '글로벌 사우스'회의를 주관하였다. 이 회의는 개발도상국가의 목소리를 대변하는 회의로 화상회의에 20개 국가 정상이 참여하였다. 인도는 2023년 '주요 20개국(G-20)' 의장국으로 역할을 하였다. 인도는 2021년 10월 이스라엘, 미국, 아랍에미리트 등과 함께 '4자 협의체(I2U2, India-Israel-US-UAE)'를 출범시켰는데, 이와 같이 이슈 중심으로 전략적 인식을 공유하는 3자 또는 4자 회의체를 모두 6개 결성하여 참여하고 있다. 이러한 기구는 참여국들과 인도의 관계를 증진시켜주면서 발언권을 높혀주는 역할을 하고 있다. 이를 '도구적 소다자주의(instrumental minilaterals)'라고 한다.

인도는 비동맹 노선을 벗어나 '다자동맹' 추구, 모두를 파트너로 여겨 ...

미국을 포함하여 중국과 러시아 어느 국가도 인도를 통제하기가 쉽지 않다. 미국은 인도를 압박할 수단이 많지 않고, 인도가 러시아로 편향된다면 중국과 패권경쟁을 하는 미국의 전략적 이해에 도움이 되지 않기 때문이다. 그야말로 인도는 중국과 갈등하고 있지만 미국과 러시아를 적절히 활용하고 있고, 비동맹 국가들과 협력을 강화할 뿐만 아니라 중국과도 소통하고 있다. 어느 누구와 손잡을 것인가는 그때의 상황과 당시 국제정세를 고려하고 있다.

전문가들은 인도가 전통적 비동맹 노선을 벗어나 국익과 실용주의를 앞세우며 '다자동맹(multi-alignment)', 또는 '전부동맹(all-alignment)' 외교를 펼친다고 평가하고 있다. S. 자이샨카르 인도 외교

인도 모디 총리와 중국 시진핑 주석 만남(출처 : 구글)

부 장관도 "인도는 특정한 누구를 동맹으로 선택하지 않고, 모두를 파트너로 여기는 인도 특유의 외교 브랜드를 발전시킬 것"이라고 말했다.

미국과 중국은 '인도의 G2 가능성' 때문에 인도를 중요하게 인식하고 있어

최근 UN의 보고서는 2050년 경에는 중국은 13억 명에 불과할 것이지만 인도는 16억 명으로 중국을 추월할 것으로 전망하였다. 인도는 실질적인 핵보유국이며 세계 5위의 경제력을 보유하고 있다. 이뿐만 아니라 인도는 세계에서 두 번째로 많은 IT 엔지니어링 및 소프트웨어 기술자를 배출하고 있으며, 빅데이터, 인공지능(AI), 우주 항공 등 미래핵심 산업에서도 두각을 나타내고 있다. 인도는 미래에 중국을 대체할 수 있는 G2 국가 가능성으로 현재 주목받고 있다.

최근 블룸버그통신의 자체 집계에 따르면 2023년 1분기 인도의 GDP는 명목 기준으로 8천547억 달러를 기록, 영국(8천160억 달러)을 넘어섰다. 인도 국영 스테이트뱅크오브인디아(SBI)는 인도의 GDP 규모가 2027년에는 독일, 2029년에는 일본을 제치고 미국, 중국에 이은 세계 3위가 될 것으로 내다봤다. 인도 경제는 구매력평가지수(PPP) 환산 기준으로는 이미 세계에서 3번째라는 분석도 나온다. 미국과 중국이 인도를 중요시 하는 이유이기도 하다.

우리 안보 환경은 인도와 다르지만 인도의 '소다자주의' 활동을 참고해야

우리는 6·25전쟁 직후인 1953년 10월 미국과 '한·미 상호방위조약'을 체결한 이래로 계속 미국과 동맹이었기 때문에 언제나 외교와 안보의 출발점은 한미동맹이었다. 비동맹 외교의 전통을 지니고 있는 인도와 다른 점이다. 더욱이 미국과 우호관계이면서 러시아와 전통적인 관계를 지속하고 동시에 영토 분쟁 중인 중국과도 소통하고 있는 인도처럼 우리가 외교적 자율성을 위해 중국과 안보협력을 시도한다면 이는 한미동맹을 이탈하려는 의도로 의심받을 수 있다.

우리는 인도가 시행하고 있는 '다자동맹' 또는 '전부동맹'을 추진하기는 현실적으로 어렵고 아직 시기상조이지만, 인도와 유사한 '소다자 회의체'를 구성한다면 우리의 전략적 자율성을 확보할 수 있을 것이다. 최근 프랑스와 독일 등 유럽 주요국가는 유럽의 독자성을 추구하고 있으며, 2023년 5월에 일본에서 개최된 'G-7' 정상회의에서 중국을 비난하면서도 중국과 단절을 의미하는 '디커플링(decoupling)'이라는 용어를 대신해 '디리스킹(de-risking)'이라는 용어를 사용하였다. 즉 중국과 대립하기 보다는 중국과 교류하고 협력하겠다는 의미이다. 그리고 공동 성명에서는 '중국과 구체적이고 안정적 관계수립'을 강조하였다.

우리는 이들과 협력한다면 이슈별로 미국에 목소리를 낼 수 있고 동시에 중국을 상대할 수 있겠다. 그리고 인도가 주도하는 소다자 회

인도 모디 총리와 러시아 푸틴 대통령(출처 : 구글)

의체에 가입하거나 새로운 회의체 구성도 가능할 것이다. 이들은 미국진영에 속해있지만 중국과도 소통하고 있어 우리의 전략적 자율성을 높혀줄 수 있는 수단의 하나라고 할 수 있겠다.

미·중 패권경쟁에서 ASEAN 국가들의 선택

동남아 지역에서 미·중 패권경쟁, 중국은 미국의 봉쇄를 뚫고 해양으로 진출 중

동남아시아 지역은 지리적으로 동서로는 필리핀으로부터 미얀마까지, 그리고 남북으로는 중국과 경계를 이루는 해안부터 호주 북쪽 지역까지 이르는 대략 450만 ㎢ 의 넓이를 가지고 있다. 이 지역은 남중국해를 포함하고 있고 내륙지역은 중국과 육지로 연결되어 있어 중국과 긴밀한 관계를 갖고 있다. 동남아 국가들은 1967년 '아세안(ASEAN, 동남아시아국가연합)'을 구성한 이래 현재는 동티모르를 제외한 10개국이 아세안에 가입하고 있다. 그러나 아세안 회원국들은 중국과 이해관계에 따라 각각 다른 목소리를 내고 있어 결속력은 상대적으로 느슨한 편이다.

중국 입장에서 동남아는 남중국해와 인도양으로 진출할 수 있는 길목이다. 남중국해는 자신들이 영유권을 주장하고 있는 지역이며, 인도양은 중국이 중동에서 원유를 들여올 수 있는 최단 수송로이다. 기존 수송로는 미국이 통제하고 있는 믈라카 해협을 통과해야 하지만 인도양에 접해있는 미얀마를 거친다면 송유관으로 중국본토로 수송이 가능하다. 미국 입장에서는 동남아 지역에서 '중국 포위망'을 형성하여 중국의 해양진출을 억제할 수 있다. 남중국해가 중국에 장악당한다면 한국과 일본, 그리고 대만의 해상교통로가 위협받아 미국의 동북아 동맹국들이 동요할 수 있어 미국의 인태전략이 흔들릴 수 있다. 동남아 지역에서 미·중 패권경쟁이 벌어지고 있는 이유이다.

동남아 국가들은 중국과 긴밀하지만 주권 침해 등의 우려로 미국과 협력 추구

중국이 경제적으로 급성장한 2010년 이전에는 동남아 국가들의 주요 교역국은 미국과 일본이었다. 그러나 오늘날에는 중국이 미국을 대체하여 동남아 국가들의 주요 교역국과 투자국이 되었다. 중국은 2010년에 아세안과 자유무역협정을 체결하였고, 아세안 10개국을 비롯한 15개국이 참여하는 '역내포괄적경제동반자협정(RCEP)'을 2022년 1월 1일부로 발효시켜 중국과 아세안의 경제적 협력 관계는 깊어지고 있다. 동남아 국가들도 중국의 경제발전에 편승하여 국익을 취하고 동반 성장하고 있다.

그러나 이들 국가들은 중국이 추진하고 있는 일련의 정책으로 인해 중국과 갈등하고 있다. 베트남과 필리핀 등은 남중국해 영유권 문제로 중국과 무력충돌까지 하였고, 중국이 메콩강 상류 자국 지역에 11개 댐을 건설하자 수자원이 부족해진 하류 지역의 태국, 캄보디아 등은 반발하고 있다. 중국이 일대일로 정책에 따라 관련국에게 항만과 철도 등 인프라 건설을 지원하고 있지만 스리랑카 등 해당국에서는 경제적으로 중국에 종속되는 것은 아닌가 하는 의구심이 커지고 있다.

동남아 국가들은 이러한 중국의 주권 침해나 강압적인 행동에 대해 미국의 힘을 빌려 견제하고자 한다. 동남아판 원교근공(遠交近攻) 대책이라고 할 수 있다. 오늘날 미·중 패권경쟁 시대를 맞이하여 많은 국가들이 채택하는 전략으로 '헤징(hedging, 위험분산, 균형과 편승의 중간개념)'인 것이다.

베트남은 2023년 12월 13일 시진핑 주석의 방문을 맞이하여 베트남–중국 관계를 '포괄적 동반자 관계'에서 '인류 미래 공동체'로 재정립하였다. 베트남은 중국이 요구하는 '운명공동체'보다는 구속력이 덜한 '미래 공동체' 개념을 채택한 것으로 알려지고 있다. 또한 양국은 영유권 분쟁 지역인 남중국해에서 공동 순찰을 시행하고 비상 연락체계를 마련하기로 했으며, 5G 이동통신망 구축과 해저 광케이블 설치에 협력하기로 하였다. 중국 일대일로 프로젝트인 중국 윈난성 쿤밍시(雲南省 昆明市)와 베트남 북부 항구도시인 하이퐁을 연결하는 철도 건설도 추진하기로 하였다. 시진핑 주석은 베트남을 중국 진영에 합류시키는 성과를 거두었다.

그러나 베트남은 불과 3개월 전 9월 10일에는 바이든 미국 대통령을 맞이하여 미국과 기존의 '포괄적 동반자 관계'를 한 단계 건너뛰어 '포괄적 전략적 동반자 관계'로 2단계 격상시켰다. 바이든 대통령은 "양국 관계는 최고 수준의 파트너십으로 진전을 이루었다"라고 자축하였다. 미국은 특히 양국 간에 탄력적인 반도체 공급망을 구축하는 새로운 파트너십을 체결했다. 이를 통해 반도체 산업의 밸류체인을 높이는 동시에 중국을 대체하는 공급망 확보에도 기여할 것으로 보고 있다. 향후 미·베트남 간 국방·안보 협력 확대도 예상된다. 미국 항공모함은 2020년, 그리고 최근에는 2023년 6월에 베트남에 기항한 바 있으며, 미국의 무기 판매 및 양국 합동 군사훈련이 늘어날 것이란 관측이 나온다.

동남아 국가들과 중국의 갈등...
남중국해 영유권, 메콩강 수자원, 중국의 일대일로

중국이 남중국해 대부분에 영유권 선포,
필리핀 및 베트남 등과 분쟁

1947년 중국의 국민당 정부는 남중국해 90%에 해당하는 지역에 대해 11단선을 획정하고 자국의 영토임을 선포하였다. 중국공산당은 1953년 11단선을 9단선으로 수정하였지만 남중국해 영유권 주장은 그대로 이어가고 있다. 남중국해가 자신들의 영토라고 주장하는 근거는 한나라 (AD 1~3세기) 시대부터 이 지역에서 어업을 하였고 청동기가 출토되고 있다는 것이다.

중국은 1974년 베트남과 무력분쟁을 통해 난사군도를, 1988년 필리핀으로부터 시사군도를 점령하였다. 그 후에 2013년부터 이 지역 7개의 작은 섬들을 각각 인공적으로 확대하여 군사시설을 배치하기 시작하였다.

중국의 강압에 대응하기 위해 필리핀은 2016년 상설중재재판소 (PCA)에서 '남중국해에 대한 중국의 영유권은 법적 근거가 없다'라는 판결을 받았다. 중국은 이 판결을 무시하고 있다. 중국의 주장은 첫째, PCA는 영토주권과 해양경계 문제에 대해 권한이 없고, 둘째, '필리핀이 중국과 양자 또는 관련국 다자 협의로 문제를 해결하겠다'라는 합의사항을 위반했다는 것이다.

영유권 다툼 치열한 남중국해

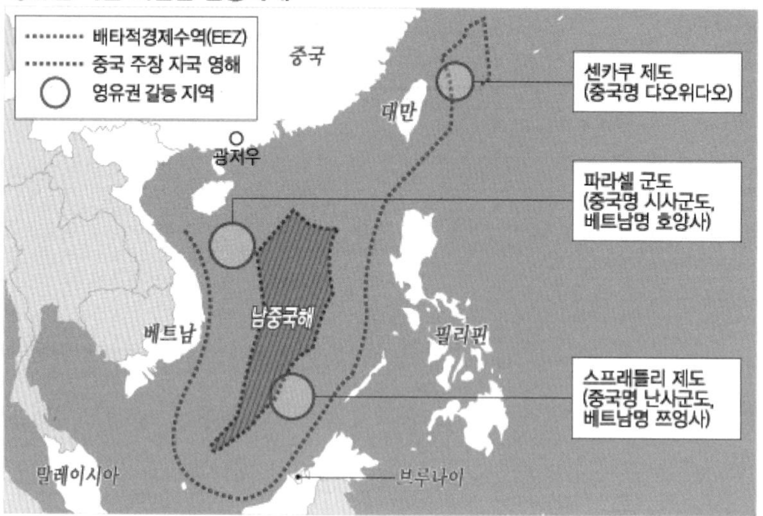

남중국해 일대 영유권 분쟁 지역(출처 : 구글)

필리핀은 2016년 미군의 자국 배치에 합의하였다. 이는 1992년 미군이 철수한 이래 24년 만이다. 이에 추가하여 2023년에 미군에 4개 군사기지 사용을 허용하였다. 베트남도 2018년 3월 미국 항공모함 칼빈스호의 다낭항 입항을 받아들였다. 미국의 힘을 빌려 중국의 강압을 막고자 하는 것이다. 2024년 4월에는 미국에서 개최된 미국·일본·필리핀 3국 정상회담에도 참여하였고 미국·일본·호주 등과 남중국해 일대에 연합훈련도 실시하였다.

중국이 메콩강 상류에 11개 댐 건설...
태국, 캄보디아 등 수자원 부족

메콩강은 중국의 티베트 고원에서 발원하여 미얀마·라오스·태국·캄보디아·베트남 등 5개국을 거쳐 남중국해로 유입되는 길이 4천 900㎞ 강으로 이 유역에는 7천여만 명이 거주하고 있다. 중국에서는 란창(瀾滄)강으로 불린다.

중국이 1995년 '만완'이라는 첫 댐을 건설한 이후 현재는 11개가 가동 중이고 향후 20여 개의 댐을 더 건설하겠다고 목표를 세웠다. 하류 국가들은 물 부족과 빈발하는 가뭄, 어획량 감소, 수질 악화, 토양 침식 등의 피해를 고스란히 떠맡게 됐다. 중국은 상류 댐들이

메콩강 수자원 분쟁 지역(출처 : 구글)

우기에는 홍수를 완화하고 건기에는 저장된 물을 방류함으로써 가뭄 문제를 해결하는 데 도움이 된다고 강조하고 있지만 관련국들은 중국의 주장에 동의하지 않고 끊임없이 문제를 제기하고 있다.

중국은 이에 대해 2015년 자국 주도로 '란창-메콩강 협력회의(LMC)'를 출범시키면서 약 1조원의 기금을 조성하겠다고 하였다. 미국도 2017년 세계은행을 통해 메콩 삼각주 기후변화 문제에 약 10억 달러(약 1조 1,200억원) 규모의 프로젝트를 추진하겠다고 발표하였다. 최근 10여 년간 이 일대에 대한 투자 누계액은 중국이 약 753억 달러(약 90조 원)로 미국 약 70억 달러 (약 8조 원)의 10배 이상이다. 중국이 경제력을 앞세워 영향력 증대를 추구하고 있는 것이다. 전문가들은 메콩강이 남중국해 이어 미·중 패권경쟁의 대상이 될 것으로 보고 있다.

중국이 일대일로 정책, 항만 등 인프라 건설 지원... 군항으로 사용 가능성 있어

2013년 시진핑 주석이 취임 직후 추진하고 있는 일대일로는 중국이 개발도상국에 대규모 사회기반시설(인프라)을 짓거나 자본을 투자해 경제·외교 관계를 강화해 온 대외확장 정책이다. 중국의 자본은 높은 이자율의 대출금으로 서방에서는 "일대일로로 저소득 국가들이 '부채함정'에 빠지고 있다"라고 비판한다. 그러나 중국은 "일대일로가 서구세계가 외면한 신흥국 개발에 기여한다"라고 반박한다.

대표적인 사례로 스리랑카는 중국의 차관을 통해 남부 함반토타에 항구를 건설했지만 사업 부진으로 부채함정에 걸려 2017년 중국에게 항만 운영권을 99년간 양도하였다. 중국은 관련국의 우려에도 아랑곳하지 않고 일대일로 정책에 따라 항만을 개발하고 있다.

미국은 이러한 항만이 중국의 군항으로 사용될 가능성을 우려하고 있다. 스리랑카의 함반토타 항구 이외에도 캄보디아의 레암, 방글라데시의 치타공, 미얀마의 차우크퓨, 그리고 서남아시아 파키스탄의 과다르 항구 등이다. 캄보디아 레암항 해군 기지는 2010년 이후 미군과 캄보디아군이 연례 합동훈련을 하던 곳이었지만 캄보디아는 2019년 중국과 협약을 체결한 이후 2022년 9월 기지 확장 기공식을 거행하였다. 미국의 인태전략을 위협하는 중국의 점진적인 동남아 진출인 것이다.

우리가 동남아 문제에 국제법을 기준으로 대응하고 신남방정책은 지속되어야...

동남아 국가들과 중국 사이에서 발생하는 갈등과 분쟁에 우리가 개입할 필요는 없을 것이다. 문제는 미국이 글로벌 가치 동맹으로 확대된 한미동맹을 명분으로 동남아 문제에 동참을 요청하다면 동맹국 미국의 요청을 거부하기 어렵다는 점이다.

이럴 경우 기준은 국제법이다. 원칙적으로는 한미동맹을 기반으로 하되 구체적인 대응은 각 사안별로 국제법에 따라야 한다. 첫째, 남중국해 문제는 중국의 영유권 주장이 국제법에 부합여부를 검토하여 나름대로 행동 기준을 갖고 있어야 할 것이다. 둘째, 메콩강 수자원 분쟁은 최근 국제하천에 대한 국제법적 해법이 모색되고 있다. 특히 유럽에서는 국제하천의 수자원 분쟁이 거의 없는 편이다. 셋째, 중국의 일대일로 정책에서 파생된 부채함정 문제에 우리는 제3자이다.

또한 우리는 전 정부의 '신남방정책 플러스'를 이어갈 필요가 있다. 동남아 국가들과 보건의료를 포함하여 경제협력을 증진하면서 동시에 미·중 패권경쟁 상황 속에서 동남아 국가들과 '헤징'을 함께 할 수 있는 분야가 있기 때문이다. 특히 국익을 지키는 강한면과 현실을 고려하는 유연한 베트남 특유의 대나무 외교는 눈여겨 볼 필요가 있겠다.

미·중 패권경쟁 첨단에 있는 우리는 생존의 위기

오늘날 글로벌 관심은 미·중 패권경쟁이다. 일부에서는 전략경쟁이라고도 표현하고 있지만 본질은 누가 글로벌 헤게모니를 장악하는가 하는 패권경쟁이다. 중국은 미국이 구축하여 많은 국가에서 작동 중인 자유민주주와 자본주의 체제를 자국 중심의 중화질서로 대체하려 하고 있다. 우선적으로 아시아에서 중화질서의 회복을 노리고 있는데 그 첫 번째 대상이 한국이다.

미국은 중국이 '중화민족의 위대한 부흥'을 목표로 세력을 확장하고 있는 현상을 받아들일 수 없다. 받아들인다면 이는 곧 미국의 쇠퇴를 의미하기 때문이다. 중국의 부상을 억제하고 견제해야 하는 이유이다. 이렇게 해서 벌어지는 패권경쟁은 현재는 미국이 앞선 가운데 장기간 지속될 것으로 전망되고 있다. 미국과 중국이 부딪히는 첨단에 위치하고 있는 우리에게는 위기가 아닐 수 없다.

현재 미·중 패권경쟁은 미국이 우세한 가운데 절대 강자 없이 장기간 지속될 전망

2024년 5월 기준으로 미·중 패권경쟁에서 기존 패권국 미국이 우세를 점하고 있다. 다음 두 가지 사항이 이를 말해주고 있다. 첫째, 러시아–우크라이나 전쟁에서 미국은 유럽 주요 국가들과 우크라이나에 무기를 제공하는 등 적극 지원하고 있지만, 중국은 같은 규모로 러시아를 지원하지 못하고 있다. 미국 및 유럽이 반대하고 있기 때문이다. 둘째, 시진핑 국가주석은 2023년 6월 중국을 방문한 미국 블링컨 국무장관에게 "중국은 미국에 도전하거나 미국을 대체하지 않을 것이다"라고 미국의 패권을 인정하는 발언을 하였다.

미국과 중국은 '경쟁은 하되 무력충돌은 하지 말자' 공감 형성, 전쟁 가능성 낮아

시 주석은 이어서 "중국은 미국과 충돌하고 대립하는 것을 원치 않고 평화공존과 우호협력을 기대한다"라고 언급하면서 "인류의 미래는 중·미 양국이 공존할 수 있는냐에 달렸다"라고 공존을 강조하였다. 즉 중국은 미국의 패권을 인정할 테니 미국도 중국의 이익을 보장해서 미국과 중국의 양극체제로 공존하자는 의미이다. 중국이 추구하는 신형대국관계(新型大國關係)인 것이다. 현재 시점에서 미국과 중국은 경쟁은 불가피하지만 무력충돌은 피하자는 공감이 형성되어 있다.

이에 대해 미국 블링컨 장관은 첫째, "대만의 독립을 지지하지 않는다"며 중국의 핵심이익을 존중한다는 입장을 표명하였고, 둘째, "미국은 중국의 제도 변화를 추구하지 않는다"고 언급하면서 중국을 안심시켰다. 셋째, 양국간 "소통을 강화하자"고 제의하였다. 중국과 충돌할 의사가 없음을 밝히면서 우발 충돌을 방지하는데 중점을 두었다. 이러한 우호적인 발언과는 별도로 "규범에 기반한 국제질서를 유지하기 위해 파트너와 협력하겠다"라고 중국을 압박하기도 하였다.

블링컨은 중국 외교부장 친강(秦剛)과 7시간 이상 회담을 했지만 주요 의제에 대해서는 타협을 도출하지 못하였다. 그러나 양국은 '대화를 통해 위험을 관리하자'라는 공감은 형성하였으며 소통채널을 유지하고 강화하기로 하였다. 충돌은 피하겠다는 생각은 동일하였다.

"중국이 격차를 좁히고 있다"라는 미국의 불안감, "시간은 우리편"이라는 중국의 자신감

미국 바이든 행정부는 2022년 10월 발표한 '국가안보전략(NSS)'에서 중국을 "세계질서를 재편할 의도와 힘을 가진 유일한 경쟁자"로 규정하였다. 2020년 7월 폼페이오 국무장관은 "자유 세계가 중국을 바꾸지 않으면, 중국이 우리를 바꿀 것"이라고 공개적으로 경고한 바 있다. 전문가들은 중국이 GDP 규모에서 2030년 무렵에 미국을 추월할 것으로 예상하고 있고, 군사력에서도 무인기 및 초음속 미사일 분야에서는 미국과 대등하거나 앞서고 있다고 평가하고 있다. 중국의 추격 속도는 미국의 예상을 뛰어넘어 격차가 급속히 줄어들고 있다.

앞에서 추격당하는 미국에 비해 뒤에서 쫓아가는 중국은 오히려 '시간은 중국편이다'라는 자신감을 보이고 있다. 중국은 미국과 무역전쟁 초기에 "미국의 압력이 생각했던 것보다는 강하지 않아 견딜만하다"라고 평가하였으며, 이어서 시진핑 주석은 "세계는 100년 만의 큰 변화를 겪고 있지만 시간과 정세는 우리 편이다(时与势在我们一边)"라고 반복해 언급하고 있다.

또한 시 주석은 2021년 7월 1일 공산당 창당 100주년 기념식에서 "중국 인민은 외래 세력이 우리를 괴롭히고 압박하고 노예화하는 것을 절대 용납하지 않을 것이다. 이런 망상을 하는 사람은 14억 중국 인민이 피와 살로 건설한 강철 장성 앞에서 반드시 머리가 깨져 피를 흘릴 것"이라고 연설하였다. 미국을 겨냥한 강도 높은 발언이었다.

미·중 패권경쟁은 무역갈등으로부터 첨단기술 경쟁, 우방국 확대 경쟁으로 진화 중

미·중 패권경쟁은 2018년 무역전쟁으로부터 시작되어, 화웨이 5G 통신장비 등 첨단기술 갈등으로 발전되었으며 현재는 우방국 확대 경쟁으로 비화하고 있다. 단순한 무역적자 해소 문제에서 출발하였지만 이제는 근본적인 체제경쟁으로 돌입하였다는 의미이다.

첫째, 무역전쟁은 미국의 관세 부과에 중국도 보복 관세 부과로 대응, 현재는 무승부

2018년 미국은 대중 무역적자 약 4,000억 달러를 줄이기 위해 모두 4차례에 걸쳐 5,750억 달러에 해당하는 중국 제품에 25%의 관세를 부과하였고, 중국도 총 1,550억 달러의 미국 제품에 보복 관세를 부과하는 것으로 맞대응하였다. 미국과 중국은 관세를 포함하여 비관세, 환율 문제 등 주고받기 과정을 반복하면서 협상을 하였다. 중국은 미국에게 대미 흑자를 줄이고 미국 제품을 대량 수입하여 무역균형을 맞추겠다고 하였다. 그리고 첨단 기술을 육성하기 위한 중국제조 2025 프로젝트와 보조금 지급, 지식재산권 보호 등에 대해 제도 보완을 약속하였다.

그러나 타결 직전까지 갔던 무역협상은 미국이 중국은 '약속한 내용을 국내법으로 명문화하여 이행을 보장하라'라고 요구를 하자, 시진핑 주석은 이를 주권문제로 보고 미국의 요구를 거부함으로써 파산되었다. 이후 2019년부터 시작된 코로나19가 확산되자 미·중 무역전쟁은 더 이상 확대되지 않고 미국이 2019년 12월 관세부과를 철회함으로써 일단락되었다. 2023년 발표에 의하면 2022년 미·중 무역규모는 역대 최대로 6,906억 달러였다. 미국은 저렴한 중국의 소비재와 중간재가 필요하고 중국은 미국이라는 수출 시장이 필요했던 것이다. 미국의 경제구조는 이미 중국을 분리시키기 어려웠다.

둘째, 미국은 반도체 공급망에서 중국 배제 추진, 중국은 내수시장을 활용한 쌍순환으로 대응

미국은 중국 화웨이(華爲) 통신장비를 5G 통신망 설치사업에서 제외시켰고, 반도체 등 핵심분야에 대해서는 칩4 동맹을 결성하여 중국에 대한 수출을 제한하고 있다. 미국은 첨단기술 분야에서 격차를 좁혀오는 중국을 더 이상 방치할 수 없기 때문이다.

중국은 자력갱생을 핵심으로 하는 쌍순환(雙循環) 방침으로 미국에 대응하고 있다. 막대한 내수시장을 활용하여 자체 공급망(내부순환)을 형성하고 이를 토대로 외국과 공급망(외부순환)을 연결하겠다는 것이다. 반도체도 이런 개념으로 국산화를 추진하고 있다. 반도체 등 핵심기술 공급망에서 중국을 배제하려는 미국과 쌍순환 체제로 전환한 중국의 대립은 그 결과를 예측하기가 쉽지 않다.

셋째, 중국이 경제력을 앞세워 우방국 확대 추구, 주요 국가들은 중국과 협력 추세

중국은 미국과 무역 전쟁 초기에 자국을 지지하는 국가가 거의 없다는 사실에 충격을 받았다고 한다. 그 후 중국이 전개하고 있는 우

동북아 미·중패권 경쟁과 남북한 대립 모습(출처 : 구글)

방국 확보 노력은 눈부시다. 중앙아시아, 아프리카, 동남아시아는 말할 것도 없고 심지어 미국의 전통 우방인 유럽 주요 국가들도 중국과 대립은 필요치 않다고 하면서 중국과 경제협력을 추구하는 단계까지 와 있다.

중국은 대외확장 정책인 일대일로를 강화하는 한편 중동지역에서는 사우디아라비아와 이란의 국교 재개를 중재하여 존재감을 과시하였고, 남미의 브라질과 베네수엘라와 관계를 강화하여 미국을 긴장시키고 있다. 남태평양에도 영향력을 미치고 있다, 솔로몬 제도와 2022년 4월 안보협정을 체결하였다. 태평양 한가운데 위치한 키리바시는 11만의 인구와 인천 정도의 면적인 작은 섬나라이지만 하와이를 겨냥할 수 있다는 전략적 위치 때문에 중국은 친중정권이 수립되도록 수억 달러를 무상 지원하는 등 공을 들이고 있다.

우리는 미국과 동맹관계이며 남북한 분단국가로서, 전략적 자율성이 제한되는 딜레마

미·중 패권경쟁 시대에 대부분 국가들은 균형외교를 택하고 있다. 미국에게는 중국카드를 사용하고 중국에게는 미국과의 연대를 과시한다. 이에 추가하여 각종 협력체를 활용하여 자신들의 가치를 높힌다. 그러나 우리는 미국과 동맹관계를 70여 년 유지하고 있고 남북한으로 분단되어 있다. 그리고 정치권은 분열되어 있어 제역할을 하지 못한다. 미·중 패권경쟁 시대에 무엇을 어떻게 해야하는가 하는 국가적 과제에 관심이 부족한 실태이다.

주변국의 지혜 및 우리의 대응책, 미·중 패권경쟁 승자를 알 수 있는 4가지 포인트

주요 관련국들은 '미국카드'와 '중국카드'를 사용하여 국익을 극대화하고 있다.

일본은 미·일 동맹을 기반으로 유럽 주요국과 관계를 강화함으로 중국에 대항하고 있다. 지정학적으로 중국과 직접 대립하고 있는 일본은 동맹과 우방국의 지원이 필요하기 때문이다. 유럽연합(EU)은 중국으로부터 야기되는 체제 위협에는 단호히 맞서면서 경제적으로는 상호 협력하겠다고 밝히면서 중국을 체제에 위협을 가하는 '라이벌', 경제분야에서는 '경쟁자'이지만, 무역 파트너라고 복합적으로 규정하였다.

인도는 미국 주도의 '쿼드(Quad)', 중국 진영의 '상하이협력기구(SCO)'에 모두 가입한 전략적 자율성이 높은 국가라고 할 수 있다. 인도는 2023년 미국과 정상회담을 통해 전투기 엔진 및 무인기 MQ-9B의 공동생산과 인도 판매를 관철시켰으며 동시에 SCO 의장국으로 중국, 러시아와도 화상으로 회담한 바 있다.

튀르키예는 NATO 회원국이지만 미국의 반대에도 불구하고 2019년 러시아로부터 S-400 방공무기 체계를 구입한 바 있다. 최근에는 스웨덴의 NATO 가입을 지원한다는 조건으로 자국의 EU 가입 약속을 받았고, 미국의 F-16 전투기 판매 승인 등 많은 국익을 챙겼다. 인도와 튀르키예는 미·중 사이에서 원하는 많은 모든 것을 취하고 있다. 국제관계에서 거래의 달인이 아닐 수 없다.

동남아 국가들도 필요하면 미국을 불러들이고 있다. 중국으로부터 경제적 이익이 더 클 경우에는 미국과 관계를 조정하기도 한다. 역시 생존기술이 뛰어나다고 할 수 있다. 심지어 미국의 오랜 동맹국 사우디 아라비아는 물론이고 이스라엘도 중국 카드와 미국 카드를 적절하게 사용하고 있다. 사우디 아라비아는 중국과 경제관계를 급속히 발전시켜 70년 에너지 동맹 미국을 긴장시키고 있고, 이스라엘도 최근 네탄야후 총리의 미국을 방문을 성사시키기 위해 중국카드를 사용한 바 있다.

지구상 대부분의 국가는 미·중 패권경쟁에서 미국에게는 중국카드를 쓰고 상황에 따라 중국에게는 미국카드를 들이미는 지혜를 발휘하고 있다. 그리고 유사한 안보환경에 처한 국가들과 소그룹 다자회의를 결성해 발언권을 강화하고 있는 추세이다.

미·중 패권경쟁 시대, 우리의 '일관된 한목소리'는 미국 그리고 중국을 흔들 수 있어

우리는 미·중 패권경쟁시대에 위기의식이 별로 없는 것 같다. 강대국 정치에 나라를 잃었고 국토가 분단되는 비극을 겪었으며 동족상잔을 치른 우리는 누구보다도 국제질서 동향에 민감해야 한다. 그러나 정치권은 마주앉아 대책을 논의하기보다는 등을 돌리고 서로 비난만 하고, 정부의 정책도 정권이 교체됨에 따라서 바뀌고 있다. 일관성있는 한목소리를 찾아볼 수 없다. 구한말 시대 나라가 망할 때도 그랬다.

약소국 생존론에 '꼬리가 몸통을 흔든다'라는 격언이 있다. 즉 약소국이 강대국을 움직인다는 뜻으로 두 가지 조건이 충족될 때 가능하다. 첫째는 내 주변에 경쟁하는 두 강대국이 있을 때, 둘째 우리가 한목소리로 대응할 때이다. 그렇다면 미·중 패권경쟁에서 우리의 한목소리는 미국을 움직일 수 있고 중국을 흔들 수 있다는 의미이다.

예를 들면, 미국에게는 한·미 동맹을 강화하는 반대급부로 그 이상을 받아낼 수 있고, 중국에게는 한·미 동맹을 현상황으로 유지하는 대가로 우리가 원하는 것을 얻어낼 수 있다. 한·미 동맹은 우리 안보의 기축이지만 동시에 미국에게도 패권 유지를 위한 전략적 수단으로 미국도 한·미 동맹이 필요하다. 중국은 한·미 동맹이 중국을 향할 때 안보위협을 느끼기 때문이다.

전문가들은 '정확한 상황인식'을 기반으로 '복합대응 전략' 수립을 제안한다

우리 학계에서는 미·중 패권경쟁 시대를 헤쳐나갈 수 있는 대응책을 다음과 같이 제시하고 있다. 통일연구원(미·중 전략경쟁시대 한국의 복합대응전략, 2022년), 국가안보전략연구원(미·중패권경쟁과 우리의 대응방향, 2020년)등의 국책연구기관 뿐만 아니라 아주대 미중정책연구소장 김흥규 교수와 해양전략연구소 이춘근 박사의 견해를 정리하면 다음의 공통점을 찾을 수 있다.

첫째, 정확한 상황인식 필요하다. ① 강대국은 자국 중심이고 강대국과의 우호관계는 이해가 일치될 때까지 조건부이다. 이춘근 박사는 강대국을 좋은 나라, 나쁜 나라로 나누어서는 안되고 '무서운 나라', '덜 무서운 나라'로 인식해야 한다고 주장한다. ② 현재는 복잡 다극화 시대이다. 미국이 일방적으로 국제질서를 주도하던 시대는 끝났고, 안보와 경제를 분리할 수 없으며, 민주주의와 권위주의 이분법으로는 새로운 시대를 이해할 수 없다라고 입을 모으고 있다. ③ 미국의 우세는 지속될 것이다. 현재 미국은 과거에 비해 약화되었지만 중국도 충분히 강하지 않은 상황이다. 향후 중국이 미국을 추월하기 위해서는 앞으로도 30년 간 지속적으로 10% 이상 경제성장이 필요하지만 그 가능성은 크지 않다고 한다.

필자는 현시점에서는 우리가 한·미 동맹을 기반으로 미국 진영에 가담하는 것이 최상의 선택이라고 본다. 미국이 정의롭기 때문이 아니다. 현재는 미국이 패권국의 지위를 유지하고 있고, 미국을 대체할 수 있는 다른 세력을 찾기 어려울뿐만 아니라, 대체하더라도 그 과정에서 더 큰 위험을 감수해야 한다. 그리고 우리에게 미국은 중국에 비해 '덜 무서운 강대국'이기 때문이다.

둘째, 복합대응전략 수립이 필요하다. ① 양자택일의 임기응변적 대응과 일방적 편승을 피해야 한다. 최근 미국과 유럽은 히로시마 G7 정상회의에서 중국과의 경제관계를 '디커플링(DeCoupling, 관계단절)'이 아니고 '디리스킹(De-risking, 위험 축소)'이라고 발표하였다. 우리도 중국과 소통하면서 디리스킹으로 가야한다. ② 유사한 상황의 국가(like-minded)'들과 소그룹 협의체가 필요하다. ③ 전략적 자율성 확대와 대북정책과 연계 추진이다. 필자는 현재의 분단 상황은 구한말 시대보다 우리의 전략적 자율성을 크게 제한하고 있다고 생각한다. 지금은 대화도 막혀있는 상태로써 남북관계 개선이 시급한 상황이다.

셋째, 선택을 강요받을 것이다. 이럴 경우 우리 나름대로 원칙을 정해놓고 대응해야 할 것이다. 특히 주권과 정체성 훼손 시도에 대해서는 양보와 타협이 있어서는 안되겠다. 무엇보다 중국과 상호 대등한 정상적인 관계 수립에 진통이 따르겠지만 국익을 앞세우고 원칙을 주장하면서 이를 극복해야 한다. 필자는 중국과 무역적자가 2022년 10월부터 지속되고 있고 그 폭도 커지고 있는 현상이 우려스럽다. 의지가 있더라도 경제력을 포함한 국력이 뒷받침 되지 않으면 상호 대등한 관계는 요원하기 때문이다.

넷째, 전담기구 설치이다, 기구의 명칭은 '복합위기대응 국가안보센터', '미·중관계 대응팀', '한국형 솔라리움 프로젝트(전략기획 수립 과정)' 등 차이가 있지만 전문적이고 종합적으로 대응을 할 수 있는 기구의 필요성에 전문가들은 이견이 없다.

정치권 분열은 방치할 수 없어 ... '전작권 전환'은 전략적 자율성을 넓힐 수 있어 ...

필자는 국책 연구기관이나 전문가들의 판단과 제안에 동의한다. 이러한 제안은 우리 내부로부터 일관되게 한목소리가 나올 때 효력을 발휘할 것이다. 앞서 언급한 관련국들도 외교안보 정책을 두고 우리와 같은 내부 분열을 겪는다는 보도를 본 적이 없다. 우리는 점차 심각해지는 '다른 목소리' 문제를 '국가 긴급과제'로 공식화해서 정면에서 해결책을 모색할 시점이다. 더 이상 방치했다가는 국가와 사회는 회복 불가능한 분열을 겪을 수도 있다. 구한말과 다를 바가 없다.

최근 우리의 다른 목소리 상황을 보자. 야당은 일본 핵발전소 오염수 해양 방류 문제를 두고 정부 여당을 향하여 '일본 대변인'이라고 비난하였다. 현 여당도 야당시절에는 당시 문재인 대통령을 지칭해 '북한 대변인, 친중 저자세 외교'를 비판한 바 있다. 그렇다면 누가 집권해도 반대진영으로부터 비난을 면하기 어렵다. 이 문제가 내부에 국한된다면 '정치 견해가 다르다' 정도로 이해할 수 있지만, 주변 강대국이 이를 활용한다면 정치적 분열상은 더욱 심각해진다. 그리고 국민들도 정치권의 편가르기에 따라 두 편으로 나누어지고 갈등의 골은 더 깊어 질 것이다. 구한말 때도 이랬다.

대응책을 여야 합의로 수립해야 한다. 이 대응책은 집권 정치세력의 정책이 아니고 이념 성향과 무관하기 때문에 정권교체와 관계없이 지속적으로 일관되게 추진될 수 있을 것이다. 국익을 전제하지 않은 이념이나 가치는 배제시켜야 한다. 그리고 대응책에는 국가이익에 대한 공감을 토대로 우리의 주권과 정체성은 무엇인지를 규정해야 한다. 싱가포르 리콴유 전 수상은 중국에게 "우리는 공산체제를 받아들일 수 없다"라고 선언하고 지금까지도 변함없이 지켜오고 있다. 중국은 이런 싱가포르에 대해 어떠한 정치적 영향력을 행사할 수 없었고 미국도 이러한 싱가포르를 신뢰하고 있다.

'일관된 한목소리'와 함께 '전작권 전환'은 우리의 전략적 자율성을 넓혀줄 것이다. 중국은 우리로부터 군사위협을 고려하고 있지 않다. 한·미 동맹이 한국군의 독자적인 군사행동을 통제하고 있기 때문에 미국과 협의를 통해 한국군의 단독행동을 억제할 수 있다고 판단하고 있다. 우리가 한·미 동맹과 별도로 베이징을 포함한 중국 수도권에 군사적 위협이 가능할 때 중국과 대등한 관계 또한 기대할 수 있는 것이다.

북핵 위협이 고도화되고 있는 현상황에서 전작권 전환과 한·미 연합사 지휘구조 개편 추진이 적절한가 하는 문제 제기는 타당하다. 그렇다고 전작권 전환을 무기한 연기하는 것은 바람직하지 않다. 언젠가는 우리가 주도적으로 행사해야 할 권한이다. 전작권이 주권 그 자체는 아닐지라도 주권을 나타내는 하나의 고유 권한이기 때문이다. 향후 전작권 전환이 한미동맹의 약화를 초래할 것인지 아니면 우리가 미국과 대등한 관계에서 한미동맹을 더 굳건히 할 것인지는 우리의 몫이다.

미·중 패권경쟁에서 승자를 선택해야 한다. 승자를 예측할 수 있는 4가지 포인트

필자는 지속적으로 미·중 패권경쟁에서 '이기는 자와 함께 하라'라고 강조하고 있다. 우리는 다행히도 현재의 패권국 미국과 동맹이다. 그러나 미래의 패권국은 누구인지는 더 두고 봐야 한다. 미·중 패권경쟁은 어느 한순간 승자가 결정되지는 않겠지만 우리는 그 과정에서 미세하지만 우세의 변동을 감지해 내고 대응책도 강구해야 할 것이다. 미·중 패권경쟁의 승부를 예측할 수 있는 다음의 4가지 포인트를 제시하고자 한다. ① 누가 우주패권을 장악할 것인가, ② 대만의 향방 ③ 누가 더 많은 우방국을 확보하고 있는가 ④ 기축통화는 누구의 화폐인가 등이다.

첫째, 우주 패권 장악이다. 유럽이 중국을 압도하기 시작한 시대는 대략 15세기 말부터 시작한 대항해시대 이후이다. 바다를 장악한 유럽은 해외 식민지 개척에 나섰고 자원을 확보해 부국강병을 이루어 나갔다. 과거에는 바다를 장악한 자가 패권을 쥐었다면 미래에는 우주 시대를 열어 젖히는 국가가 패권을 차지할 것이다. 과거에 바다가 그랬던 것처럼 우주도 먼저 개발하는 자가 주인이다. 그리고 우주에는 무한한 자원이 있고 우주로 나아가기 위해서는 첨단 기술이 필요하며 향후 우주 무기는 전쟁의 승패를 좌우할 것이다.

현재 우주 개발경쟁에 중국이 미국을 바짝 추격하고 있는 상황이다. 중국은 우주정거장을 독자적으로 운영하고 있고, 화성에는 현재 미국과 중국의 무인 탐사 로버 '퍼시비어런스(Perseverance)'와 '주롱(祝融)'이 탐사 경쟁을 벌이고 있다. 우주 관련한 특허 출원은 중국이 미국을 압도하는 수준이며 매년 중국이 우주로 올려 보내는 로켓의 수는 미국을 추월한 지 오래되었다. 미국과 중국 양국이 심혈을 기울이는 달 유인기지를 누가 먼저 건설하는가 하는 문제가 우주패권 경쟁 우세를 예상해 볼 수 있는 하나의 사건이 될 것이다.

둘째, 대만 문제이다. 시진핑 주석은 대만통일의 의지를 대내외에 수차례 피력하였고 바이든 대통령은 중국군의 무력 침공에 대해 군사개입도 불사하겠다고 언급하였다. 미국에게 대만은 안보공약 시험대로서 대만이 중국에 점령당하면 동맹 및 우방국들 미국을 신뢰하기 어려울 것이다. 대만은 지정학적으로 한국과 일본의 해상교통로상에 있고 중국의 해양진출을 억제하는 거점이다. 미국과 중국은 대만에서는 한치의 양보로 할 수가 없는 상황으로 결국 대만을 차지하는 자가 결정적으로 우세를 점할 것이다.

셋째, 우방국 확대이다. 미·중 패권경쟁 초기 미국의 장점은 많은 동맹국과 우방국이 있고 전세계적으로 주요 요충지에 군사기지를 확보하고 있다는 점이었다. 그러나 최근에는 이 장점은 상대적으로 약화되고 있다. 전통 우방국이 미국과 중국사이에서 균형을 취하고 있고, 중국은 이 틈을 파고들어 자국의 이익을 취하고 있다. 유럽은 중국에게 과도한 의존은 피하면서 경제관계는 유지하겠다는 입장이고 중동의 사우디 아라비아 등 전통 우방국들도 중국과 관계를 발전시키고 있다. 심지어 이스라엘도 중국을 활용하여 미국에 압력을 가하기 위해 중국에 접근하는 실정이다.

넷째, 기축통화 동향이다. 현재는 달러가 기축통화로서 견고한 위치를 점하고 있다. 중국은 자국 통화인 위안화가 달러와 더불어 기축통화로 통용될 수 있도록 외교력을 집중하고 있다. 중국은 러시아는 물론이고 브라질과 2023년 3월 '위안화-헤알화 결제 협정'을 맺었고, 사우디 아라비아 등 중동 산유국들과 위완화로 결제하기 시작하였다. 현재 위안화의 국제 결제율은 3% 수준으로 60%가 넘는 달러에 비해 미미하지만 세계적인 투자은행인 모건스탠리는 10년 이후에는 위안화가 달러, 유로와 함께 세계 3대 결제 통화가 될 것으로 전망하고 있다.

PART

3

미·중 패권경쟁 승부를 결정짓는 4가지 포인트

(중국의 도전)

- 중국의 우주굴기, 패권을 향한 집념의 결실
- 미·중 패권경쟁 승부처 대만, 중국의 군사 대응 시나리오
- 중국의 ‘일대일로’, 개발도상국을 내편으로 만들어 미국에 도전하다
- 중국 ‘위안화(元)’는 언제 기축통화가 될 것인가(추후 연구과제)

중국의 우주굴기, 패권을 향한 집념의 결실

들어가며

중국 우주굴기의 과거 : 소련 미사일 복제 수준[1]

1. 중국 우주굴기의 첫발
2. 우주발사체 '창정(長征)' 시리즈 : 소련 미사일 복제에서 시작
3. 인공위성 '동팡훙(東方紅)' 시리즈

중국 우주굴기의 현재 : 미국을 추격하는 수준

1. 중국 우주굴기의 가속 페달
2. 유인우주선 '선저우(神舟)'와 '우주정거장 톈궁(天宮)' 시리즈
3. 달 탐사 '창어(嫦娥)' 시리즈
4. 화성 탐사 '톈원(天問)' 시리즈
5. '베이더우(北斗)' 위성항법시스템 운용

중국 우주굴기의 미래 : 미국을 능가하는 수준

1. 2021년 우주백서 발간
2. 중국의 우주 관광 계획

우주의 군사적 활용 : 미래전은 우주로부터

1. 우주의 군사화 및 우주의 무기화
2. 위협적인 중국의 우주 무기

글을 마치며

---

1 "중국 우주굴기의 과거"와 "중국 우주굴기의 현재"의 내용은 이춘근 박사의 저서 『중국의 우주굴기』(서울: 지성사, 2020)에서 발췌 및 인용, 요약하였다.

들어가며

우리는 "중화민족의 위대한 부흥의 시대"를 살고 있다. 중화민족의 위대한 부흥은 각 분야의 굴기(崛起)로서 나타나고 있는데 '우주굴기'도 그중 하나이다.

현재의 중국 우주력(space power 또는 space capabilities, 우주역량)은 러시아를 넘어섰으며 미국을 추격하는 수준이다.[2] 중국은 2022년 11월에 독자적인 우주정거장 텐궁(天宮)을 완성하여 미국-러시아 합동의 국제우주정거장(ISS, International Space Station)과 쌍벽을 이루고 있고, 미국에 이어 화성 탐사를 하고 있으며, 베이더우(北斗)라는 독자적인 위성항법체계를 운영하고 있다. 미래에는 달 유인기지 건설도 계획하고 있으며, 목성과 혜성 등 심우주(深宇宙)도 탐사할 예정이다.

중국이 우주를 개발하는 목적은 패권을 장악하겠다는 것이다. '우주를 지배하는 자가 세계를 지배'하기 때문이다. 서구는 과거 바다를 지배함으로 세계를 지배하였다. 바다로 진출하지 않은 중국은 서구 열강에 의해 반식민지로 전락한 역사가 있다. 과거에는 해양력이 패권이었다면 미래는 우주력이 패권이라는 논리이다. 즉 우주의 '군사화'(militarization)와 우주의 '무기화'(weponization)로 우주패권을 장악한다면 우주에서 경쟁국을 제압할 수 있고, 달 및 화성 등 위성과 행

2 중국이 우주개발에서 러시아를 넘어섰고 미국에 이어 두 번째라는 주장은 필자의 판단이다. 중국이 일부 분야에서 러시아를 넘어섰지만 전반적으로는 아직 러시아 가술수준에 이르지 못했다는 견해도 있다.

성에서 희토류 등 자원 확보가 가능하기 때문이다.

더욱이 중국은 과거 댜오위다오(釣魚島) 및 남중국해 섬 등이 외국에 선점당해 영토분쟁을 겪고 있는 사례가 우주에서도 발생 가능하다고 보고, 우주 선점에 집착하고 있다.

우주개발은 단시일 내에 성과를 낼 수 있는 영역이 아니다. 오랜 기간 동안 많은 예산과 인력이 투입되어야 하고 무엇보다도 국가 차원의 일관된 막대한 지원이 뒷받침되어야 한다. 중국의 우주굴기 성공 배경은 이와 같이 1950년대부터 현재까지 국가 차원의 일관된 정책의 결과라고 할 수 있다. 중국의 우주개발 정책은 지도자 교체와 관계없이 앞으로도 계속될 것이다.

미래의 모습은 어떨까? 중국은 2022년에 발간한 〈우주백서(中國的航天)〉에서 2030년대에는 미국과 대등한 수준에 이르겠다는 포부를 밝히고 있다. 그들의 계획대로라면 미래의 어느 순간에 중국이 미국을 넘어서 우주패권을 장악할 날이 올 수도 있다. 바로 이 시점이 중국이 미·중 패권경쟁에서 우위를 점하면서 패권이 미국에서 중국으로 넘어가는 세력전이의 순간이 될 수 있을 것이다.

중국 우주굴기의 과거 : 소련 미사일 복제 수준[3]

1. 중국 우주굴기의 첫발

중국의 우주개발은 1950년대 마오쩌둥과 6·25전쟁에 참전한 군부에 의해 시작되었다. 그들은 첨단무기의 위력을 잘 알고 있었으며 동시에 개발 필요성을 절감하고 있었다. 중국은 1955년 항공분야의 석학인 첸쉐썬(錢學森)[4]을 미군 조종사 10명과 교환하여 귀국시켰다. 마오쩌둥은 그를 만난 자리에서 첨단무기의 개발을 당부하였다. 양탄일성(兩彈一星, 원자탄과 수소탄, 인공위성 보유 계획)의 시작이었다.

첸쉐썬은 「국방항공공업 육성 의견서」를 제출하였고, 정부가 이를 전폭적으로 지원하면서 우주기술 개발이 시작되었다. 당시 중국의 방침은 "자력갱생을 위주로 하되, 외국의 지원을 확보하고 자본주의 국가들의 기존 성과를 이용한다"[5]였다. 중국의 우주산업은 미약한 공업

---

3 "중국 우주굴기의 과거"와 "중국 우주굴기의 현재"의 내용은 이춘근 박사의 저서 『중국의 우주굴기』(서울: 지성사, 2020)에서 발췌 및 인용, 요약하였다.

4 이춘근, 『중국의 우주 굴기』(서울: 지성사, 2020), pp. 9-19. 첸쉐썬(錢學森)은 1911년 항저우(杭州)에서 태어났다. 상하이 교통대학 기계공학과에 입학했고 철도를 전공하였다. 1935년 미국 메사추세스 공과대학에서 항공공학과 항공기설계를 전공하였다. 1945년 독일이 항복하면서 첸쉐썬은 미 공군의 로켓기술 조사단의 일원으로 제트추진 분야를 조사하고 연구하였다. 그가 공산 중국으로 귀국 의사를 밝히자 미국 해군장관은 "그의 능력은 5개 사단에 필적하니 귀국시키는 것보다 죽이는게 낫다"라고 언급하였다. 과학에는 국경이 없지만 과학자에게는 국경이 있었다. 중국인들은 그를 '우주산업의 아버지', '양탄일성 원훈'등이라 부르며 최고의 찬사를 보냈고 2009년 10월 31일 98세로 사망했을 때는 중국 전국이 애도를 표하였다.

5 이춘근, 위의 책, p. 21.

기반시설과 문화혁명으로 인한 혼란의 시기를 극복하며 발전하였고 사회주의 동원체제와 과학자들의 기여를 통해 육성되었다.

사업 초기에는 소련의 전폭적인 지원이 있었으나 양국관계가 악화되면서 독자적으로 개발해야만 하였다. 이렇게 형성된 거대한 인프라와 수십만 명의 전문직 종사자들이 오늘날 중국 우주산업을 일으켜 세운 기반이 되었다.

마오쩌둥을 비롯한 지도자들은 첸쉐썬에게 "원자탄과 유도탄 등의 첨단기술을 세계적 수준으로 끌어올릴 수 있는가"라고 질문하였다. 첸쉐썬은 "외국인이 만든 것을 중국인이 만들지 못할 이유가 없습니다. 사회주의 동원 체제를 활용해 물력과 인력을 집중한다면 미국이 10년 걸렸던 일을 5년 내에 할 수 있습니다"라고 답변하였다. 이어서 그는 '1956년~1967년 과학기술발전 장기계획'(12년 계획)을 작성하였다. 이 계획은 13개 영역, 57개 주요 과제를 포함하고 있는데, 첸쉐썬은 이 '12년 계획'의 총책임자이면서 '제트 추진과 로켓기술 육성'분야를 담당하였다.

첸쉐썬과 마오쩌둥.(百度 캡쳐)

1956년 8월에 유도탄 개발을 총괄하는 '국방부 5국'이 설립되었고, 10월에는 약 200여 명의 전문가와 대학 졸업생이 모인 국방부 '제5연구원'이 설립되었으며, 이 연구원은 전국에서 가장 우수한 인력을 선발할 수 있는 권한을 부여 받았다. 연구소 설립 5년 후인 1960년에는 전체 인력이 수만 명에 이르렀다.

중국은 우주개발 초기에는 소련에 지원을 요청하였으며, 소련은 지원을 아끼지 않았다. 중국은 50여 명의 유학생들을 소련의 유도탄 학과에 입학시켰다. 소련은 1956년 말에 교육용 R-1 지대지 유도탄을 중국에 제공하고 이듬해에 전문가를 중국에 파견하여 유도탄 관련 기술을 전수하였다. 1957년 10월 「신무기, 군사기술장비 생산과 종합적인 원자력 공업육성에 관한 중·소 협정」(국방신기술협정)이 체결되었다. 소련은 이 협정에 의해 그해 12월에 2발의 R-2 유도탄 훈련탄을 중국에 제공하였다.

중국의 우주굴기

그렇지만 1959년 후반기부터 중·소 관계가 악화되기 시작하자 1960년 7월 소련은 전문가들을 철수시키고 관련 부품과 기술 제공도 중단하였다. 중국은 소련에 의존하지 않고 스스로의 힘으로 유도탄 등 첨단무기 개발을 결의하였다.

2. 우주발사체 '창정(長征)' 시리즈 : 소련 미사일 복제에서 시작

이런 상황에서 중국은 건국 10주년인 1959년 10월까지 유도탄 생산과 시험발사를 완료한다는 목표를 세우고, 소련제 R-2 유도탄 훈련탄을 역설계하여 1960년 9월 최초의 유도탄 발사에 성공하였다. 훗날 이 유도탄을 '동펑(東風)-1호'라고 명명하였다. 오늘날 대륙간탄도미사일(ICBM) 동펑 시리즈의 첫발이었다.

항상 순조롭지는 못하였다. 자체 설계한 동펑-2호는 1962년 3월에 발사 1분 만에 600미터 떨어진 사막에 추락해 폭발하였다. 이 프로젝트 총 설계사인 런신민(任新民)은 잔해로 생긴 웅덩이에서 "이 웅덩이는 바로 나 자신이다. 내가 이 웅덩이에 묻힐 것이다"라며 통곡하였다고 한다. 그러나 유도탄 개발을 총괄하던 혁명원로 녜룽전(聶榮臻)은 과학자들을 위로하면서 "과학실험은 실패를 허용하니 책임을 물을 필요가 없다. 중요한 것은 실패 원인을 찾아 다시 도전하는 것이다. 이를 찾아내는 사람들을 장려하라"라고 지시하였다. 첸쉐썬도 "과학실험이 모두 성공한다면 왜 실험이 필요하겠는가? 좌절과 실패를 거치면서 우리는 더욱 총명해지는 것이다"라고 담당자들을 위로하면서 격려하였다. 실패 원인은 엔진의 구조 강도가 약했고, 유도탄은 고속으로 비행할 때 본체 길이와 폭의 비율이 변화하는데, 이러한 변화의 진동을 제어하지 못한 것이었다.

중국은 초창기 개발 과정에서 많은 실패를 겪었지만 감정적으로 대처하거나 과도하게 책임을 묻지 않았다. 대신 차분하게 과학적으로 원인을 분석하고 실질적인 해법을 모색하여 지속적으로 개선하고 발전시켜 나갔다.[6]

중국은 이후 탄도미사일 동펑-4호를 개량하여 우주 발사체 창정(長征)-1호를 개발하였다. 우주발사체 창정 시리즈는 ICBM 발전과 동시에 성능이 향상되어 ICBM 동펑-5호를 활용해 현재의 주력 우주 발사체인 창정-2호와 3호, 4호를 개발하였다.

---

6 이춘근, 위의 책, pp. 53-58.

최초의 미사일 東風-1호(百度 캡쳐)

최초의 위성 東方紅-1호(百度 캡쳐)

3. 인공위성 '동팡홍(東方紅)' 시리즈

중국의 인공위성 개발 계획도 1950년대 시도되었지만 극심한 경제난으로 지속되지 못했다. 60년대에 문화혁명이라는 정치적 격동기였지만 첸쉐썬 등 과학자들은 저우언라이 총리에게 「중국 인공위성개발 종합계획에 관한 건의」를 작성하여 "유도탄과 인공위성이 상호 작용하면 중국 국방력을 세계 수준으로 올려 놓을 수 있다. 건국 20주년인 1969년 이전에 첫 번째 인공위성을 발사할 수 있다"라고 건의하였다.[7]

저우언라이가 이들의 건의를 받아들여 국가과제에 포함시킴에 따라 인공위성 개발은 장거리 유도탄 개발과 동시에 추진되었다. 1970년 4월 25일 발사에 성공한 중국 최초의 인공위성 동팡홍(東方紅)-1호가 5월 1일 베이징 상공을 통과할 때, 수만 명의 시민들이 천안문 광장에 모여 동팡홍-1호가 송출하는 '마오쩌둥 찬가'를 들으며 환호하였다. 이때 천쉐썬 등 핵심 과학자들은 마오쩌둥, 저우언라이 등 국가지도자들과 함께 천안문 성루에 올라 군중들의 환호에 답하였다. 인공위성 동팡홍 시리즈가 출발하는 순간이었다.

초기의 위성들은 목표물을 촬영해 필름을 회수하는 방식의 정찰

7 이춘근, 위의 책, p. 131. 중국 지도부는 문화혁명 시기에도 첸쉐썬을 보호하였다. 그는 미국 유학을 하였고, 부인 장잉(蔣英)의 부친 장바이리(蔣百里)는 장제스(蔣介石)의 심복 장군으로 대만에 있었으며, 모친은 일본인이었다. 첸쉐썬 부친 또한 일본 유학을 다녀 왔고 장제스 국민당 정부 교육부 공무원이었다. 부인 장잉은 당시 대학교수였는데 농촌 하방이 결정되었지만 출발 직전 저우언라이가 취소시켰다.

위성이었으며, 이어서 개발된 동팡홍 위성은 통신위성으로 중국의 위성 제작 기술이 한 단계 도약하는 계기가 되었다.

개혁개방 이후 중국은 군수 기술의 민수 전환과 경제 발전 기여를 목표로 위성 분야도 대대적인 개편을 추진하였다. 이에 따라 통신, 기상, 관측, 항법 실험 등의 다양한 플랫폼을 개발할 수 있는 여건이 마련되었으며 현재까지도 점진적으로 위성의 현대화가 진행되고 있다.

중국은 2016년 다양한 위성들이 수집한 정보들을 중계해주는 텐롄(天鏈)시스템을 개발해서 4개의 위성을 궤도에 진입시켜 운용하고 있다. 이 위성들은 동팡홍-3호 통신위성들이다. 최근에는 통신 용량과 성능, 수명이 대폭 확장된 동팡홍-5호 시리즈를 개발하여 향후 30년 수요를 대비하고 있다.[8]

---

8 이춘근, 위의 책, pp. 189-203.

중국 우주굴기의 현재 : 미국을 추격하는 수준

1. 중국 우주굴기의 가속 페달

가. 국가기념일 '우주일(航天日)' 지정 및 '우주백서(中國的航天)' 발간

시진핑 국가주석은 2016년 4월 24일을 국가 우주일(航天日)로 지정해, '우주강국 건설'을 핵심으로 한 '우주의 꿈' 실현을 공개적으로 천명했다. 4월 24일은 1970년 중국 최초의 인공위성 동팡홍-1호가 발사된 날이다.

중국은 우주일(航天日)을 제정한 이후, 우주개발을 향한 꿈을 더욱 키워나가고 있다. 우주일에 개최되는 다양한 행사는 대중들에게 우주와 과학 지식을 알리고, 혁신적인 아이디어를 창출해 과학 정신을 계승하는 의미가 있다. 하나의 사례로 우주일에 학생들은 우주복을 입고 우주와 관련한 연극도 한다.

중국은 이러한 우주의 꿈을 정부 차원에서 실천하기 위해 5년 단위로 우주백서를 발간하고 있다. 2000년에 첫 번째 백서 발간 이후, 2006년, 2011년, 2016년에 이어 2022년 1월에 다섯 번째 우주백서가 발간되었다.

중국이 우주개발에 관한 비전과 야심을 백서의 형태를 통해 공개적으로 대내외에 표명하는 것은 그 이전까지의 성공적인 우주개발 경험과 자신감에 근거하고 있기 때문이다. 그리고 중국지도부는 미래의 우주개발을 통해 공산당 집권체제를 더욱 굳건히 하고 세계 초강대국으로 발돋움하겠다는 의지를 다지려는 의도도 있다고 할 수 있다.

나. 우주 관련 특허출원 급증

이러한 중국의 의지는 우주 관련 특허 출원량에서 나타나고 있다. 2005년 이후 조금씩 증가하던 추세는 2012년 100건을 넘어선 이후 2016년 400건을 기록하며 매년 폭발적인 증가세를 보이고 있다. 특허 출원량은 중국이 우주일을 지정한 2016년부터 미국을 넘어서기 시작했고, 2020년 한 해 동안 무려 925건의 출원량을 기록했다. 이는 같은 기간 미국의 특허출원 302건의 세 배에 달하는 규모로, 잇따른 우주기술 개발 성과를 핵심 특허로 확보하기 위한 노력에 국가적 역량을 모으고 있음을 보여준다.[9]

중국은 2021년에 우주 발사체를 55차례 우주에 쏘아 올려 미국과 러시아를 뛰어넘기 시작하었다.[10]

9 "'우주굴기' 쏘아올린 中... 美·佛·日과 기술패권 경쟁," http://www.dt.co.kr/contents.html? article_no=2022081602101831731002, (검색일: 2022. 11.7).

10 "〔중국 이해 키워드 30〕 미국, 중국의 '우주 굴기'에 또 한번 충격받나?,"https://www.joongang. co.kr/article/25061870#home, (검색일: 2022. 10.28).

다. 우주개발 기구 정비

중국의 우주개발은 중앙정부는 물론이고 인민해방군을 포함하여 중국 내의 수많은 기관과 기업, 연구소 등의 참여로 이루어지고 있다. 우선 국방과학기술공업위원회(國防科學技術工業委員會, COSTIND)를 정점으로 국무원 직속의 국가항천국(國家航天局, CNSA)과 중국과학원(中國科學院, CAS)이 지도하고 있고, 우주개발 국유기업인 중국항천과기집단공사(中國航天科技集團公司, CASC) 및 중국항천과공집단공사(中國航天科工集團公司, CASIC) 등이 중심적 역할을 수행하고 있다.

중국의 우주개발은 다양한 조직이 유기적 연계를 맺는 가운데 일관된 개발계획을 통해서 발사, 관제, 추적, 연구개발, 교육훈련 등에서 광범위한 시설 및 인력체계를 구축하고 있다. 또한 우주선의 독자적인 설계, 개발, 시험, 발사, 추적, 관제 및 회수능력을 확보한 가운데 간쑤성(甘肅省) 주취안(酒泉), 쓰촨성(四川省) 시창(西昌), 산시성(山西省) 타이위안(太原), 하이난성(海南省) 원창(文昌) 등 네 곳의 위성 발사기지를 운용하고 있다.

또한 중국은 미국과의 우주경쟁이 치열해지면서 더 많은 위성 발사의 필요를 충족하기 위해 저장성(浙江省) 닝보(寧波)에 5번째 발사기지 건설을 추진하고 있다. 중국이 보유한 다양한 위성발사 기지에서는 원격추적, 관측, 지휘를 포함한 지상관제 및 운영체계들을 구비하고 있다. 이러한 설비와 관리체제는 오늘날 중국이 미국을 추격하는

우주 강국으로 급부상하는데 중요한 바탕이 되었다.[11]

라. 우주개발 예산 ; 미국에 이어 세계 2위

2018년 기준 중국의 우주개발 예산은 58억 달러로 러시아(42억 달러)와 프랑스(32억 달러)를 추월하여 미국(410억 달러) 다음으로 많다. 더구나 미국과 러시아를 포함한 대부분 우주개발 국가들의 관련 예산이 해가 갈수록 줄어들고 있는 것에 비해 중국은 매년 5억 달러 가량 늘고 있는 것도 중국의 우주굴기 의지와 잠재력을 보여준다.

또한 중국이 현재까지 발사한 발사체와 위성은 90% 이상이 자체 기술로 완성했으며, 주요 핵심 부품 개발은 국가항천국(國家航天局)의 주도로 기업과 대학이 함께 개발해 오고 있다.[12]

2. 유인우주선 '선저우(神舟)'와 '우주정거장 텐궁(天宮)' 시리즈

가. 유인우주선 선저우(神舟) 시리즈

중국은 미국이 1986년 추진한 '전략방위구상(SDI, Strategic Defense Initiative: 일명 Star Wars)'에 위기감을 느껴, 이에 대항할 수 있는 첨

11 박병광, 『미중 경쟁 시대의 우주력 발전에 관한 연구 (INSS 연구보고서 2021-09)』 (서울: 국가안보전략연구원, 2021.12), p. 34.

12 박병광, 위의 책, p. 32.

선저우(神舟)-11호 발사모습
(출처 : 구글)

선저우(神舟)-11호 발사모습(百度 캡처)

우주정거장 톈궁(天宮) 모습
(百度 캡쳐)

来源：中国载人航天工程办公室

단무기 개발 계획을 수립하였다. 최고 지도자 덩샤오핑은 이와 관련하여 1992년 「중국 유인 우주기술 발전에 관한 건의」를 승인하였다.[13] 중국의 유인우주선 개발 사업이 시작된 것이다.

유인우주선 선저우(神舟) 개발 계획은 3단계로 진행되었다. 1단계는 유인우주선 발사를 통해 시스템을 구축하고 우주 응용 실험을 하는 것이고, 2단계는 유인우주선과 우주비행기(궤도모듈)의 도킹 기술을 개발하고 우주인들이 우주 체류가 가능한 우주실험실을 발사해 운용하는 것이다, 3단계는 대형이면서 장기 체류가 가능한 20톤 급의 우주정거장을 건설하여 우주 응용을 본궤도에 진입시킨다는 것이었다.

이를 위해 항천과기집단공사(航天科技集團公社) 산하의 연구소 등 이

13 이춘근, 앞의 책, p. 215.

우주정거장 텐궁(天宮) 모습(百度 캡처)

와 관련된 연구소 1,000개와 3,000여 기관이 참여하였다.

중국은 이러한 계획에 따라서 1999년 11월에 최초로 창정-2호 발사체로 무인우주선 선저우-1호를 발사, 회수하는데 성공하였고, 2002년까지 2호, 3호, 4호 무인우주선 발사와 시험비행에 성공하였다.

2003년 10월에 최초의 유인우주선 선저우-5호가 발사와 지상 착륙에 성공함으로 1단계를 종료하고 다음 2단계인 유인우주선과 우주정거장 도킹 단계를 거쳐 최근에는 3단계인 대형 우주정거장을 건설하고 각종 실험을 진행하고 있다. 대형 우주정거장은 2022년 11월에 완공된 텐궁(天宮)이다.

중국은 기술을 발전시키고 우주선을 개선시켜서 최근까지 발사된

18개의 선저우 우주선은 각각의 발사 목적을 달성할 수 있었다. 즉 1호부터 6호까지는 유인 우주비행 능력을 확보하기 위한 기술 시험용이었고, 7호에는 우주인의 외부 활동(유영)과 우주정거장 건설을 위한 기술 시험을 하였고, 8호부터는 우주정거장인 텐궁(天宮)에 물자 수송 기술을 개선하는데 역점을 두었다.[14] 2024년 4월 25일에는 선저우 18호가 중국 자체 발사체 창정-2F 야오(遙)에 실려 우주로 발사되어 그 다음날 우주정거장 텐궁과 도킹에 성공하였다.

나. 우주정거장 '텐궁(天宮)' 시리즈

중국이 2022년 11월에 완공한 우주정거장을 텐궁(天宮)이라고 한다. 텐궁은 중국 고전 서유기에서 미지의 천상 공간을 의미한다.

텐궁은 핵심 모듈 톈허(天和)를 중심으로 양쪽에 두 개의 실험 모듈 원톈(問天)과 멍톈(夢天)을 결합하는 T자형 우주정거장이다. 2021년 4월 발사된 톈허와 2022년 7월 발사된 원톈이 도킹해 L자형 구조를 완성한 후, 2022년 11월 1일 멍톈이 도킹에 성공해 T자형 우주정거장을 완성하였다.

중국은 2022년 말부터 유인우주선 선저우(神舟)와 화물우주선 톈저우(天舟)를 한 차례씩 발사한 후 텐궁을 본격적으로 가동하고 있다. 중국은 텐궁에서 생명과학, 재료과학 연구, 우주 관련 기술 시험 등

14 이춘근, 앞의 책, pp. 231-234.

화성 탐사체 텐원(天問)-1호 모습(百度 캡처)

을 진행한다고 밝혔다. 우주정거장은 미세 중력 상황을 이용해서 지구에서는 할 수 없는 연구를 할 수 있고, 건설 과정에서 축적한 로봇, 광학 기술을 군사 및 우주탐사에 활용할 수 있다.

우주정거장에 머무는 우주인은 3명이지만 임무 교대기간에는 6명이 합동근무를 하고 생활을 한다.[15]

미국은 ISS(국제우주정거장)의 퇴역을 2024년에서 2030년으로 연기하였다. ISS가 2024년에 퇴역할 경우 한동안 중국의 우주정거장이 독점적 지위를 누릴 수 있다는 우려가 제기되자 2030년으로 전격 연기한 것이다.

---

15 "마지막 모듈 '멍텐' 도킹 성공... 中, 독자적 우주정거장 완성," https://www.chosun.com/international/china/2022/11/01/P4QREADAKFB6NE6EWXR5ZLVCGI/, (검색일: 2022. 11.5).

3. 달 탐사 '창어(嫦娥)' 시리즈

중국 국가항천국(CNSA)이 2003년 유인우주선 선저우(神舟)를 발사하며 달 탐사 프로그램인 창어(嫦娥) 계획에 시동을 걸었다. 창어는 중국 고서 『회남자(淮南子)』에 나오는 전설상 인물로 남편이 가져온 불사약을 혼자 먹고 달로 도망가서 두꺼비가 되었다고 한다.

2007년 창어-1호를 발사해 달 전체의 3D 지도를 만들었고 2013년 창어-3호가 달 앞면 착륙에 성공했다. 이어서 2019년엔 창어-4호가 인류 최초로 달의 뒷면에 착륙했다. 달 뒷면은 앞면보다 지형이 복잡해 탐사선 착륙은 고난도로 손꼽힌다.[16]

창어-4호가 착륙한 지점은 달에서 가장 오래되고 깊은 분화구이다. 그동안 달 뒷면에 착륙하지 못한 이유는 지구와의 통신이 불가능했기 때문이다. 중국은 통신 문제를 해결하고자 2018년 5월에 췌차오(鵲橋) 위성을 발사했다. 췌차오는 '오작교'라는 뜻이다. 창어-5호의 로버(탐사로봇) 위투(玉兎·옥토끼)는 달 흙 표본을 싣고 2020년 12월 지구로 귀환한 바 있다.

이렇게 중국은 2019년에는 인류 최초로 달의 뒷면에 탐사선을 착륙시키고 2020년에는 40여 년 만에 월석(月石)을 채취해 지구로 가져오는 달 탐사에 잇달아 성과를 내고 있다. 이는 달에 분포되어 있는

---

16 "우주장악하는 '오성기'... 대학끌고 정부밀며 '우주굴기' 실현," https://www.hellodd.com/ news/ articleView.html?idxno=93829, (검색일: 2022. 10.25).

'헬륨(Helium)-3'의 채취와 개발 추진을 위한 사전 준비 측면의 성격이 강하다. 중국은 우주개발 특히 달 탐사를 통해 머지않아 지구의 화석연료가 고갈될 경우를 대비하여 미래 에너지원에 대한 선점 및 기득권을 확보하고자 한다.

그리고 중국 당국은 달 기지 건설이 검토되고 있는 남극에 초점을 맞춰 3건의 탐사를 2021년 승인했다. 우선 2023년과 2024년엔 두 번째 달 표본 수집-귀환을 위한 창어-6호와 창어-7호를 잇따라 달 남극 지역에 보내고, 이어 2027년엔 창어-8호를 보내 2030년대 유인 착륙을 위한 자료들을 수집하고 또 유인 달기지 건설에 필요한 핵심기술을 시험할 계획이다.

이 계획에 의거 2024년 5월 3일 창어-6호가 창정-5호 야오(遙)8에 실려 발사되었다. 창어 6호의 주요 임무는 달의 뒷면에서 먼지, 암석 등을 채취해 지구로 귀환하는 것이다. 특히 달의 3대 분지 중 하나로 남극에 있는 '에이트켄 분지'를 집중 탐사한다. 지금까지 소련, 미국, 중국, 인도, 일본 등 5개 나라가 달에 닿았지만 달 뒷면 탐사는 성공하지 못했다. 달의 뒷면은 앞면에 비해 크레이터가 많아 울퉁불퉁해 탐사선이 착륙하기 쉽지 않다. 지구에서 달의 뒷면은 항상 보이지 않기 때문에 직접 통신하기도 어렵다.[17]

또한 중국은 2022년 1월 인공 달을 만들었다. 중력이 지구의 6분

17 "中, 세계 첫 달 뒷면 탐사선 창어6호 발사…美 "중국이 달 점령" 경고,"
https://m.dongascience.com/news.php?idx=65250, (검색일: 2024. 5.6).

의 1이고 대기가 없으며 기온이 극단적으로 변화하는 환경을 조성한 것이다. 실제 달 탐사에서 시행착오를 피하기 위함이다. 중국은 실제 달에서 3D 프린팅 같은 기술을 활용해 건물을 지을 계획이다. 또 어떤 국가도 확인하지 못한 달 표면 아래 물의 존재를 탐색하려 한다. 전문가들은 "이런 종류의 시설은 세계 최초"라며 "달 환경 실험을 완전히 새로운 수준으로 끌어올렸다"고 자평했다.

미국은 "중국의 달 탐사는 달을 선점하겠다는 목적으로, 언젠가 중국이 다른 국가들의 달 착륙을 방해하는 것을 걱정해야 하는 날이 올 것"이라고 말했다.

미국도 중국의 달 탐사 계획에 자극을 받아 최근 '아르테미스' 프로젝트를 개시하였다. 이 프로젝트는 달에 유인 기지와 우주정거장을 건설해서 궁극적으로 인류를 화성에 보내겠다는 '달에서 화성(moon to mars)'으로 이어가가는 계획이다.

이 계획에 따라 2022년 11월 16일 발사된 아르테미스-1호는 달 궤도에서 25일 간 달 탐사를 하고 지구로 복귀하였고, 2025년 9월에는 유인우주선 아르테미스-2호가 달 궤도에서 실험을 할 예정이며 아르테미스-3호는 최초로 여성과 유색인 우주 비행사를 달에 착륙시킬 계획이다. 미국과 중국은 달에 유인 기지 건설을 위한 탐사 경쟁을 벌이고 있는 것이다.

4. 화성 탐사 '톈원(天問)' 시리즈

중국은 2021년에 화성에 톈원(天問)-1호를 보내 로버(탐사로봇) 주룽(祝融)을 착륙시켰다. 톈원은 중국 초나라 시인 굴원(屈原)의 시 제목으로 하늘에 대한 의문 제기와 진리 추구의 의지를 드러낸 말이다, 주룽은 중국 고전에서 '불의 신'으로 등장한다.

화성은 지구궤도를 벗어나는 첫 번째 행성이자 달 탐사를 넘어서는 심우주(深宇宙) 탐사 대상이다. 현재까지 발사된 화성 탐사선의 3분의 2 이상이 실패해서 '화성은 탐사선의 무덤' 또는 '화성의 저주'라고 불릴 정도로 화성 탐사에 어려움이 존재한다.

화성 탐사를 위해서는 강력한 발사체가 요구되고 지구로부터 최대 4억km 이격되어 있는 화성 궤도의 탐사선을 원격 통제하기 위해서 고성능 통신능력이 필요하다. 탐사선이 화성까지 도달하려면 최소한 7개월이 소요되고, 중간에 태양빛이 수 시간 가려지면 영하 200도 이하로 떨어지기도 한다. 화성 탐사에 앞서가는 것이 곧 세계적인 우주강국의 반열에 오르는 것이다.[18]

이미 미국이 화성 탐사에서 선두를 달리고 있지만 중국은 톈원-1호에 궤도선과 착륙선, 로버 등을 탑재해 첫 번째 시도에 성공함으로써 미국을 단숨에 추격하고 있다. 중국 탐사선의 화성 안착은 미국에 이어 두 번째로서 이는 러시아보다 앞선 성과이며, 중국이 미국과 더

18 이춘근, 앞의 책, pp. 248-251.

화성 탐사 로봇 주룽(祝隆) 모습(百度 캡쳐)

불어 우주개발분야의 최강국으로 부상하였다는 점을 상징한다. 현재 텐원-1호의 로버인 '주룽'은 화성에서 생명체를 탐색하고 있다.[19] 화성에는 중국의 '주룽'과 미국의 로버 '퍼시비어런스(Perseverance)'가 탐사 경쟁을 벌이고 있다.

5. '베이더우(北斗)' 위성항법시스템 운용

중국은 1983년 미국이 필요할 때 언제든지 GPS의 민수 사용을 제한할 수 있음을 고려하여 대안을 마련하기 위해 자체 위성항법시스템 개발을 시작하였지만 우선순위에 밀려서 별다른 진전이 없었다. 중국은 2003년 미군이 이라크 전쟁에서 오차 1미터의 군용 GPS를

---

19 "우주장악하는 '오성기'... 대학끌고 정부밀며 '우주굴기' 실현," https://www.hellodd.com/ news/ articleView.html?idxno=93829, (검색일: 2022, 10.25).

활용하여 정밀타격하는 첨단과학 전쟁을 목도한 이후, 개발에 박차를 가하기 시작하였다.

2003년 12월 베이더우 항법을 공식 개통한 이후 통신 위성을 지속적으로 발사하여 2018년 12월 27일부터 베이더우(北斗) 위성항법의 글로벌 서비스를 개시하였다. 초기 단계에는 중국과 아태지역 일부에서만 위치 확인, 내비게이션, 시간 서비스 등을 제공했었지만 최근에 서비스 범위를 전 세계로 확대하였다.

베이더우 위치 확인 서비스의 정확도는 전 세계적으로는 10m 이내이고, 아시아태평양에서는 5m 이내이다. 이는 각각 다른 궤도에서 운용되고 있는 위성 33대를 운영하는 베이더우-3호 시스템을 완공하였기 때문이다. 베이더우 시스템에 운용되는 전체 위성은 총 55대이다.

러시아도 글로나스(GLONASS)라는 자체 시스템을 구축하였고, 유럽연합과 일본도 독자 시스템을 가동하고 있지만 중국 베이더우의 수준에는 훨씬 못 미친다.[20]

그렇다면 중국이 오랜 시간과 엄청난 돈을 투자해 베이더우를 구축한 이유는 무엇일까. 오늘날 정밀한 위치, 방향, 시간의 정보는 국가 전체적으로 통신, 교통, 물류, 무기 등의 운용을 좌우한다. 실제 GPS를 활용하여 항공기와 선박의 정확한 운항, 긴급 상황의 수색과 구조, 미사일의 유도 타격 등이 가능해졌다. 베이더우 위성항법시스템은 미래 전쟁에서 중국군의 능력을 크게 향상시킬 것이다.

---

20 이춘근, 앞의 책, pp. 203-206.

중국 우주굴기의 미래 : 미국을 능가하는 수준

1. 2021년 우주백서 발간

중국은 2022년 1월 "2021년 중국의 우주(2021 中國的航天)"라는 우주백서를 발간하였다. 백서는 "이 거대한 우주를 탐사하기 위해 우주산업을 개발하고, 중국을 우주 강대국으로 만드는 것은 우리의 영원한 꿈이다"라는 시진핑 중국 국가주석의 인용구로 시작된다. 중국의 '우주패권'을 향한 열망을 보여주는 대목이다.

이번 백서에서 주목해야 할 내용은 첫째, 중국의 발사체 개발 계획이다. 현재 미국과 가장 치열한 경쟁을 벌이고 있는 영역이기 때문이다. 중국은 2020년 역대 최다인 56회 로켓 발사를 시도했고 이 중 53회를 성공했다. 미국은 이보다 약간 적은 51회 발사를 시도했고 48회를 성공했다. 중국은 백서에서 "향후 5년간 발사체의 성능과 능력을 지속적으로 개선하겠다"라고 선언했다.

이어 "로켓의 종류를 더욱 다양화하고, 차세대 유인우주선과 고출력 고체연료 발사체를 개발하며, 중대형 발사체 개발을 위한 연구개발에 속도를 내겠다"라고 했다. 재사용 발사체 개발에 대한 필요성도 강조했는데 이를 위해 "복합 사이클(combined cycle) 엔진 개발에 속도를 내겠다"라고 했다. 복합 사이클은 지구 저궤도에 인공위성을 보내는데 있어 로켓과 공기흡입 기관을 혼합 사용하는 방법으로 재사용 로켓을 만드는데 필요한 핵심기술 중 하나다.

둘째, 우주 공간 거버넌스(통치 시스템)에 대한 것이다. 우주의 상업화와 군사화가 빠르게 진행되고 있는 가운데 미국과 중국 그리고 러시아는 자국에 유리한 방향으로 국제법을 개정 또는 신설하기 위해 치열하게 경쟁하고 있다. 이어 "국제 이슈에 대한 토론에 적극적으로 참여할 것이며 관련한 메커니즘 개발에도 적극 참여하겠다"라고 했다. 구체적 관심사도 나열했는데 우주환경 거버넌스, 우주교통관리, 우주자원에 대한 개발과 활용, 지구에 가까이 있는 물체에 대한 모니터링과 대응 등이 포함됐다.

셋째, 중국과 그 우방국들의 이익을 극대화하는 방향의 협력을 추진한다는 기조를 명확히 했다. 이는 시진핑 중국 국가주석의 역점 사업인 일대일로(육·해상 신실크로드) 프로젝트를 "보좌(serve)하는 방향으로 우주협력을 강화한다"라는 부분에서 명확히 확인할 수 있다.

중국은 특히 "일대일로 프로젝트에 참여하는 개발도상국에 더 많은 우주협력을 제공할 것"이라고 했다. 중국은 이미 자국이 개발한 글로벌 위성항법 시스템 베이더우를 통해 개발도상국들과 협력관계를 구축하고 있으며, 심우주 탐사선과의 통신을 위해 아르헨티나, 나미비아, 파키스탄과도 협력하고 있다.[21]

이 외에도 우주개발에 대한 계획이 각종 언론을 통해 보도되고 있다. 이를 정리하면 다음과 같다. ① 2024년 중국 최초의 소행성 탐사

21 "[우주산업리포트] 한국도 주목해야할 중국의 우주백서," https://m.dongascience.com/news.php?idx=52121, (검색일: 2022. 11.7).

선 정허(鄭和)를 발사할 예정이다. 지구와 비슷한 궤도로 태양을 도는 소행성 '카모오알레와'(Kamooalewa)에 착륙해 시료를 채취하고 심우주(深宇宙)로 나가 혜성 '311P/PANSTARRS'을 탐사할 계획이다.[22] ② 사람이 상주하는 달 연구 기지도 건설할 계획이다. 2030년 이후 발사될 창어-8호가 그 임무를 수행할 것이다. ③ 화성에 착륙한 주룽은 화성의 토양과 암석 시료를 채취해 지구로 가져오고 2029년쯤엔 목성과 그 위성들을 탐사하는 우주선을 보낸다. ④ 허블 우주망원경처럼 자외선과 가시광선, 적외선 영역에서 우주를 관측할 우주망원경 쉰톈(巡天)을 제작해 2024년께 발사할 예정이다. 이 우주망원경은 우주정거장 톈궁(天宮)에 정기적으로 도킹해 연료 공급과 정비를 받는 방식으로 관리된다. ⑤ 2030년대 초반엔 세계 최초로 우주에서 중력파를 관측하는 위성도 발사할 계획이다.

2. 중국의 우주 관광 계획

지금까지 우주 관광 서비스는 미국 기업들이 주도했다. 일론 머스크의 스페이스-X와 제프 베이조스의 블루오리진이 대표적이다. 이들이 제공하는 우주여행은 약 100km의 고도에서 몇 분간의 우주를 관찰하는 것으로, 특히 스페이스 X는 현재 약 600km 고도에서 비교

22 "〔중국 이해 키워드 30〕 미국, 중국의 '우주 굴기'에 또 한번 충격받나?," https://www.joongang.co.kr/article/25061870#home, (검색일: 2022. 10.28).

적 장시간 우주에 머무는 여행을 개발 중으로 알려져 있다.

하지만 미국이 주도하던 우주 관광 산업의 판도를 중국이 뒤집을 전망이다. 중국국가우주과학센터(CAS Space)는 "우주 산업의 발전은 우주 기술을 빠르게 촉진 시켰고, 이에 따라 우주 관광이라는 새로운 우주 경제가 창출될 것"이라고 우주 관광의 계획을 밝혔다.

이들은 2021년 8월 승객 7명이 탑승 가능한 관광용 우주선을 개발한 바 있으며. 자체 우주선으로 오는 2024년 연평균 1,000명의 승객을 우주로 보내는 것을 목표로 하고 있다. 국가우주과학센터 센터장은 중국 매체와의 인터뷰를 통해 "향후 오직 우주 관광을 목적으로 한 시범 우주선을 쏘아 올릴 것"이라며 "약 12 차례의 시범 비행에서 안정적인 성공을 거둔 이후 실제로 관광객들을 태운 우주 관광용 우주선 서비스를 본격적으로 실행할 방침"이라고 발표하였다.

이를 위해 국가우주과학센터는 홍콩의 중국 최대 국영 여행사 중국관광그룹유한공사와 우주 관광에 대해 협력할 예정으로 알려져 있다.[23]

---

23 "[글로벌] 中 "내년 중 관광용 우주선 발사"...우주 관광 산업 경쟁 본격화, "https://www.techm.kr /news/articleView.html?idxno=99400, (검색일: 2022, 11.4).

우주의 군사적 활용 : 미래전은 우주로부터

1. 우주의 군사화 및 우주의 무기화[24]

미국을 비롯하여 중국과 러시아 등 강대국들은 우주전 수행을 위한 능력을 경쟁적으로 강화하고 있다. 우주공간은 육·해·공에 이어 '제4의 전장'으로 이해되고 있으며, 사이버 공간과 더불어 '다영역작전'이 수행되는 복합공간이다. 최근 군사작전 수행과정에서 우주와 인공위성의 활용은 선택이 아닌 필수가 되었으며, 우주력을 활용하지 않고서는 효과적으로 전쟁을 수행하기 어려운 작전환경이 펼쳐지고 있다.

우주전의 수행과정에서 우주의 군사적 활용은 주로 우주의 '군사화'(militarization)와 우주의 '무기화'(weponization)라는 두 가지 차원으로 나누어 볼 수 있다.

첫째 '우주의 군사화'는 우주에서 지상전을 지원하는 것이다. 즉 위성자산을 활용한 정찰, GPS를 이용한 유도제어 등 우주자산이 활용되는 현상을 의미한다. 군사 정찰위성, 미사일 조기 경보 시스템, 지리적 위치 및 내비게이션, 표적 식별 및 적의 활동 추적을 포함한 많은 군사작전에서 우주 공간의 활용이 핵심으로 부상하고 있다. 상대국의

---

24 김상배, "우주공간의 복합지정학," 한국정치학회 발표 논문, 2020년 8월 20일. pp. 4-6. '우주의 군사화 및 우주의 무기화' 내용은 김상배 논문 pp. 4-6에서 발췌, 요약하였음

민감한 군사실험, 각종 군사훈련 및 군사작전을 탐지하는 데 있어서 인공위성이 제공하는 정보수집이 더욱 중요해지고 있다는 것이다.

특히 군 정찰위성의 개발은 국방 우주력 구축의 출발점이다. 인공위성은 1992년 걸프전 이후 평시의 첩보활동뿐만 아니라 전장에서도 꾸준히 활용되고 있다. 2014년 7월 기준으로 지구궤도에서 활동 중인 인공위성은 총 1,235기에 달하는데, 이 중에서 미국의 인공위성이 512기로 약 41.5%를 차지하고 있으며, 그 512기 중에서 159기가 군사위성이다.

둘째, '우주의 무기화'란 주로 위성요격무기(ASAT, Anti-satellite) 등과 같은 무기체계를 우주공간에 배치하는 것이다. 이와 같은 우주무기는 여러 가지 방식으로 분류되는데, 일반적으로 무기의 발포 지점과 표적이 위치한 공간에 따라 다음과 같이 네 가지 형태로 분류할 수 있다.

① '우주를 활용한 지상에서 지상으로(earth-to-earth via space) 공격무기'이다. 대륙간탄도미사일뿐만 아니라 탄도요격미사일을 포함한 미사일방어시스템 등은 모두 우주공간의 인공위성을 활용하여 작동하는 무기체계들이다.

② '지상에서 우주로(earth-to-space) 공격무기'이다. 위성요격무기 시스템을 가동시켜 인공위성을 직접 요격하는 것이 여기에 해당된다.

③ '우주간(space-to-space) 공격무기'이다. 우주궤도의 위성을 사용하여 상대 위성을 공격하는 궤도위협(Orbital Threats)인데, 이 경우도 인공위성을 물리적으로 직접 타격하는 무기와 레이저나 고주파

등을 활용하는 무기 등이 있다.

④ '우주에서 지상으로(space-to-earth) 공격무기'인데, 폐위성 등 우주물체의 지상추락을 유도하는 방법으로서 1997년 미국 텍사스주에 250kg의 위성 잔해가 추락해서 논란이 된 바가 있다. 위상 자체를 공격의 수단으로 삼을 수 있다는 점에서 정교한 우주무기의 공격 역량을 갖추지 않은 나라라도 위성을 운영하는 것만으로도 잠재적 위협을 가할 수 있다. 최근 북한의 위성에 대해서 미국이 문제를 제기하고 있는 사안이기도 하다. 이밖에도 인공위성 궤도에서 무거운 물체를 떨어뜨려 운동 에너지를 폭탄처럼 활용하는 무기인 '신의 지팡이(Rods of God)'도 있다.

그러나 이렇게 우주 공간에서 지구를 공격하는 무기는 아직 개발 단계이고 실전에 배치되기에는 아직 멀었다는 평가가 주류를 이룬다.

2. 위협적인 중국의 우주 무기

중국의 '우주굴기'속에는 '군사굴기'가 숨어있다. 중국은 표면적으로는 우주의 평화적 이용과 개발을 내세우고 있지만, 이들의 우주탐사에는 미군의 전략무기에 대항할 수 있는 군사기술의 개발이 깔려있다는 것이 전문가들의 분석이다.

우선 우주정거장 텐궁은 우주 군사기지로 활용이 가능하다. 우주정거장이 군용으로 전용될 경우 군사위성보다 거대하고 정밀한 첩보위성 역할을 수행할 수 있는 데다 타국 위성에 대한 요격용 무기도 장착할 수 있다..

또한 우주정거장이 향후 중국의 우주 식민지 개척 등을 위한 '전초 기지'로서 그 역할을 하게 될 것이란 예상도 나온다. 중국은 오는 2030년까지 우주인을 달에 착륙시키고 화성과 목성에서 샘플을 채취하기 위해 탐사선을 보내는 목표를 추진 중인데, 이를 보조할 시설로 우주정거장을 활용한다는 것이다.

일각에선 중국이 달에서 희토류 등을 추출·채집, 수송 및 연구하는 프로그램에 우주정거장을 이용할 것이란 주장도 제기된다.[25]

또한 중국의 7번째 유인우주선 '선저우(神舟)-11호가 수행하였던 임무 리스트에는 우주에서 핵잠수함의 동선을 탐지할 수 있는 장비를 실험용 우주정거장 텐궁(天宮)-2호(우주정거장 텐궁 완공 이전에 설치된 실험용 우주정거장)에 안착시키는 과제가 포함되었다고 한다. 이 장비는 중력파를 탐지할 수 있는 장치인 '냉각 원자간섭계'(Cold Atom interferometer)로서 미국의 핵 추진 잠수함이 해수면 아래에서 잠행할 때 생성하는 중력파를 탐지해내는 것이 주된 임무이다.

하지만 과학계에선 수백㎞ 떨어진 우주상공에서 지구의 해저에서 나오는 극도로 미세한 중력파를 탐지하는 것은 불가능에 가깝다는 주장을 제기한다. 기술적 타당성에 대한 논란에도 미국에 대해 전략적 열세인 중국은 "시도해볼 만 가치가 있다"라고 보고 이를 추진하

---

25 "'우주패권 잡기'이면엔... 中,군사목적'러'국제갈등 해결' 복잡한 셈법," http://www.munhwa.com /news/view.html?no=2022080301032239274001, (검색일: 2022. 11.8).

고 있다고 한다.

중국이 2015년 8월 세계 최초의 양자통신 위성 '묵자(墨子)'호를 발사하며 양자역학 응용을 발전시키는 것 역시 군사기술과 관련이 있다. 중국전자과기집단공사(CETC)는 최근 100㎞ 범위의 스텔스 전투기 탐지가 가능한 양자 레이더 시스템을 개발하는 데 성공했다고 밝혔다.

국제 과학계는 중국의 양자 레이더에 놀라움을 금치 못하고 있다. 지금까지는 양자 레이더 개념은 과학소설에서나 가능한 얘기로 받아들여졌기 때문이다.[26]

다음은 중국뿐만 아니라 미국과 러시아 등 우주강국이 개발 경쟁을 벌이고 있는 우주 무기들이다.

① 위성요격 무기이다. 중국은 2007년 1월 지상에서 KT-1 위성요격 미사일로 고도 약 850㎞ 상공의 노후된 자국 기상위성 '펑윈/FY-1C를 요격·파괴하는 실험을 했으며, 2010년과 2014년에도 위성요격 무기실험에 성공했다. 1년 후 2008년 2월 미국은 이지스함에서 SM-3를 발사하여 자국의 정찰위성 USA-193을 격추시켰으며, 러시아도 표적 인공위성의 주변 궤도에 재래식 폭발물의 발사를 목적으로 공전궤도 인공위성 요격미사일 시스템을 개발했다.

② '킬러 인공위성'이다 '인공위성 로봇팔'이라고도 한다. 중국은

26 "중국 우주굴기에 숨어있는 군사굴기," https://www.yazhouribao.com/view/20161019142438519, (검색일: 2022. 10.27).

2016년 6월 우주쓰레기 청소위성이라며 '스지엔(實踐)-17'호를 쏘아올렸다. 수명을 마친 자국 위성을 안전하게 바다로 추락시키는 용도로 쓰겠다는 것이다. 그러나 해당 위성에 달린 로봇팔은 우주 잔해 청소뿐 아니라 유사시 다른 위성을 포획하고 파괴시킬 수 있는 용도로 전용될 가능성이 있다. 중국은 지난해 10월 24일 스지엔-21호까지 쏘아올리는 등 우주공간 청소를 명분으로 사실상의 위성무기 배치에 나선 것으로 평가되고 있다.[27]

③ GPS 재밍(Jamming)이다. 재밍에는 우주에 있는 위성을 교란하여 위성 수신 지역의 모든 사용자에 대한 서비스를 훼손하는 '업링크(uplink) 재밍'과 공중의 위성을 사용하여 지상부대를 대상으로 하는 '다운링크(downlink) 재밍'이 있다. 최근 중국이 중국 연안에 출현한 미군 무인정찰기를 상대로 재밍 공격을 실험하여 논란이 된 적이 있다. 중국은 2019년 4월 남중국해 분쟁 도서에 차량 탑재형 재밍 장치를 배치한 것으로 확인됐다.

④ 레이저 무기이다. 중국은 이미 무인기와 정밀 유도무기를 무력화할 수 있는 30㎾ 레이저 무기를 개발하였다고 알려지고 있다. 또한 미 국방정보국은 중국이 위성 센서를 파괴하고 훼손하는 레이저 시스템을 활용할 능력을 지니고 있다고 평가한다.

레이저 무기는 지향성 에너지 무기로 분류된다. 지향성 에너지 무

27 "'스타워즈 신냉전'... 한국도 레이저로 킬러위성 잡고, 우주비행체 날린다," https://www.sedaily. com/NewsView/261Z142Y3H, (검색일: 2022. 11.20).

기란 레이저, 마이크로웨이브 등과 같이 고도로 집중된 에너지로 표적을 파괴, 손상 및 무력화하는 무기이다. 레이저 무기는 빛의 속도로 신속히 표적을 타격할 수 있으며 공기저항이 없는 우주 공간에서 효과적이다.

레이저 무기는 출력 수준에 따라 각기 다른 공격 및 방어 능력을 지니게 된다. 대체로 100kW 이하의 출력으로 무인기, 로켓, 야포, 박격포, 소형 보트 등을 파괴할 수 있으며, 출력이 300kW 정도면 순항미사일을 타격할 수 있고, 탄도 미사일 및 극초음속 미사일을 방어하는데 1MW 이상의 출력이 필요하다.

최근 미국에서는 극초음속 미사일 방어체계로서 우주기반 레이저 요격기에 대한 논쟁이 벌어지고 있다. 찬성론자들은 속도가 장점인 우주기반 고에너지 레이저무기가 상승단계의 극초음속 미사일을 파괴하는데 가장 효율적이라고 주장하는 반면, 반대론자들은 기술 성숙도와 비용문제에 따른 불확실성을 제기한다.[28]

글을 마치며

중국이 우주를 개발하는 목적은 패권을 장악하겠다는 것이다. '우

28 "레이저무기, 극초음속미사일 요격할 수 있을까," https://m.hankookilbo.com/News/Read /A2022012714090000802, (검색일: 2022, 11.16).

주를 지배하는 자가 세계를 지배'하기 때문이다. 서구는 과거 바다를 지배함으로 세계를 지배하였다. 바다로 진출하지 않은 중국은 서구 열강에 의해 반식민지로 전락한 역사가 있다. 과거에는 해양력이 패권이었다면 미래는 우주력이 패권이라는 논리이다. 즉 우주의 '군사화'(militarization)와 우주의 '무기화'(weponization)로 우주패권을 장악한다면 우주에서 경쟁국을 제압할 수 있고, 달 및 화성 등 위성과 행성에서 희토류 등 자원 확보가 가능하기 때문이다.

더욱이 중국은 과거 댜오위다오(釣魚島) 및 남중국해 섬 등이 외국에 선점당해 영토분쟁을 겪고 있는 사례가 우주에서도 발생 가능하다고 보고, 우주 선점에 집착하고 있다.

미래의 어느 순간에 중국이 미국을 넘어서 우주패권을 장악할 날이 올 수도 있다. 바로 이 시점이 중국이 미·중 패권경쟁에서 우위를 점하면서 패권이 미국에서 중국으로 넘어가는 세력전이의 순간이 될 수 있을 것이다.

참고 자료

이춘근, 『중국의 우주 굴기』 (서울: 지성사, 2020).

박병광, 『미중 경쟁 시대의 우주력 발전에 관한 연구 (INSS 연구보고서 2021-09)』 (서울: 국가안보전략연구원, 2021.12).

김상배, "우주공간의 복합지정학," 한국정치학회 발표 논문, 2020년 8월 20일.

충남대 산학협력단, "미래 우주전장 분석 및 공군 우주전략 수립," 2020년 10월.

"(중국 이해 키워드 30) 미국, 중국의 '우주 굴기'에 또 한번 충격받나?,"

https://www.joongang.co.kr/article/25061870#home (검색일: 2022. 10.28).
"우주장악하는 '오성기'... 대학끌고 정부밀며 '우주굴기' 실현,"
https://www.hellodd.com/news/articleView.html?idxno=93829 (검색일: 2022. 10.25).
"중국 우주굴기에 놀란 美..."우리에게 심각한 도전 · 위협,"
https://www.segye.com/newsView/20221026515769 (검색일: 2022. 11.5).
"중국 우주굴기에 숨어있는 군사굴기,"
https://www.yazhouribao.com/view/20161019142438519 (검색일: 2022. 10.27).
"우주 군사화(Space Militarization)와 우주 무기화(Space Weaponization)"
https://www.ifs.or.kr/bbs/board.php?bo_table=News&wr_id=2205 (검색일: 2022. 11.5).
"[글로벌] 中 "내년 중 관광용 우주선 발사"...우주 관광 산업 경쟁 본격화,"
https://www.techm.kr/news/articleView.html?idxno=99400 (검색일: 2022. 11.4).
"'우주패권 잡기'이면엔... 中,군사목적'러'국제갈등 해결' 복잡한 셈법,"
http://www.munhwa.com/news/view.html?no=2022080301032239274001 (검색일: 2022. 11.8).
"中, 세계 첫 달 뒷면 탐사선 창어6호 발사…美 "중국이 달 점령" 경고,"
https://m.dongascience.com/news.php?idx=65250 (검색일: 2024. 5.6).

이외에 다수 언론 보도

미·중 패권경쟁 승부처 대만, 중국의 군사 대응 시나리오

들어가며

최근 미국과 중국의 패권 경쟁이 갈수록 거세지고 있다. 대표적인 경쟁 지역은 대만으로 미·중 무력 충돌에 대한 우려도 점차 높아가고 있다. 중국은 '중화민족의 위대한 부흥'의 결과로서 대만을 통일하려고 하고, 미국은 대만의 지정학적 가치를 활용하여 중국을 견제하려고 한다. 대만은 한때 '차이완'(차이나+타이완)이라고 할 정도로 중국과 경제협력을 증대시켜 나갔지만 최근에는 '탈(脫)중국화와 친(親)미국화'의 행보를 보이고 있다. 중국은 이런 대만에 대해 무력 시위를

미야코(宮古) 해협과 바시(巴士) 해협(출처 : 구글)

하고 있고, 무력 통일 가능성을 배제하지 않고 있다.[29]

미·중 패권경쟁 대결장이 된 대만의 전략적 중요성을 살펴보고 중국이 대만을 무력침공할 수 있는지 할 수 있다면 어떻게 할 것인지에 대해 알아보겠다.

대만의 지정학적 가치와 미국의 중국 해양진출 억제

미국 바이든 대통령은 대만 문제에 대해 종전의 모호한 입장에서

---

29 시진핑 중국 국가주석은 2022년 10월 16일, 제2차 중국공산당 대표대회(당대회)에서 "(대만 통일을 위해) 무력사용을 결코 포기하지 않을 것이며 필요한 모든 조치를 취할 수 있음을 확보하겠다"라고 발언하였다. '대만 무력통일'까지 꺼낸 시진핑…미·중 충돌 때 한국 선택은, https://www.joongang.co.kr/article/25109515#home, (검색일: 2023. 5.8).

대만을 경유하는 해상수송로(출처 : 구글)

벗어나 대만에 대한 지원 의지를 확고하게 하고 있다.[30] 미국은 대만의 다음과 같은 지정학적 중요성을 고려하고 있기 때문이다. 첫째, 대만은 중국 남부를 겨냥하는 군사거점이면서 중국의 태평양 진출을 막고 있는 요충지이다. 중국 해군이 최단거리로 태평양으로 진출할 때에 대만 북쪽에 있는 미야코(宮古) 해협을 통과하거나 또는 대만 남쪽의 바시(巴士) 해협을 경유해야 한다. 그래서 미국은 중국을 견제하는 「인도·태평양 전략」에 대만을 포함시켰다.[31] 둘째, 동맹국 한국과

---

30 바이든 대통령은 2022년 9월18일 CBS 인터뷰에서 "미군은 대만을 방어한다"라는 의견을 밝혔다. 바이든은 2021년 10월과 2022년 5월에도 이러한 대만문제 군사적 개입 의지를 밝혔다. 바이든, '미국은 중국의 공격에서 대만을 방어할 것 'https://www.bbc.com/korean/news-62951341, (검색일: 2023. 6.13).

31 미 국방부의 인태전략보고서(Indo-pacific Strategy Report)는 대만을 인도-태평양지역의 신뢰할만한 협력국으로 명시하고 인태전략 추진과정에서 대만과의 관계를 강화해 나갈 것을 언급하고 있다. 이동규, "미중 전략경쟁 시기 대만문제의 쟁점과 전망,"「이슈브리프」(2021-31), 아산정책연구원, p.3.

일본의 해상교통로가 대만을 경유하고 있다. 대만이 중국에 점령당해서 일본이나 한국이 해상교통로 차단 위협에 노출되는 현상은 동북아의 한·미·일 결속을 이완시킬 수 있다. 셋째 미국이 바이든의 약속과 달리 대만을 방위하지 못한다면 미국을 중심으로 결속된 자유민주주주의 진영은 미국의 안보 공약을 불신하게 되어 미국의 리더십은 약화될 것이다.

중국의 대만통일 의지와 정책

중국은 대만을 중국의 일부분이고 내정문제로 간주하고 있다. 대만 통일문제는 시진핑의 3연임과 장기집권의 명분이므로 시진핑 집권 기간에는 더욱 강경할 것이다. 또한 대만이 분리하여 독립한다면 이는 중국 소수민족의 동요를 초래할 수 있다. 중국이 가장 민감하게 생각하는 부분이다. 그렇기 때문에 중국은 대만문제를 핵심 중의 핵심 이익으로 판단하고 대만의 분리 움직임을 저지하고 통일에 전념할 수 밖에 없다.

시진핑(習近平) 중국 국가주석은 2017년에 개최된 19차 당대회를 통해 대만 문제의 완전한 해결, 즉 대만통일을 중화민족의 위대한 부흥이라는 '중국의 꿈'(中國夢)실현의 핵심 과제의 하나로 명시하였다. 중국이 대만통일을 당면 과제로 설정하게 되면서 중국의 대만정책에 큰 변화가 나타나기 시작했다. 19차 당대회 이후부터는 대만 내 분리독립 움직임에 대해 다방면에 걸친 강력한 선제적 행동으로 대처하면서, 통일의 시기를 단축하겠다는 의지를 천명하기 시작했다. 중국은 대만의 분리독립 행보에 대해서는 이전보다 훨씬 강경한 경제, 외교, 군사적 압박을 통해 저지하려 하고 있다. 대만을 통일하기 위해 무력 사용 가능성도 시사하였다.

중국은 2005년 《반국가분열법》(反分裂國家法)을 제정하여 대만통일을 위한 무력 사용 조건을 명시하였다. 이 법 제8조는 "'대만 독립'세력이 어떠한 방식이나 명목으로 ① 대만을 중국에서 분리시키려 하거나, ② 대만을 중국에서 분리시키려는 중대한 사건이 발생하거나, ③ 평화통일의 가능성이 완전히 사라질 경우, 중국정부는 '비평화적인 조치'와 기타 필요한 조치를 동원하여 국가주권과 영토보전을 수호할 것이다"라고 규정하고 있다. 즉, 중국은 무력으로 대만을 통일하는 다음의 세 가지 상황을 상정하고 있는 것이다.

첫 번째 상황은 '대만이 중국에서 분리되어 나가는 경우'이다. 이러한 경우는 ① 대만 당국에 의한 독립 선언, ② '대만 독립'에 대한 국민투표 실시, ③ 미국의 대만에 대한 외교적 승인 등이다.

두 번째 상황은 대만을 중국에서 분리시키려는 중대한 사건이 발생하는 것이다. 현재 상황에서는 ① 대만의 중국 본토에 대한 군사적 공격, ② 대만 내 대규모 폭동 발생, ③ 대만의 핵무기 개발 재개, ④ 대만 내 외국군 배치 등을 들 수 있다. 구체적으로 미국 군함의 대만 기항, 대만을 미군 항공기 이착륙 및 보급기지로 사용, 미국 미사일방어체계(MD) 대만 배치, 對대만 공격성 무기 판매 또는 임대, 미국 핵무기의 대만 재배치 등을 포함한다.

세 번째 상황으로 명시한 '평화통일 가능성의 완전 상실'은 평화통일에 대한 희망이 전혀 없을 때로 상정하고 있다.[32]

최근의 상황은 대만이 독립선언은 하지 않았지만 분리독립 움직임은 잠재해 있고, 미군이 진주는 하지 않았지만 미국 무기를 도입하는 등 군사협력은 과거에 비해 점차 증대되고 있다. 무력 사용 조건에 해당되지 않지만 긴장이 고조될 수밖에 없는 상황이다. 미국군 고위 인사들은 중국의 대만 침공 가능성이 크다고 평가하고 있으며 그 시기는 대략 2027년으로 보고 있다.[33] 중국이 언제 어떠한 조건에서 어떻게 대만을 침공할 것인지 관심이 높아지면서 중국의 대만 침공 예상 시나리오가 최근 주목받기 시작하였다.

---

32 "[칼럼] 중국의 대만침공 시나리오와 한국에 미치는 영향," http://www.timesisa.com/news/view.html?section=112&category=114&no=34364,(검색일: 2023. 5.9).

33 2021년 3월 필립 데이비드슨 미 인도-태평양사령부 사령관이 "대만은 중국이 야심 차게 노리는 목표이고, 그 위협은 향후 6년 안에 분명해질 것"이라고 한 말이 기폭제가 됐다. 그가 언급한 "향후 6년"은 2027년을 가리킨다. 시진핑 4연임이 결정되는 해이고, 중국인민해방군 건군 100주년의 해다.
"시진핑은 대만 때려야 산다…'2027년 침공설' 커지는 이유", https://www.joongang.co.kr/article/25195683#home, (검색일: 2023. 5.14).

대만의 탈중국 노선

대만은 1992년 중국과 「9·2합의」를 하고 '하나의 중국 원칙'을 수용하였다. '하나의 중국'이 어디인지는 각자의 해석에 맡긴다(一中各表)고 하였다. 마잉주(馬英九) 국민당 집권 시기 2008~2016년에 「9·2합의」를 토대로 대만은 중국과 활발하게 경제.사회적 교류와 협력을 하였다. 특히 2010년 '경제협력기본협의'(ECFA) 채택을 통해 경제통합을 진전시키고, 2015년에는 양측 정상이 싱가포르에서 최초로 회담을 개최함으로써, 1949년 분단 이래 양안관계는 가장 우호적이고 협력적으로 전개되었다.

그러나 홍콩사태를 지켜본 대만 국민들은 홍콩의 미래는 자신들의 미래라는 불안한 생각으로 차이잉원(蔡英文) 민진당 정부에 압도적으로 지지를 보내 연임토록 하였고[34] 2024년 1월 총통 선거에서 민진당 라이칭더(賴清德) 후보를 차기 총통으로 선출하였다. 차이잉원 민진당 정부는 「9·2합의」와 '하나의 중국' 원칙을 거부하고, 대만의 역사·문화적 독자성을 구축하기 위한 프로젝트를 통해 대만 정체성을 강화하고, 경제적으로는 '신남향(新南向)정책'을 추진하여 대외무역 다

---

34 중국은 1997년 영국으로부터 홍콩을 반환받으며 최소한 50년 이상 홍콩의 자본주의 독립성과 고도의 자치성을 보장하기로 했었지만 점점 강압성을 높여갔고, 홍콩 시민은 이에 저항하였다. 2014년의 홍콩 행정장관의 직선제를 주장하면서 발생한 '우산 혁명', 2019년 범죄자 송환법 제정 문제, 2020년 홍콩 보안법 제정 통과 과정에서 홍콩 시민들의 저항이 있었다. "홍콩사태 정리 – 홍콩 시위 원인과 배경, 중국과 홍콩 보안법,"https://kiss7.tistory.com/1902, (검색일: 2023. 5.12).

변화를 추구하는 등 중국에 과도하게 의존되었던 경제 관계를 조정하고자 하였다. 대외적으로도 미국과의 군사안보 협력 관계 강화와 국제기구 참여를 통해 중국이 대만을 고립화하려는 정책에 대응하고자 하였다. 이처럼 대만 정부는 '탈중국화'를 추진함으로써 중국의 대만통일 정책과 다른 노선을 추구하는 한편, 미국이 중국 봉쇄전략의 일환으로 대만에 지원하는 각종 정책에 호응하고 있다. 이로 인해 중국·대만 관계는 어느 때보다도 높은 긴장이 지속되고 있다.

중국의 군사 대응 시나리오 : 봉쇄, 상륙작전

가. 대만 봉쇄

중국은 낸시 펠로시(Nancy Pelosi) 미국 하원의장의 2022년 8월 2일~3일 대만 방문에 항의하기 위해 대만해협과 대만 주변 해·공역에서 대대적인 '대만포위 군사훈련'(環臺灣大軍演)을 진행했다. 중국 동부전구는 2022년 8월 4일부터 7일까지 대만 전역을 에워싸는 형태로 6개의 훈련구역을 설정하고, 각 구역별로 해상·공중훈련은 물론 장거리 화력 및 실탄사격, 상용화력 조직 시험사격 등을 실시하였다.

특히 중국군은 8월 4일 대만 북·남·동부 해역에 총 11발의 둥펑(東風, DF) 계열의 탄도미사일을 발사했으며, 이 중 4발이 대만섬 상공을 통과했다. 또한 이번 훈련기간 중 100대가 넘는 각종 중국 군용기

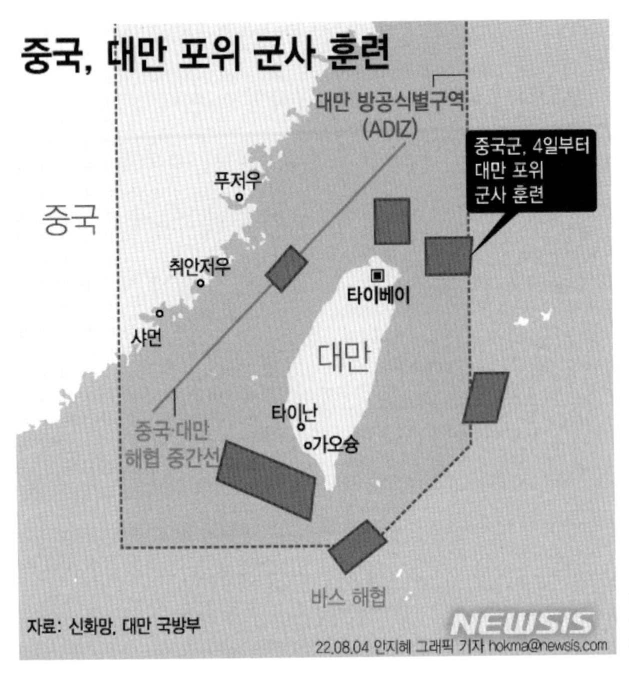

중국의 대만 포위 군사훈련 (출처 : 구글)

중국 서해 실탄 사격 훈련 (출처 : 구글)

가 대만해협 중간선을 넘었고, 중국과 가장 가까운 진먼다오(金門島)에는 3일 연속 무인기가 침범하는 등 중국군의 대만에 대한 압박 수위가 전례 없이 높았다. 중국군은 대만해협 이외에 황하이(黃海), 보하이(渤海) 등에서도 8월 중순까지 실탄사격 훈련을 실시하였다.[35]

군사전문가들은 금번 포위 훈련을 중국의 대만 침공하는 모의훈련으로 평가하였다.

나. 중국군의 대만 상륙작전

(1) 대만 침공을 주도할 중국군 동부전구의 편성과 상륙작전 능력 평가[36]

(가) 동부전구의 지휘관과 부대편성

중국군은 시진핑 주석의 국방개혁으로 2015년 5대 전구로 개편되었다. 대만을 담당하는 전구는 난징(南京)에 사령부를 두고 있는 동부전구(東部戰區)이다. 시진핑 주석은 2022년 10월 허웨이동(何衛東) 동부전구 사령관을 군사위 부주석으로 발탁하였고, 2022년 1월에는 육전대 사령관 콩쥔(孔軍)을 동부전구 부사령관 겸 육군 사령관으로

35 "[칼럼] 중국의 대만침공 시나리오와 한국에 미치는 영향," http://www.timesisa.com/news/view.html?section=112&category=114&no=34364,(검색일: 2023. 5.11).

36 중국군 동부전구 편성과 상륙작전 능력은 필자가 이창형, 『중국인민해방군』(서울: GDC Media, 2021. 7). p.151, 윤석준, "〈윤석준의 차밀〉 중국의 '대만에 대한 군사력 카드' 수단 평가," https://bemil.chosun.com/nbrd/bbs/view.html?b_bbs_id=10158&branch=&pn=1&num=6212, (검색일: 2023. 5.8)를 발췌하여 요약 정리하였다.

임명하였다. 시 주석이 동부전구를 중시하고 있다는 반증이다. 특히 콩쥔은 상륙작전 부대를 지휘하였던 육전대 사령관 출신이다.[37]

동부전구는 다른 전구와 마찬가지로 예하에 3개 집단군이 있으며, 다른 전구와는 달리 2개의 상륙여단이 편성되어 있다. 동부전구 작전 지역 내에 상하이에 동해함대가 위치하고 있다. 동부전구는 로케트군을 보유하고 있으며 미사일의 특성상 인접한 남부전구 또는 북부전구에서도 지원을 받을 수 있다.

동부전구 지상군은 제71, 72, 73의 3개 집단군(Group Arm)으로 구성되었으며, 각 집단군은 6개 전투무장여단(CA-BDEs, 합성여단), 1개 항공작전여단, 1개 포병여단, 1개 대공방어여단, 1개 화생방여단, 1개 특수전여단, 1개 전투근무지원여단 등의 중무장 합동혼성여단으로 구성되어 있다.

특히 대만과 인접한 지역에 배치된 제72와 제73집단군은 전투무장여단에 추가하여 각각 1개의 상륙여단을 보유하고 있으며, 1개 상륙여단은 3개 합동상륙대대, 1개 공중작전대대, 1개 포병대대, 1개 대공방어대대, 1개 정찰대대, 1개 전투근무지원대대와 1개 군수대대로 구성되었으며, 3개 합동상륙대대는 Type-05형 경전차를 수륙양용으로 변형시킨 ZTD-05형 궤도식 상륙전차(AT), ZBD-05형 궤도식 상륙장갑차(AAV)와 VP-4형 차량식 상륙장갑차(IFV)를 갖추고 있다.

---

37 "중국 전 해병대사령관, 대만 겨냥 동부전구 부임," https://www.yna.co.kr/view/AKR20220103119300089?site=mapping_related. (검색일:2023. 5.8).

중국군 상륙 훈련 모습 1(중국군 홈페이지 캡처)

다음으로 동부 함대 사령부는 4개 기지에 각종 함정, 지상 전개 전투기, 잠수함을 보유하고 있다. 이 함정 중 상륙작전에 참여할 수 있는 전력으로 Type 071형 LPD, Type 075형 LHD와 이를 호위하는 Type 055형, Type 052D형 구축함과 Type 054A형 프리깃함, Type 901형 해상군수지원함 등이 편성되어 있다. 중국군은 이러한 군용 함정 이외에도 민간 카페리선박을 동원해 상륙작전 훈련을 주기적으로 실시하는 것으로 알려져 있다. 예를 들면 2021년 10월 12일 영국 『제인스 국방주간(Jane's Defence Weekly: JDW)』이 동부전구 사령부가 약 8척의 중국 내 민간 카페리선박을 동원한 상륙작전 훈련을 하였다고 보도한 기사였다.

(나) 상륙작전 단계와 상륙작전 부대편성 및 장비

침공작전은 상륙이전 단계와 상륙단계로 구분되며, 상륙이전에는 미사일 공격, 사이버전, 제공권과 제해권 장악, 대만 본섬 이외에 전략도서 점령의 순서로 진행될 것이며, 상륙작전은 지상군이 해안으로 접안하여 내륙으로 진출하는 군사 작전 행동이다.

중국이 대만을 침공할 경우, 가용한 자산을 최대한 동원할 것이다. 남부전구에서 해, 공군과 로켓군을 전용할 것으로 예상되고, 미국이나 일본의 대만 지원을 차단하기 위해 서해나 대만 동쪽 또는 북쪽에 항공모함을 배치할 것이다. 펠로시 하원의장 대만 방문에 따른 중국의 대만 포위훈련 이후에 바로 중국군은 서해에서 실탄훈련을 하였다. 우리는 여기서 대만 포위작전과 서해 상 해군 작전의 연계성을 파악할 수 있다.

다음으로 이들이 상륙작전을 하기 위해서는 장비와 시설을 갖추어야 하는데 아직은 충분하지 못한 실정이다. 우선 장비 측면에서 볼 때, Type 075형 LHD 1척이 약 60대의 상륙장갑차와 약 800명을 탑재하고, Type 071형 LPD 1척 역시 약 60대의 상륙장갑차와 800명을 탑재하는 제원을 고려할 시 이들 대형 상륙전력의 7척을 동원해야 한다.

현재 중국 해군은 총 9척의 Type 071형 LPD와 총 3척의 Type 075형 LHD를 보유하고 있으며, 이들 11척의 상륙전력 중에서 7척이 동부전구 사령부에 집결해야만 동부전구 사령부 주관의 '대만에 대한 상륙작전' 역량이 갖추어지게 된다. 일부 Type 072형 상륙함(LST)

중국군 상륙 훈련 모습 2(출처 : 구글)

가 있으나, Type 071형 LPD와 Type 075형 LHD의 25노트 속력에 못미치어 상륙작전 동조기동이 어려운 상황이다.

다음은 시설을 살펴보자. 상륙부대가 상륙정에 탑승하고 출발하는데 해군기지만을 사용할 수 없다. 특히 통상 상륙작전이 교리상 계획-집결-탑재-양동훈련-집행 과정을 거쳐 순차적으로 목표 연안에 상륙작전을 감행하는 것을 고려할 시, 중국 동부전구 사령부가 전격적인 상륙작전을 위해서는 약 180㎞ 간격을 둔 대만해협과 가까운 중국 내 일반 해안을 사용해야 하며, 이들 해안에서 상륙전차, 상륙장갑차와 보병전투차량을 탑재를 위해 합동군수양륙(JLOTS) 시설을 설치해야 한다.

상기 약 11,000명의 상륙군을 일시에 상륙전력에 탑재시키기 위해 해군기지의 경우는 Type 071형과 075형 대형 상륙전력을 동시에 경

중국군 민간 여객선 이용 1(출처 : 구글)

사진 부두에 접안시켜 각종 상륙장갑차, 전차, 보병전투차량 등을 탑재시킬 수 있으나, 해군기지가 아닌 일반 해안인 경우는 모래와 뻘위주의 해안과 상륙함정 간을 연결시키는 별도의 JLOTS 시설을 사전에 설치해야 한다.

(다) 중국군의 상륙작전 능력 평가와 성공 조건

이러한 동부전구 사령부의 상륙작전은 미국, 일본 그리고 대만에게 손쉽게 식별될 수 있다. 군사전문가들은 중국군이 어느 경우이든 대규모 상륙군을 집결해야 하고, 대형 상륙함과 전시동원령에 의해 동원된 카페리 선박들이 해안에 집결하는 것은 대만, 미 해군, 일본 해상자위대에게 상륙작전 사전 징후로 손쉽게 평가되어 대만은 충분한 사전 대비가 가능할 것이다.

중국군 민간 여객선 이용 2(출처 : 구글)

군사전문가들은 중국군의 상륙작전 역량도 불충분하지만, 어느 한 해안에서의 대규모 상륙군을 탑재하는 것은 쉽게 노출되어 매우 위험하고 취약한 군사작전이라고 평가하고 있다.

그리고 동부전구 사령부가 대규모 상륙전력을 위해 카페리 선박을 동원해야 하는 경우에는 해군기지 부두와 달리 해안으로부터 카페리 선박까지 연결하는 별도의 JLOTS를 설치해야 한다.

상륙작전 준비를 위한 대규모 병력 이동과 대형 선박 동원, 그리고 탑승과 탑재 과정에서 쉽게 탐지당할 수 있다. 미국과 대만은 사전 준비와 대응이 가능하다는 의미이다.

(2) 대만의 전투준비 태세 : 상륙 이전 및 상륙 시 타격에 중점

대만군 지휘부는 중국군의 침공위협에 대응하는 전략으로 '근해사수, 해안선에서의 적군 섬멸'을 강조하고 있다. 대만 국방백서 2023년 판에도 "적의 상륙을 거부하고 해상에서 격멸한다"라고 기술되어 있다.[38]

대만군은 이를 위해 첫째, 자체역량을 강화하여 중국군의 상륙을 저지하는 것이고 둘째, 미국 및 일본과 협력하는 것이다. 따라서 중국군의 상륙을 저지하기 위한 작전은 다음 3단계로 나누어져 있다.

1단계는 중국 상륙군이 대만해협을 건너는 도중에 타격하는 단계로 이를 위해 공군력과 해군력 특히 미사일 능력을 강화하는 것이고, 2단계는 해안에 도달한 상륙군이 내륙으로 진출하지 못하도록 해안에서 격멸하는 단계로 상륙 예상 지점에 견고한 방어진지를 사전 구축하고 대전차 미사일과 포병으로 저지한다는 개념이다. 대만에서 판단한 상륙 가능 지점은 대만섬 서해안 일대 대략 14개소인데 주로 타이베이 인근과 중부지역, 남부 카오슝 일대이다. 3단계는 내륙으로 진출한 중국군과 시가전 등 교전을 하는 것이다. 이럴 경우 중국군은 지구전을 감수해야 한다.

대만은 미국 및 일본이 본격적으로 대만을 지원하는데 최소 1주일의 준비 기간이 필요하다고 판단하고 있어 1주일 버티면 승산이 있

38 臺灣 國防部,『中華民國112年國防報告書』, (2023. 9), p.63.

다고 판단하고 있다. 특히 대만군은 중국군의 상륙작전을 저지하기 위한 비대칭 전력을 대폭 강화하고 있다. 대만이 미국과 도입 계약을 체결한 무기들 가운데 하푼 해안방어시스템(HCDS)과 고속기동포병로켓시스템(HIMARS)이 대표적인 비대칭 전력이다. 기동성이 뛰어난 HCDS는 중국군의 4만t 규모인 075형 강습상륙함과 산둥호 등 항공모함에 대응할 수 있다. HCDS는 하푼 미사일을 대형전술트럭(HEMTT)에 탑재할 수 있기 때문에 중국군의 공격을 피할 수 있다.

대만은 향후 HCDS 미사일 400발과 운송 차량 100대, 레이더 차량 25대 등을 도입할 계획이다. 싱가포르 라자랏남 국제연구원의 벤호 연구원은 "대만이 HCDS를 배치할 경우 중국 해군의 작전해역을 축소시킬 수 있다"고 평가한 바 있다. HIMARS는 상륙작전에 나설 병력이 포진한 중국 남동부를 선제 타격할 수 있는 무기이기도 하다. HIMARS는 미 육군이 5t 전술트럭에서 신형 유도형 다연장로켓(GMLRS) 6발이나 사거리 300㎞인 에이타킴스(ATACMS) 지대지 미사일 한 발을 쏠 수 있도록 개발한 것이다.

대만이 자체적으로 건조해 실전 배치한 최신예 스텔스 초계함인 타장(塔江)함도 대표적인 비대칭 전력이다. 길이 64m, 너비 14.8m, 만재배수량 685t인 이 초계함은 중국의 항공모함과 강습상륙함을 격침시키기 위해 제작했다. 이 초계함은 최대 사거리 400㎞인 슝펑(雄風)-3호 초음속 대함미사일 4발을 비롯해 하이젠(海劍)-2호 단거리 방공미사일 12발 등을 탑재했다. 3D 방공레이더와 76㎜ 함포 및 벌컨포, 최신형 어뢰 등도 장착한 이 함정의 특징은 적 함정의 레이더에 포착되지 않고 근접 기동할 수 있다는 것이다. 여기에 추가하여 기상 악화 때에도 파도를 뚫고 고속항해가 가능하도록 파도관통방식으로 선체를 제작해 최고 속도가 45노트(시속 71㎞)나 된다. 이 함정은 고속으로 항해하면서 미사일을 쏘고 빠지기 등의 전술을 통해 중국의 항모와 강습상륙함들을 공격할 수 있다.

2023년 9월 28일, 대만이 처음으로 자체 제작한 잠수함인 하이쿤(海鯤)의 진수식이 열렸다. 대만은 미국이 제2차 세계대전 당시 운용했던 잠수함 두 척과 1980년대 네덜란드에서 사들인 잠수함 두 척을 보유하고 있지만, 심각한 노후화로 대체가 시급한 상황이었다. 잠수함의 제원은 알려지지 않았지만, 길이 약 70m, 수중 배수량은 2500t으로 보인다. 대만은 이번에 진수한 시제 잠수함을 시험 평가한 후 후속함 건조 여부를 결정할 예정이며, 총 8척 보유를 목표로 하고 있다. 대만의 계획대로 하이쿤급이 취역하면, 유사시 대만을 포위하겠다는 중국의 계획은 어려움에 빠질 가능성이 있다.[39]

대만의 군사력은 중국에 비해 열세이지만 중국군의 상륙작전에 막대한 타격을 가할 수 있는 수준임은 분명하다.

대만은 2023년까지 이 초계함을 6척 건조하는 등 2026년까지 모두 12척을 실전 배치할 예정이다. 또한 자체적으로 비대칭 전력의 핵심인 2500~3000t급 국산 디젤 잠수함을 2024년 실전 배치하는 것

---

39 "그동안 '2차대전때 잠수함' 썼다고? 대만 '자국산 1호' 진수 [밀리터리 브리핑]," https://www.joongang.co.kr/article/25197915, (검색일: 2023. 5.8).

을 시작으로 2026년까지 8척을 건조할 계획이다. 미국 정부는 자국 조선업체들이 잠수함 건조 기술과 소나를 비롯해 핵심 부품을 대만에 판매하는 것을 승인했다.

(3) 중국 상륙작전 예상 시나리오

중국의 대만 침공 시나리오는 전체적으로 유사하다. 도서 점령 작전이기 때문이다. 미군의 개입을 차단하면서 동시에 대만에 대해 심리전과 사이버전을 통해 지휘통제 체계를 마비시키고 제공권과 제해권을 장악하면서, 화력으로 주요 방어력을 무력화 시킨 다음, 상륙작전과 공정작전으로 병력을 투입하고 점령지역을 확대하는 순서이다. 타격 목표는 전쟁 지휘부, 활주로, 포병 진지 등 주요 군사시설 등이다. 이와 같이 각 시나리오는 작전 단계나 작전 중점, 그리고 시나리오를 워게임에 적용한 결과 승패 및 피해 규모에는 큰 차이가 없다. 미국과 대만, 그리고 중국도 다양한 대만 침공 시나리오를 작성하여 워게임과 실병 훈련에 적용하고 있다.

그러나 구체적으로 상륙부대가 어디로 기동할 것이고, 어느 지점으로 상륙할 것인가, 그리고 작전에 며칠이 소요될 것인가 하는 내용에는 차이를 보이고 있다.

(가) 시나리오 구분

대만 침공 작전 시나리오는 크게 보면 3단계로 ① 상륙 이전 단계와 ② 상륙 단계 그리고 ③ 상륙 이후 내륙 진출 단계로 구분된다.

2018년 중국군 중장 王洪光(왕홍광)의 '武統, 臺灣到底怎么打?解放軍中將:六種戰法, 三天拿下' (대만 무력통일은 6가지 작전으로 3일 이내에 완료한다)의 기고문이 인테넷 사이트 환추왕(環球网)에 게재된 바 있다. 중국군 현역 장군이 밝힌 대만 침공 주요작전인 것이다. 6가지 작전을 요약하면 다음과 같다.

① 화력전(火力戰)이다. 포병, 미사일, 공중폭격, 무인기 등을 동원하여 48시간 내에 대만군의 주요 목포를 30% 이상 무력화시킨다. ② 정밀 상륙전(點穴)이다. 대만의 전쟁지휘소와 비행장, 고속도로는 3㎞ 이내에 밀집되어 있고 서부 해안가에서 멀지 않아 이를 목표로 상륙작전을 전개한 후, 즉시 주요 목표를 제압할 수 있다. ③ 입체전(立體戰)이다. 상륙작전과 병행하여 후방에서 공정작전을 시행한다. 대만군은 앞 뒤에서 공격을 받으면 큰 혼란에 빠질 것이다. ④ 사이버전(電磁, 網絡)이다. 대만군의 지휘계통을 마비시키고, 무기의 통제 시스템을 교란한다. 또한 제공권, 제해권을 획득한다. ⑤ 특수작전(特種作戰)이다. 특수요원들이 사전 침투하여 화력을 유도하고 주요시설을 파괴하며 핵심 군사시설을 점령한다. ⑥ 심리전(法律, 輿論戰)이다. 대만 공격후 대만군에게 조국통일 사업에 동참하라고 하면서 투항을 권고한다.

중국군 왕 장군의 시나리오를 정리해 보면, ① 화력전, ④ 사이버전 ⑤ 특수작전 ⑥ 심리전은 상륙이전 단계 작전이고, 이어서 ② 정밀 상륙전은 상륙 단계이며, ③ 입체전은 내륙진출 단계이다.

대만에서 발간된 책에서 언급한 시나리오도 큰 차이는 없다. 책 제목은 '24小時 解放 臺灣 ? 中共攻臺的 N種可能與想定' (중국이 대만을 24시간 내에 해방 ? 중국의 각종 수단과 예상 시나리오)이다. 주요 내용은 중국의 대만 공격 가능성은 점차 커지고 있고 그 침공 수단은 다양하며 특히 병력 투입 이전에 심리전, 미사일 공격 등 유리한 상황을 조성해서 24시간 내에 점령을 완료한다는 것이다. 이 책이 나온 배경은 중국의 무력 침공 가능성이 최근들어 급격히 커지면서 대만인들의 뇌리속에 장기간 잠재되어 있던 불안감이 표출된 결과일 것이다.

중국의 대만 침공 예상 시나리오는 이 책에서 뿐만 아니라 미국의 랜드 연구소 등에서도 심도 있게 분석하는 주제이다.

(나) 각 시나리오 차이점 : 기간, 상륙 기동로와 상륙 지점

각 시나리오의 차이점은 다음과 같다. 첫째, 작전 기간이다. 중국에서는 대략 6일에서부터 2주 정도면 점령 완료할 수 있을 것으로 보고 있다. 앞서 언급한 2018년 중국군 중장 王洪光(왕홍광)의 '武統, 臺灣到底怎么打?解放軍中將:六種戰法, 三天拿下' (대만 무력통일은 6가지 작전으로 3일 이내에 완료한다)은 3일을 상정했고, 대만에서는 이보다 더 최악의 경우 1일 정도면 점령당할 것이라는 관측부터 2주 이상 버틸 수 있을 것이라는 예측도 나오고 있고 최상의 경우 격퇴도 가능할 것으로 보고 있다.

특히 대만에서 발간된 '24小時 解放 臺灣 ? 中共攻臺的 N種可能與想定' (중국이 대만을 24시간 내에 해방 ? 중국의 각종 수단과 예상 시나리오)

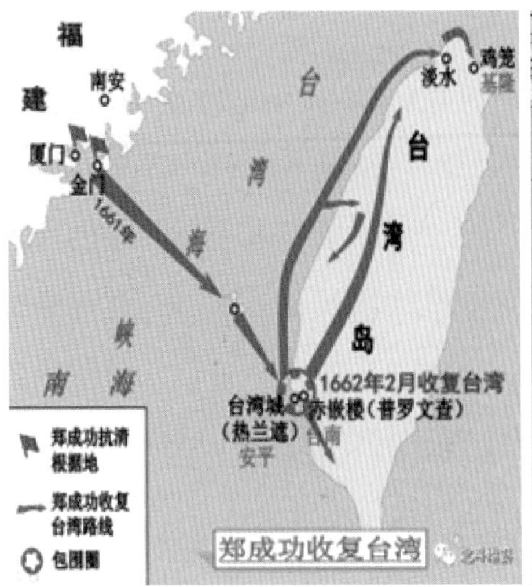

17세기 明 정성공 기동로(대만 yahoo 캡쳐)

중국 상륙군 예상 기동로(대만 yahoo 캡쳐)

에서는 1일 내 점령 당할 것이라고 예측하여 대만 사회에 충격을 주었다.

둘째, 상륙 기동로와 상륙지점이다. 중국 본토에서 대만까지는 130㎞~200㎞로 비교적 원거리이고 대만에서 상륙가능한 지역은 서부 해안가로 총 14개소로 판단하고 있다. 현재 중국군은 대규모 상륙군을 동시에 이동시킬 수 있는 상륙 장비가 부족하기 때문에 소규모로 축차 투입한다면 작전효과가 감소하고 중간에 격침될 가능성도 크다. 그렇기 때문에 중국이 선택할 수 있는 방안은 ① 펑후 제도(澎湖諸島)를 사전 점령하여 교두보로 삼아 대만 중부 또는 남부지역으로 상륙하는 방안, ② 남중국해 섬을 교두보 삼아 대만 남부지역으로 상륙하는 방안, 아니면 위험을 감수하고 ③대만 해협을 횡단하여 직접 타이베이 부근으로 상륙하는 방안 등이다. ③번 방안은 타이베이 부근

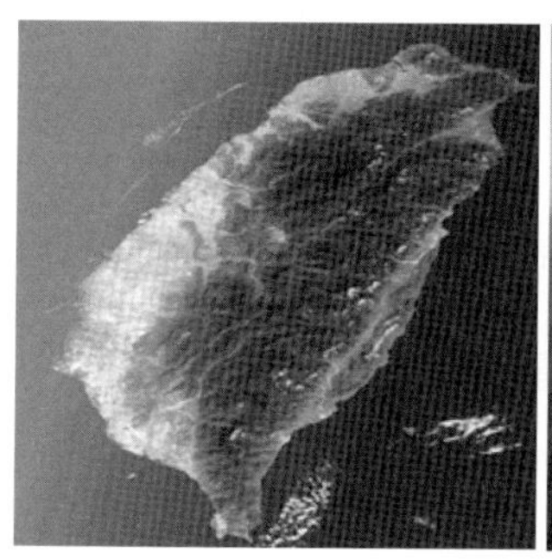

대만 지형도(출처 : 구글)

상륙가능지역 14개소(출처 : 구글)

에 타오위안(桃園) 국제공항이 있고, 바로 인근에 지롱(基隆)항구가 있으며 타이베이를 관통하여 바다에 이르는 단수이(淡水)강이 있다. 중국이 상륙에 성공한다면 바로 타이베이로 향할 수 있어 가장 좋은 조건을 갖추고 있다. 그러나 이 방안은 중간에 거점이 될 수 있는 섬이 없고 대만군이 집중적으로 방어하고 있어 쉽게 채택할 수 있는 방안은 아니다.

셋째, 승패 문제이다. 미국과 일본이 개입한다면 중국의 대만 점령은 성공하기 어렵다. 미국이 개입한 워게임에서는 중국군의 대만 점령은 실패한다는 결과가 나온다. 그렇기 때문에 중국은 미국과 일본이 개입하기 이전 전쟁을 종결지으려고 할 것이고 반대로 미국과 일본은 침공을 억제하는데 중점을 두지만 전쟁 발발 시 신속한 개입을 하려 할 것이다.

글을 마치며

대만은 미국과 중국이 첨예하게 부딪히고 있는 지역이다. 중국의 대만통일 의지도 강하지만 미국이 대만을 지키고자 하는 결의도 무시할 수 없다. 왜냐하면 미국은 중국이 대만을 장악하게 되면 자신들의 글로벌 패권이 무너지는 시점이라고 생각하기 때문이다. 대만이 미·중 패권경쟁의 승부처라고 할 수 있다.

중국이 대만을 침공하기에는 아직은 중국군의 상륙작전 능력이 충분하지 않아 성공 가능성도 불확실하고 피해도 크기 때문에 무력 침공을 쉽게 감행할 수 없다. 미국의 CSIS(전략국제문제연구소) 워게임 결과 보고서, '다음 번 전쟁의 첫번째 전투(The First Battle of the Next War)'에 의하면 중국의 대만 침공은 성공하지 못하고 중국과 미국의 피해는 막대하다고 예측하였다. 즉 미 해군은 2척의 항모와 10~20척의 대형 전함을 잃었으며 전쟁 시작 3주 만에 3,200명이 전사했다. 또 중국 해군은 궤멸되고, 수륙양용 부대의 핵심은 파괴되어 1만 명이 전사하고 수만 명의 전쟁 포로가 발생하였다. 공군은 155대의 전투기와 138척의 주요 전함을 잃게 된다는 것이다.

한편 인구 2,400만 명의 대만에선 3,500명의 전사자가 발생하고, 대만 해군이 보유한 26척의 구축함과 호위함이 모두 격침될 것으로 CSIS의 워게임 보고서는 예상했다. 대만은 전기나 기본적인 서비스가 파괴된 경제를 맞게 될 것이다. 또 일본 역시 미군 기지가 공격을 받으면서, 100대 이상의 전투기와 26척의 전함을 잃을 수 있다고 이

보고서는 밝혔다.

그렇지만 중국은 계속해서 군사력을 증강시키고 있고 수시로 대만을 군사적으로 위협하고 있어 미국과 충돌 가능성을 전혀 배제할 수 없는 상황이다. 더욱이 우리는 대만유사가 한반도 유사로 비화되지 않도록 주의를 기울여야 할 것이다.

참고문헌

1. 1차 자료

臺灣 國防部, 『中華民國110年國防報告書』, 2021. 10.

2. 2차 자료

단행본

임방순, 『어느 육군장교의 중국체험 보고서』(서울: 오색필통, 2022. 5).

이창형, 『중국인민해방군』(서울: GDC Media, 2021. 7).

논문

이동규, "우크라이나 사태 이후 대만문제의 쟁점과 전망," 『CSF 전문가 오피니언』, (2022. 0. 00).

강준영, "중국-대만, 양안 무력 충돌 위기의 함의," 『韓中社會科學研究』, 제20권 제1호(2022. 1).

강석율, "펠로시發 대만해협 위기와 정책적 시사점," 『정세와 정책』, 통권 354호 (2022. 9).

박병광, "최근 대만문제를 둘러싼 미·중 갈등의 동향과 시사점," 『북한경제리뷰』, 2022년 8월호.

_____, "대만문제를 둘러싼 군사적 충돌 가능성과 우리의 대응방향," 『INSS 전략보고』, 187호,(2022. 11).

최우선, "대만 군사충돌 시나리오와 한국의 대응," 『IFANS 2021-51』, (2021. 11.17).
조영남, "대만해협에 '거대한 먹구름'이 드리워져 있다," 『아시아 브리프』, 통권 98호 (2023. 1.20)
전창빈, "다음 전쟁의 첫 번째 전투 The First Battle of the Next War : Wargaming a Chinese Invasion of Taiwan," Issue Focus 23-02, 한국해양전략연구소 (2023.2)
이동규, "미중 전략경쟁 시기 대만문제의 쟁점과 전망,"「이슈브리프」(2021-31), 아산정책연구원,

신문 및 인터넷
The First Battle of the Next War: Wargaming a Chinese Invasion of Taiwan https://www.csis.org/analysis/first-battle-next-war-wargaming-chinese-invasion-taiwan.

Center for Strategic and International Studies TRANSCRIPT Online Event, "The Military Dimensions of the Fourth Taiwan Strait Crisis "https://www.csis.org/analysis/military-dimensions-fourth-taiwan-strait-crisis

ARTICLES CHINA FUTURE CHOICE TAIWAN
Taiwan Strait Crisis: A Lesson for the South China Sea Claimants https://chinaobservers.eu/taiwan-strait-crisis-a-lesson-for-the-south-china-sea-claimants/

Alerts, Crises, and DEFCONs By William Burr https://nsarchive.gwu.edu/briefing-book/nuclear-vault/2021-03-17/ alerts-crises-defcons

Deterring the Dragon Returning U.S. Forces to TaiwanTaiwan-main-badge Capt. Walker D. Mills, U.S. Marine Corps https://www.armyupress.army.mil/Journals/Military-Review/English-Edition-Archives/September-October-2020/Mills-Deterring-Dragon/

Preventing China from Taking Taiwan
The RAND Blog Preventing China from Taking Taiwan by David A. Ochmanek and Michael O'Hanlon
https://www.rand.org/blog/2021/12/preventing-china-from-taking-taiwan.html

조현규, "중국의 대만침공 시나리오와 한국에 미치는영향," http://www.timesisa.com/news/view.html?section=112&category=114&no=34364

윤석준, "〈윤석준의 차밀〉 중국군의 대만에 대한 무인기 투입 작전 변화," https://bemil.chosun.com/nbrd/bbs/view.html?b_bbs_id=10158&branch=&pn=1&num=6237

______, "〈윤석준의 차밀〉 중국의 미 · 중 간 해전 워게임 결과," https://bemil.chosun.com/nbrd/bbs/view.html?b_bbs_id=10158&branch=&pn=1&num=6225&fb

______, "〈윤석준의 차밀〉 중국군의 대만에 대한 유무인 혼합전(MUM-T) 구사," https://bemil.chosun.com/nbrd/bbs/view.html?b_bbs_id=10158&branch=&pn=1&num=6214

______, "〈윤석준의 차밀〉 중국의 '대만에 대한 군사력 카드' 수단 평가," https://bemil.chosun.com/nbrd/bbs/view.html?b_bbs_id=10158&branch=&pn=1&num=6212

______, "〈윤석준의 차밀〉 중국 공군이 진짜 대만위협이다," https://bemil.chosun.com/nbrd/bbs/view.html?b_bbs_id=10158&branch=&pn=1&num=6153

______, "〈윤석준의 차밀〉 시진핑이 대만을 침공할 이유와 반론," https://bemil.chosun.com/nbrd/bbs/view.html?b_bbs_

id=10158&branch=&pn=1&num=6151

_____, "〈윤석준의 차밀〉 시진핑의 중국(Xi's China)이 대만을 침공 않을 이유," https://bemil.chosun.com/nbrd/bbs/view.html?b_bbs_id=10158&branch=&pn=1&num=6148

_____, "〈윤석준의 차밀〉 중국이 민간선박을 이용한 대만 상륙작전을 할까?," https://bemil.chosun.com/nbrd/bbs/view.html?b_bbs_id=10158&pn=1&num=6003

"2026년 중국이 대만을 침공하면?"…美 워게임이 남긴 것들 [차이나는 중국] https://news.mt.co.kr/mtview.php?no=2023011209174728666

"中, 대만 침공 성공 못해… 해군은 궤멸" 美가 '워게임' 해보니, https://www.chosun.com/international/2023/01/09/NLKSE2BQABGGRGKWVOZ77O3GCI/

"대만 무력통일'까지 꺼낸 시진핑…미 · 중 충돌 때 한국 선택은," https://www.joongang.co.kr/article/25109515#home

"바이든, '미국은 중국의 공격에서 대만을 방어할 것," 'https://www.bbc.com/korean/news-62951341

"시진핑은 대만 때려야 산다…'2027년 침공설' 커지는 이유", https://www.joongang.co.kr/article/25195683#home

"중국 전 해병대사령관, 대만 겨냥 동부전구 부임," https://www.yna.co.kr/view/AKR20220103119300089?site=mapping_related

"그동안 '2차대전때 잠수함' 썼다고? 대만 '자국산 1호' 진수 [밀리터리 브리핑]," https://www.joongang.co.kr/article/25197915

중국의 '일대일로', 개발도상국을 내편으로 만들어 미국에 도전하다

'중화민족의 부흥'을 이끄는 '일대일로'와 미 · 중 패권경쟁
'일대일로'의 성과, 개발도상국 내편으로 만들어
'일대일로'의 부작용, 개발도상국이 채무국으로 전락
미국 군사 패권에 도전하는 '일대일로' 전략거점 개발
중국의 '일대일로'와 우리의 국익을 어떻게 연결할 것인가?

'중화민족의 부흥'을 이끄는 '일대일로'와 미·중 패권경쟁

'일대일로' 는 중국 전성기를 재현하겠다는 '중화민족 부흥' 프로젝트

2004년 필자가 베이징 대사관에서 육군무관으로 근무할 때이다. 당시 중국 국방부 외사판공실 한반도 담당 장교가 갑자기 "임 무관, 나 아프리카로 발령받았어"라고 알려왔다. 그는 진급을 앞두고 있었다. 그때 무슨 이야기를 해줄 것인지 한참을 망설였던 기억이 있다. 아프리카로 가는 것이 영전인지 아니면 좌천인지 판단이 안되었다. 잠시 망설이다가 "아프리카는 중국에게 중요한 전략지역이기 때문에 중

국 정부가 유능한 당신에게 국가를 위해 일할 기회를 주는 것 아닌가. 비록 낙후된 지역이지만 큰 역할 기대한다"라고 외교적 언사로 그를 격려하였다.

20여 년이 흐른 지금 뒤돌아 보니, 중국은 오래전부터 아프리카를 포함해 개발도상국에 관심을 갖고 관계를 발전시키고 있었던 것이다. 서구세계가 소홀하게 생각하는 아프리카, 남미, 동남아 지역의 개발도상국에 진출하여 자원을 확보하고, 전략거점을 개발하며, 국제외교적으로 우방국을 확대하는 대외확장정책의 일환이었던 것이다. 당시에 이런 정책은 '해외로 나가자 (走出去)'였다. 시진핑 주석이 이 정책을 「일대일로」 구상으로 구체화시켰다.

시진핑 주석은 2013년 9월 카자흐스탄 방문 시 일대(一帶, 육상 실크로드) 구상을 밝혔고 이어서 2개월 후 11월 인도네시아에서 일로(一路, 해상 실크로드) 구상을 공개하였다. 중국에서 시작하여 유럽에 이르는 지상과 해상의 교역망을 이룩하겠다는 선언이었다. 중국은 이를 위해 실크로드 기금을 조성하는가 하면 아시아인프라투자은행(AIIB), 브릭스 신개발은행(NDB) 등의 출범을 주도하는 등 미국 중심 세계 금융질서에도 도전하였다.

'실크로드'는 기원전 200여 년 전 한(漢)나라 시대에 열렸고, 당(唐)나라(618~907) 시대에 전성기를 이루었다. 중국의 바닷길도 명(明)나라(1368~1644) 때 정허(鄭和) 함대가 인도양을 거쳐 중동 지역과 아프리카 동부 연안에 이르는 대항해를 7차례나 한 바 있다. 이는 콜럼버스의 신대륙 발견보다 90여년 앞선 사건이었다. 시진핑 주석은 중국이 융성했던 시기인 한(漢)과 당(唐)나라의 실크로드와 명(明)나라 바닷길을 21세기에 재현하는 것이 '중화민족의 위대한 부흥'이라고 생각하고 있다.

한국정부, 중국의 일대일로 정상포럼 소홀히 여겨

중국은 2023년 10월, 「일대일로」 추진 10주년을 맞아 제3회 국제협력 정상포럼을 개최하였다. 포럼 주제는 '「일대일로」의 고품질 건설을 추진하고 공동의 발전과 번영을 실현하자'였다. 이번 정상포럼에는 푸틴 러시아 대통령을 포함하여 25개 국가의 정상, 그리고 140개 국가 대표단과 30개 국제기구 대표단 등 총 4,000명이 참석하였다고 한다. 이 중에는 아프카니스탄 탈레반 정권의 산업부 장관 대행이 정부 대표단 단장 자격으로 참석하였다. 유럽에서는 헝가리, 세르비아 정상이 참석하였고 G7 국가는 불참하였다. 북한은 1차 및 2차 정상포럼에 김영재 대외경제상이 참석하였지만 이번에는 참석하지 않았다. 중국이 최근 러시아와 밀착하고 있는 북한에 대한 불만을 표시하면서 북·중·러 협력 가능성에 대한 거리두기가 아닌가라는 분석이 나오고 있다.

우리는 2017년 1차 정상포럼에 박병석 당시 여당 국회의원과 외교부 1차관이, 2019년 2차 정상포럼에는 홍남기 경제부총리가 각각 정부 대표단 단장으로 참석하였지만 2023년 3차 정상포럼에서는 해수부 장관이 정부 대표단 단장 자격이 아닌 장관 단독으로 참석하였다. 이번에는 중국으로부터 정부 대표단 파견 초청을 받지 못했지만, 「일대일로」의 분과포럼인 '해양협력 분과'의 초청을 받고 참석하였다고 한다.

우리 참석자의 직급이 1, 2차에 비해 낮아졌다. 그러나 보니 중국의 예우도 낮아졌다. 1차 박병석 의원은 정상 환영만찬 시작 이전 시진핑 주석과 10분간 면담을 하였고, 홍남기 부총리는 중국의 후춘화(胡春華) 부총리와 영빈관인 조어대에서 면담을 하였다. 이번 우리 해수부 장관은 직급이 한단계 낮은 차관급인 중국 자연자원부 부부장 겸 국가 해양국 국장 왕홍(王宏)과 양자회담을 하였다.

시진핑 주석, 미국의 중국 봉쇄를 비판하면서 '일대일로' 프로젝트 계속 추진 의지 밝혀

시진핑 주석은 2023년 10월 18일 개막식에서 "중국은 이념적 대립이나 지정학적 게임, 블록 간 대립에 관여하지 않을 것"이라며 "우리는 일방적 제재와 경제적 억압, 디커플링(탈동조화)에 반대한다"라고 밝혔다. 중국에 우호적인 개발도상국들을 모아 놓고 사실상 미국의 첨단기술 대중 수출규제 등 중국 봉쇄 전략을 비판한 것이다.

중국 국무원은 정상 포럼에 앞서 10월 10일 '「일대일로」 백서'를 발간했다. 이 백서에 따르면 지난 6월 말 기준 중국은 150여 개 국가, 30여 개 국제기구와 200여 건의 협력 문서를 체결했으며, 이미 완성된 사업규모만 해도 1조3천억 달러(약 1,760조 원)에 이르며, 중국과 이들 국가와의 상호투자는 누적 3,800억 달러(약 510조 원)에 달한다고 하였다. 중국은 주변국에 42만 개의 일자리가 창출되었고, 2030년까지 관련 국가에서 760만 명이 극단적 빈곤에서 벗어날 것이고, 3,200만 명이 차상위 빈곤에서 벗어나며 전 세계 소득이 0.7~2.9% 증가할 것이라는 낙관적인 전망을 내놓았다.

중국 일대일로 연결망(출처 : 구글)

시진핑 주석은 미래의 계획에 대해서도 언급하였다. "'작고 아름다운' 민생 사업을 함께 계속 추진하고, 고품질 발전으로 세계 각국의 현대화 실현을 위해 끊임없이 노력하겠다"라고 방향을 제시하면서, 이를 위해 "중국국가개발은행과 수출입은행은 각각 3,500억 위안(약 64조 원)의 융자 창구를 개설하고 실크로드기금은 800억 위안을 증자할 것"이라고 밝혔다. 차이나머니를 계속 투입해서 서방 중심의 경제에서 소외된 국가를 끌어들이겠다는 선언이면서, 중국식 현대화 모델을 적용하겠다는 선포이기도 하였다.

최근 중국 「일대일로」 프로젝트가 개발도상국을 '부채의 함정'에 빠뜨린다는 서방의 비판에 대해 중국이 대형 인프라 투자보다는 디지털, 친환경, 의료·교육 등과 같은 민생과 관련된 고품질 사업에 더 초점을 맞추는 모습이다.

미·중 패권경쟁의 현장, 중국의 '일대일로' 프로젝트 추진과 미국의 대응

중국의 '일대일로'는 단순한 경제협력체가 아니다. 경제협력을 수단으로 참여국의 정치에 개입하고 더 나아가 외교와 안보 문제에도 영향을 미치고 있다.

중국이 일대일로 프로젝트를 통해 중국을 중심으로 하는 경제권으로 만들어 가면서 동시에 안보협력체로 확대하는 것은 미국 입장에서는 자국의 글로벌 패권에 대한 도전이다. 필자는 미·중 패권경쟁에서 승부를 가르는 4가지 요소 중 '우호국 확대'를 하나의 요소로 제시한 바 있다.

미국은 중국의 일대일로 프로젝트에 크게 주목하지 않았다. 그러나 일대일로가 점차 성과를 내자 미국은 중국의 독주를 견제하기 시작하면서, 미국과 중국은 '개발도상국 끌어안기 경쟁'을 벌이고 있다. 미국 바이든 대통령은 취임 첫해인 2021년 6월, 영국에서 개최된 주요 7개국(G7) 정상회의에서 '더 나은 세계 재건'(B3W) 구상을 발표하였다. G7 국가들과 함께 2035년까지 개발도상국의 인프라 건설에 40조 달러(5경 4,200조 원)을 지원하겠다는 선언이었다.

이 구상은 2022년 6월, 독일에서 개최된 G7 정상회의에서 구체화되어 '글로벌 인프라 투자 파트너십'(PGII)이라는 프로젝트가 출범하였다. 개발도상국 인프라 투자를 위해 2027년까지 미국 2천억 달러(271조 원) 다른 국가들이 4천억 달러(542조 원)를 조달하겠다는 것이다. 미국은 2023년 9월에는 인도에서 개최된 주요 20개국 (G20) 정상회의에서 '인도·중동·유럽 경제회랑 구상' (IMEC) 을 제안하였다. 인도, 사우디아라비아, 아랍에미레이트를 포함하여 프랑스와 독일 등과 인도·중동·유럽을 연결하는 경제회랑을 구축한다는 계획이다. 이 모든 미국의 구상과 제안은 중국의 일대일로에 대한 대응 성격이 강하다.

미국과 중국이 벌이는 '경제적 우호국 확대' 경쟁에서 우리가 이득을 극대화할 수 있는 방법은 무엇일까

국내 언론과 학계에서는 2023년 중국의 제3차 일대일로 국제협력 정상포럼에 대한 관심이 부족하다. 일대일로를 중국을 중심으로 하는 경제협력체로만 국한해서 인식하기 때문이다. 중국 일대일로는 중화민족의 부흥을 추구하는 글로벌 프로젝트로 본질적으로는 미국 패권에 대한 도전이다. 이 과정에서 중국과 미국은 우호국 확대에 부심하고 있다. 미국과 중국이 벌이는 '경제적 우호국 확대' 경쟁에서 우리가 경제적 이득을 극대화할 수 있는 방법은 무엇일까. 방안을 강구하기 위해 정치권은 물론이고 정부 및 학계, 전문가들의 중지를 모아야 할 시점이다.

중국 일대일로 연결망(출처 : 구글)

'일대일로'의 성과, 개발도상국 내편으로 만들어

중국의 '일대일로' 프로젝트는 전세계 150개 국가가 참여하는 글로벌 경제 협력체

중국의 민간에서 흔히 들을 수 있는 표현이 있다. '有奶便是娘' (유내편시낭, 나한테 젖을 주는 사람이 엄마이다) 나에게 이익을 주는 사람을 따르겠다는 현실적인 사고방식인 것이다. 이러한 태도는 국가 간에도 크게 차이가 없다고 생각한다. 이런 관점에서 볼 때 개발도상국들이 중국의 「일대일로」에 참여해 경제적 이익을 얻을 수 있다면 적극적으로 참여하는 것은 당연하다고 할 수 있다. 일대일로가 무엇이 문제이고 파생되는 부작용은 무엇인가를 따지는 것은 그 다음 문제일 것이다.

중국은 일대일로 프로젝트를 시행하면서 개발도상국이 원하는 2가지를 충족시켜주고 있다. 첫째는 인프라 시설 건설 지원이다. 중국은 개발도상국가들이 자체적으로 추진하기 어려운 고속도로 건설과 항만 개발 등 대규모 인프라 건설을 지원하였다. 완성된 인프라 시설들은 해당국 정권의 업적이 된다. 둘째, 내정 불간섭이다. 개발도상국 중에는 독재정권과 인권 탄압 정권도 있다. 그렇지만 중국은 해당국의 인권과 민주주의 정도를 사업의 전제조건으로 삼지 않는다. 중국은 해당 국가와 인프라 건설 계약 체결 시 비밀주의를 견지하고 있다. 사업에 투입되는 차관의 규모와 조건 등을 밝히고 있지 않아 해당국 정권과 어떠한 거래가 있었는지 알려지지 않고 있다. 해당국 정권이 선호하는 방식이다.

2023년 10월에 발표된 중국의 '일대일로 백서'에 의하면 이 프로젝트에 150개 이상 국가와 30개의 국제기구가 참여하고 있다고 한다. UN 정회원국 193개 국가 중 43개 국가를 제외하고 전부 참여한 셈이다. 특히 아프리카에서는 55개 국가 중 53개 국가가, 남미 지역은 33개 국가 중 브라질, 콜롬비아, 파라과이 등 3개 국가를 제외한 30개 국가가 참여하고 있다. 중국의 일대일로는 개발도상국가 거의 전부가 참여하고 있는 글로벌 경제 협력체로 위상을 굳히고 있다.

중국은 일대일로 백서에서 성공 사례를 나열하면서 중국과 참여국 모두 이익이었다고 평가

2013년부터 2023년까지 10년 간 추진되었던 일대일로 프로젝트는 주목할 만한 성과가 있었다. 우선 중국 자체의 평가부터 살펴보자. 시진핑 주석은 2023년 10월 18일 일대일로 10주년 기념 3차 국제협력 정상포럼 개막식에서 "일대일로 계획은 세계 경제에 새로운 활력을 불어넣고 국제 협력을 위한 새로운 플랫폼을 만들었다"며 "인프라 네트워크 연결과 항구 개발로 새로운 경제 통로를 창출했다"고 자찬했다. 여기서 새로운 활력과 새로운 플랫폼은 '중국식 발전 모델과 표준'을 의미한다.

일대일로 3차 정상포럼 개최 일주일 전 10월 10일 중국이 발표한 '일대일로 백서'에는 프로젝트의 내용과 성과가 상세하게 기술되어 있다. 백서에서 기술된 성과를 발췌하여 정리하면 다음과 같다.

첫째, 육상 교통 연결망 구축이다. 중국은 육지로 연결되는 파키스탄 방향, 라오스 방향, 미얀마 방향, 러시아-몽골 방향, 중앙아시아 방향 등 5개 방향으로 철도 및 고속도로를 개통하였다. 육상으로 연결되지는 않지만 인도네시아의 야안 고속철도와 유럽의 헝가리-세르비아 철도의 베오그라드-노비사드 구간을 개통시켰으며, 부다페스트-클레비오 구간은 선로부설 작업을 시작하였고, 몬테네그로의 남북고속도로는 완공되었다고 기술되어 있다. 육상 교통 연결망 중 중국-러시아 회랑에 가스수송관을 설치하였고, 중앙아시아와 미얀마 회랑에는 송유관과 가스수송관이 완공되어 가동 중이라고 밝히고 있다.

둘째, 해상 항만 개발이다. 서남아시아의 파키스탄 과다르 항구, 동남아시아의 미얀마 차우크퓨 항구, 스리랑카의 함반토타 항구를 확충하였고 아프리카 나이지리아 레키 심해 항구, 유럽의 그리스 피레우스 항구, 이탈리아의 바도 컨테이너 터미널 개설 등 실적을 제시하고 있다. 미국 등 서방국가들은 중국이 투자하고 확충한 이러한 항구들이 군사용으로 사용될 가능성을 주목하고 있다.

셋째, 육상과 해상 교통망을 연결한 '복합 운송 회랑' 확대이다. 중국의 국제열차는 86개의 운행 노선으로 아시아-유럽 배후지의 주요 지역을 통과하며, 유럽 25개국 200개 이상의 도시에 도달하는 등 유라시아 대륙을 교통망에 포함시켰다. 중국 서부를 지나는 철도-해상 복합 운송 열차(Western Land-Sea New Corridor)는 중국 중부 및 서부의 18개 성(자치구 및 시)을 포함하며 100개 이상의 국가에서 300개 이상의 항구로 이어진다고 기술하고 있다.

넷째, 원자력 발전소 건설 협력 및 산업단지 조성이다. 중국은 파키스탄과 공동으로 카라치 원자력 발전소를 건설하였고, 카자흐스탄과 공동으로 유리빈에 핵연료 관련 공장을 건설하여 가동 중이라고 하였다. 그리고 중국은 정부 및 기업이 공동으로 70 개 이상의 해외 산업 단지를 건설했는데, 대표적으로 중국-벨로루시 산업 단지, 중국-UAE 생산 능력 협력 시범 단지, 중국-이집트 수에즈 경제 무역 협력구 등이 있다고 밝히고 있다. 또한 일대일로 참여국들은 자신들의 경제발전 계획을 중국의 일대일로 프로젝트와 연계시키고 있다.

대표적으로 사우디아라비아가 '사우디의 비전 2030'을 '일대일로 구상'과 연결시켰다고 한다.

다섯째, 중국 주도의 표준화 제정 추구이다. 이 분야는 눈에 보이지 않지만 중국 중심주의를 실현해 가는 과정이다. 중국은 65개 국가 표준화 기구 및 국제·지역 기구와 107개의 표준화 협력 문서를 체결하여 석유 및 가스 파이프라인, 물류 등 다양한 분야의 표준 제정에 국제 협력을 촉진했다라고 밝혔다. 또한 중국은 프로젝트 추진을 위한 자금 조성 목적으로 금융 시스템과 전자 상거래 디지털 분야의 규칙과 표준을 자국 중심으로 제정하고 중국의 위성항법시스템 베이더우(北斗)의 사용을 주도하고 있다고 한다. 무역 결제도 위안화 사용을 추진하고 있는 것으로 알려져 있다.

서구의 일부 싱크탱크와 학자들의 긍정적 평가도 이어지고 있다

벨기에의 싱크탱크 브루겔(Bruegel)이 10주년을 맞은 일대일로 사업에 대한 전 세계 언론보도을 분석한 결과, 이들은 일대일로에 긍정적이었다고 발표했다. 특히 사하라 사막 이남의 아프리카와 중동 북부 지역 등지의 개발도상국들의 언론은 항상 긍정적이었다고 밝혔다. 보스턴 대학의 케빈 갤러거(Kevin Gallagher) 교수는 10월 10일 베이징에서 개최된 '일대일로 녹색발전 국제연맹 회원 총회'에서 "지난 10년간 일대일로가 개발도상국과 세계 경제에 큰 이익을 가져왔다"며 "인프라 건설을 통해 상호 연결을 촉진했을 뿐만 아니라 전 세계 빈곤층에게 더 나은 에너지 접근성을 가져다 주었다"라고 평가했다.

대만에서는 일대일로에 대해 중국을 중심으로 한 '기러기 편대 모델(Flying Geese Model)'이라고 하였다. 우두머리 기러기가 앞에서 무리를 이끌로 날아가는 모습과 동일하게 중국이라는 우두머리 기러기가 개발도상국 기러기를 이끌고 있는 형태라는 것이다. 이 모습은 과거 중화질서를 연상케 하는데, 중국은 개발도상국뿐만 아니라 전세계 대부분의 국가를 이끌고자 할 것이다. 이것이 시진핑 주석이 지향하는 '중화민족의 위대한 부흥' 즉 '중국몽'의 실현이다.

중국이 '일대일로' 프로젝트를 통해 개발도상국을 내편으로 만들고 있는 사실을 직시해야

중국은 '일대일로' 프로젝트를 통해 미국과 유럽 등 서구 선진국이 소홀하게 여겼던 개발도상국가와 관계를 돈독히 하였다고 평가할 수 있다. 개발도상국가들이 자신들에게 경제적 이익을 주는 중국을 지지하고 추종하는 것은 당연하다. 자연스럽게 중국 진영이 형성되는 것이다. 중국도 개발도상국들과 경제적으로 동반 성장하면서 에너지를 안정적으로 공급받을 수 있고, 전략거점을 확대하고 있다.

이러한 현상은 1930년대 중국의 국공내전에서 중국공산당이 수행하였던 '농촌에서 세력을 확대한 다음 도시를 공략'하였던 혁명전략과 유사해 보인다. 미·중 패권경쟁 시대에 일대일로를 추진하는 중국의 세력 확대가 예사롭지 않다.

‘일대일로’의 부작용, 개발도상국이 채무국으로 전락

중국은 자국에 유리한 사업을 선정하고, 경제적 수익을 챙겨...

중국은 2023년 10월에 개최한 ‘일대일로’ 10주년 기념 3차 국제 정상포럼에서 정책변화를 시사하였다. 일부 참여국을 ‘부채의 덫(Debt Trap)’에 빠뜨렸다는 비난을 의식했기 때문이다. 참여국에서도 일대일로 사업이 중국의 전략적 이익을 위해 설계되어 있고, 추진 과정에서도 중국이 경제적 이익을 독점하고 있다는 현실을 인식하기 시작하였다. 또한 일부 참여국들은 부채 문제로 파산 상태에 이르면서 주요 사업을 취소하고 있다. 중국도 투자금 회수의 어려움과 경제 성장률 저하로 일대일로 정책의 변경이 불가피한 상황이다.

참여국들이 부채의 덫에 빠지는 이유는 중국의 프로젝트 추진 방식의 다음과 같은 단계별 특성에서 비롯되고 있다. 1단계는 계약 단계인데, 참여국의 필요성과 경제성에 앞서 중국이 요구하는 프로젝트가 선정된다. 2단계는 시공 단계로, 중국 업체가 중국산 자재를 사용하고, 중국인 근로자를 고용한다. 따라서 참여국은 고용 창출과 경기 부양을 기대할 수 없다. 3단계에서는 인프라 시설이 완공된 후, 중국 정부는 채권을 확보하고 중국 업체는 수익을 벌어들이지만 참여국에는 적자 인프라 시설과 부채만 남게 된다. 중국은 파산 직전의 참여국으로부터 인프라 시설 운영권 등 이권을 확보한다. 각 단계별로 대표적인 사례를 살펴보자.

1단계, 중국에 유리한 계약 체결

파키스탄의 과다르 항구 확장 사업은 파키스탄에게 필요한 사업이 아니었다. 중국이 믈라카 해협이 미국에 의해 봉쇄될 경우를 대비해 중동의 원유를 인도양을 거쳐 과다르 항구로 운반한 다음, 다시 '과다르-중국 서부지역 신장자치구 카스(喀甚)'를 연결하는 송유관을 통해 중국 내륙으로 공급하겠다는 목적에 의해 추진된 사업이었다. 과다르-카스 3,000㎞ 구간은 중국이 일대일로 사업에서 중국-파키스탄 회랑(CPEC)으로 지정해서 고속도로, 철도, 광통신망, 송유관을 개설하고 있다. 파키스탄 입장에서는 과다르 항구를 경유하는 물동량이 적어 적자를 면치 못하고 있다.

또한 중국이 참여국과 체결하는 계약 내용은 비밀이기 때문에 참여국에서는 유령회사 계좌로 자금을 받아 전용한 사례가 발생하고 있고, 심지어 필리핀과 미얀마에서는 지하경제와 도박사업으로도 유입되었다는 해외보도도 있었다. 자금은 중국 국책은행에서 대출해 주는 차관 형식으로 5%의 금리를 적용하고 있다. 이 금리는 국제통화기금(IMF) 구제금융이나 공적개발원조(ODA) 차관 금리보다도 2배 이상 높다. 그리고 계약에 원리금 상환 연체와 탕감은 허용하지 않는다고 명시하고 있다.

중국은 차관을 대출해 주면서 참여국에게 광물 등 천연자원을 수출해서 얻은 수입을 담보로 요구하고 있다. 일례로 베네수엘라의 경우 석유를 팔아 번 외화를 중국이 관리하는 은행 계좌에 직접 입금

할 것을 요구했다. 결과적으로 재정상태가 부실한 참여국들은 경제성없는 사업에서 적자를 내면서 원리금 상환 부담으로 파산 위기에 이르게 된다. 서방에서는 중국을 '악성 고리대금업자', 또는 '채무 제국주의자'라고 비난하는 이유이기도 하다.

2단계, 인프라 시설 시공

참여국은 프로젝트를 시행하는 과정에서 자국민의 일자리가 창출되고 자국산 원자재 판매가 증대되며 동시에 중국으로부터 기술을 이전 받을 수 있는 경제적 이익을 기대하였지만, 중국은 자국인 고용, 자국산 자재를 사용하면서 참여국의 기대는 어느 하나도 충족되지 못하고 있다. 오히려 중국 업체는 공사비를 부풀리거나, 중국산 자재로 과잉공사를 하거나, 재고가 넘치는 저가 중국산 자재 가격을 부풀려 청구하는 사례도 발생하고 있다. 이러한 구조에서는 중국만이 경제적 이익을 창출할 수 있다. 프로젝트가 마무리된 후에도 관리나 유지 보수 등 후속조치도 중국 업체가 담당하게 된다. 계속 중국에 의존해야 하는 구조인 것이다.

2022년 네팔은 25억 달러 규모의 부디 단다키댐 건설 공사에 대해 '계약이 변칙적이고 경솔하다'라는 이유로 계약을 파기하였다. 말레이시아는 2018년 믈라카 반도-쿤밍(昆明) 철도와 송유관 건설 사업 등을 중단하였고, 미얀마의 미트소네 수력댐 사업과 태국의 고속철 사업은 지연되고 있다.

부실 시공도 이어지고 있다. 중국 지원으로 완공된 네팔의 포카라 국제공항에서는 2023년 초 여객기 추락사고가 발생해 68명이 희생되었는데, 중국의 부실 시공 의혹이 제기되고 있다. 미국 월스트리트 저널(WSJ)에 따르면 에콰도르 코카코도 수력 발전소는 2016년 완공 직후 댐에 수천 개의 균열과 터빈에 17000여 개의 균열이 발견되어 붕괴 우려가 있다고 보도하였고, 파키스탄에서도 중국이 건설한 닐룸-젤룸 수력발전소는 2022년 터빈에 물을 공급하는 터널에서 균열이 발견되어 가동을 중단하였다고 한다.

3단계, 파산 위기에 처한 참여국이 시설 운영권 및 이권을 중국에 양도

미국 '글로벌개발센터(CGD)'는 일대일로 참여국 23개국이 '상당한 높은 수준의 부채 비율을 기록하고 있다'라고 언급하고 있다. 즉 이들 23개국은 파산위기에 처해있다는 의미이다. 이들 국가 중 12개 국가는 외채 50% 이상이 중국으로부터 조달되었고, 정부 세수의 1/3 이상을 부채 상환에 사용한다고 하였다. 대표적인 사례는 스리랑카로서 이 국가는 함반토타 항구 건설에 대출받은 14억 달러를 상환하지 못해 2017년 채무 불이행(디폴트)를 선언하고 중국에 항구 지분 80%와 99년 운영권을 넘겼다. 피키스탄 과다르 항구 운영도 중국에 넘어간 상태이다. 잠비아도 중국에 66억 달러를 갚지 못하여 2020년 국가 부도사태를 당해 중국에 광물 채굴 이권을 양도하였다.

중국의 아프리카 진출 거점 지부티도 중국의 자금 투입 초기인

2016년에는 부채가 국내총생산(GDP)의 50% 정도였지만, 2018년에는 85%로 급증하여 파산 위기에 몰렸는데 이 중 70%가 중국 부채였다. 2020년 9월, 라오스는 파산 직전 중국 채권단으로부터 부채를 탕감받기 위해 주요 자산을 중국에 매각하고 에너지원 일부를 6억 달러(약 7100억 원)에 넘겼다고 한다. 중국 쿤밍(昆明)–라오스 수도 비엔티안 철도가 운행을 개시하기도 전에 발생한 일이다.

G7 국가 중 유일하게 일대일로 프로젝트에 참여한 이탈리아는 2023년 탈퇴를 선언하였다. 탈퇴 이유는 자국의 이익에 도움이 되지 않는다는 것이었다. 이탈리아 총리는 "일대일로 사업 참여는 우리가 기대했던 결과를 가져오지 못했다"라고 밝혔다. 이탈리아는 對중국 수출이 130억 유로에서 160억 유로로 30억 유로 정도 늘었는데 중국의 對이탈리아 수출은 거의 2배 늘어 상호이익이 아닌 중국만 이익을 취했다고 판단한 것이다. 이로써 중국이 이탈리아의 동북부 트리에스테 항구와 서북부 제노바 항구에 투자한다는 계획에 차질을 빚었다.

'부채의 덫'에 걸린 참여국들은 중국에 더욱 의존적인 행태를 보이고 있어

2023년 10월에 개최된 「일대일로」 3차 국제협력 정상포럼에서 파키스탄의 카카르 총리는 시진핑 주석에게 "파키스탄과 중국 관계는 하늘에서 만들어진 것"이라고 발언하면서 "우리는 늘 중국과 함께 할 것이고 중국을 무조건 신뢰한다"고 밝혔다. 일대일로 사업 참여로 막대한 부채가 발생하여 경제적 어려움을 겪는 파키스탄이 경제난 극복을 위해 다시 중국 측 지원을 바라는 것이다.

반중 정서로 당선된 시리세나 스리랑카 대통령은 중국 의존정책의 위험성을 인식하고 차관 재협상 등을 통해 중국의 영향력에서 벗어나려 했지만 끝내 무위로 돌아갔다. 스리랑카는 일본·인도 컨소시엄과 2019년에 콜롬보항 컨테이너 개발 사업에 계약을 체결하였지만 이를 파기하고 2021년 중국 기업에 발주하였다. 중국에 부채가 있더라도 대출을 받을 수 있는 나라는 중국이고 경제적으로 의존할 수 있는 국가는 중국이라고 판단했기 때문이다. 현재 파산위기를 겪는 일대일로 참여국들의 딜레마이기도 하다.

중국 이익 우선의 사업 추진 방식은 변화가 없겠지만 소규모 직접투자로 전환 예상

중국의 일대일로 프로젝트는 향후에도 지속될 것이다. 특히 시진핑 주석이 집권하는 한 중점사업으로 추진될 것이고 그 이후에도 중화민족의 부흥을 구현하기 위해 계속 이어갈 것이며, 중국 이익을 우선하는 기존의 사업 추진 방식도 변화가 없을 것이다.

그렇지만 참여국을 부채의 덫에 빠뜨리는 대규모 인프라 사업은 변화가 예상된다. 중국도 투자금 회수가 곤란하고 대규모 프로젝트에 투자할 경제력도 10여 년 전보다 못하기 때문이다. 중국은 향후에 현지 기업에 직접투자하는 방식으로 전환을 언급하고 있고, 대상 지역도 재정난이 지속되는 아프리카 서남아시아보다는 부채리스크가 덜한 동아시아 중동, 남미 유럽에 투자할 것으로 보인다. 시 주석은 2023년 3차 국제 정상포럼에서 '작고 아름다운 사업 추진'을 언급한 바 있다.

중국은 일대일로 사업을 통해 자국을 중심으로 하는 경제협력체를 구성하여 영향력을 확대하고 있는 성과도 있지만, 참여국 일부를 파산상태에 이르게 하는 부작용도 발생하고 있다. 중국이 이러한 문제점을 어떻게 극복할 수 있을지 주목된다.

미국 군사 패권에 도전하는 '일대일로' 전략거점 개발

중국은 바다에 대한 집념이 강하다. '100년 국치(國恥)는 바다에서 비롯되었다'라는 인식으로 '청·일전쟁 패전 박물관'을 건립하였고, 항공모함 6척 보유 계획을 추진하고 있다.

중국은 「일대일로」를 '중국이 중심이 되어 참여국과 상호 번영하는 경제 협력체'로 규정하고 있다. 그러나 시진핑 주석의 의도는 일대일로를 통해 미국과 패권경쟁에서 군사분야에서 우세를 확보하는 것이다. 현재 일대일로 프로젝트에서 나타나고 있는 중국의 전략거점 개발과 해양진출은 일대일로의 군사적 성격을 잘 나타내고 있다.

근대 이전 중국은 대륙국가였다. 안보위협은 주로 북방으로부터 나왔고 해양은 상대적으로 평온하였다. 그러나 서구 열강이 중국을 침략하기 시작한 1840년대부터 안보위협은 해양으로부터 발생하였다. 중국은 1842년 아편전쟁에서 패했고, 청·일전쟁에서는 1895년 서해 해전에서 패함으로 청조(清朝)는 열강의 침략을 받아 반식민지로 전락하였고 이어서 멸망하였다. 중국인들은 1840년대부터 중국공산당이 신중국을 건립한 1949년까지 약 100년을 '국치(國恥)'로 여기고 이는 바다에서 비롯되었다고 인식하고 있다.

중국은 '100년 국치'의 결정적인 사건인 '청·일전쟁의 패전을 잊지말자'라며 당시 북양함대 지휘부가 있었던 산동성 웨이하이(威海)에 '갑오전쟁 박물관(甲午戰爭博物館)'을 1985년에 건립하였다. 침몰한 북양함대 기함 정원(定遠)함도 인양하여 전시하고 있다. 패전한 전쟁을 잊지 말고 치욕적인 역사를 되풀이하지 말자는 의지를 담은 것이다. 시진핑 주석도 2018년에 이 박물관을 방문하여 "역사의 교훈을 새겨 중국을 해양강국으로 만들어야 한다"라고 해양안보를 강조한 바 있다.

개혁의 설계자 덩샤오핑(鄧小平)은 해양의 중요성을 누구보다 잘 알고 있었다. 그는 자신의 유골을 남중국해에 뿌릴 정도로 해양에 애착을 가지고 있었다. 국공내전 시절 덩샤오핑의 부하였던 류화칭(劉華淸)이 덩샤오핑의 뜻을 이어 중국의 첫 항공모함을 확보하였다. 류화칭은 '항공모함을 확보하기 전에는 눈을 감을 수 없다'라는 평소의 바람대로 중국 제1항공모함 랴오닝(遼寧)함이 취역하기 1년 전인 2011년 1월, 94세의 나이로 눈을 감았다. 중국은 항공모함 6척 보유를 목표로 하여 1번함 랴오닝함과 2번함 산동(山東)함은 운영중이며 2022년 6월에 진수한 3번함 푸지엔(福建)함도 곧 작전에 투입될 예정이다. 항공모함 이름인 '랴오닝'과 '산동'은 청·일전쟁 패전지역이다. 해양에 대한 중국의 집념은 이렇게 강렬하고, 뿌리깊다.

중국의 해양 진출 루트는 에너지 수송로와 전략거점을 확보하려는 일대일로와 연계되어 있어

중국의 해양 진출 루트는 다음 몇 개로 구분할 수 있다. 첫째, 미국이 장악하고 있는 말레이 반도의 믈라카해협 봉쇄를 대비한 석유 수송 루트 확보이다. 중국내륙 서부지역 신장자치구 카스(喀甚)에서 파키스탄 과다르(Gwadar)항을 거쳐 아라비아해-중동 산유국에 이르는 A루트가 있다. 중국은 이 루트를 '일대일로 6대 경제회랑' 중 하나인 '중국-파키스탄 경제회랑 (CPEC)'이라고 하며 약 3,000㎞의 거리이다. 〈사진 1 참고〉

과다르항은 인도양을 거치지 않고 바로 중동 산유국과 연결되는 항구로 중국은 2017년 4월에 2019~2059년 40년간 사용 계약을 맺었다. 또한 과다르항은 항모가 기항이 가능한 수심이 깊은 항이다. 중국이 이곳을 군사기지로 개발한다면 호르무즈 해협은 물론 눈앞의 아라비아 해를 포함해 인도양 전체를 아우르는 전략적 위치를 선점하게 된다.

또 다른 에너지 수송로는 중국내륙 남부 쿤밍(昆明)에서 히말라야 산맥을 넘어 미얀마 짜욱퓨(Kyaukphyu)항으로 연결된 다음, 벵골만-인도양-아라비아해에 이르는 B루트이다. 중국은 이 루트를 '중국-미얀마 경제회랑 (CMEC)'이라고 하며 약 800㎞의 거리다. 〈사진 2 참

〈사진1〉 파키스탄 과다르항

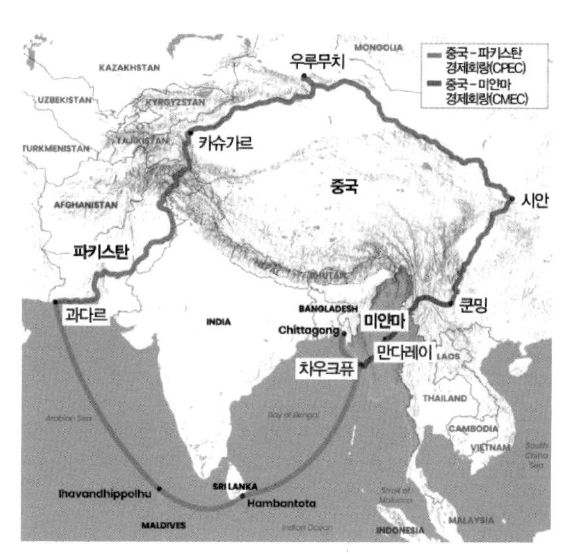

〈사진2〉 미얀마 짜욱퓨항

〈사진3〉 지부티 중국 군사기지

고〉 이 경제회랑에는 고속철이 개설되고, 항구 배후지역은 '짜욱퓨 특별경제구역'으로 개발되며 주변에 수력발전소 건설 등이 계획되어 있다. 중국은 이를 조속히 추진하고자 하지만 미얀마 국내사정으로 지연되고 있다.

중국은 2017년 아라비아해 아덴만 지부티(Djibouti)에 군사기지를 구축하였다. A루트와 B루트는 지부티 기지와 연결되어 있다. 지부티는 중국의 첫 번째 해외 군사기지로, 현재 이 기지에는 최대 2,000명의 병력이 주둔하고 있으며, 항공모함이 정박 가능한 330m 부두가 개설된 것으로 알려져 있다. 〈사진 3 참고〉

중국은 인도양과 남태평양으로 진출할 수 있는 전략거점을 확보 중

둘째, 스리랑카의 함반토타(Hambantota)항만을 거점으로 인도양으로 진출하는 루트이다. 인도는 미국 주도의 쿼드(Quad)에 가입하여 중국과 대립중이며, 1962년 중·인 전쟁에서 중국에게 패배한 바 있고 현재에도 히말라야 산맥 국경선 부근 '갈완계곡(Galwan Valley)' 등에서 수시로 소규모 무력충돌을 벌이고 있다. 중국은 인도의 도전을 극복해야 한다. 스리랑카는 인도 남부지역과 근접하고 믈라카 해협과도 가까운 위치이기 때문에 중국은 스리랑카의 함반토타 항만을 거점으로 바다에서 인도를 압박하고 믈라카해협에 영향을 미칠 수 있다. 〈사진 4 참고〉 이 항만은 현재 중국이 99년 간 운영권을 갖고 있지만 병력이 주둔하고 군함이 정박하는 군사기지라고 할 수 없다. 그렇지만, 향후에 중국의 해외 군사기지로 발전될 가능성을 배제할 수 없다.

셋째, 캄보디아 레암(Ream)항을 통해 남중국해로 나아가는 루트를 들 수 있다. 중국은 자국의 군항에서 남중국해로 바로 접근이 가능하지만, 남중국해 서쪽에 위치하고 있으며 믈라카해협과 근거리인 레암항은 중국의 남중국해 작전에 기여할 수 있는 전략거점이다. 〈사진 5 참고〉 레암항은 현재 캄보디아 해군기지로 여기서 미국과 연례 연합훈련을 하였지만 2017년 캄보디아가 협력 중단을 선언하였으며, 향후에 레암기지 북쪽에 중국군의 군사기지가 설치될 것으로 추정되고 있다.

월스트리트저널(WSJ)은 2019년 7월 중국과 캄보디아가 30년간 레암 해군기지의 3분의 1(약 25만㎡)을 중국군이 독점적으로 사용하고, 이후 10년 단위로 자동 갱신되는 비밀협약을 체결했다고 보도한 바 있다. 당시 두 나라 정부는 이를 부인했지만 그 뒤 이곳에서 공사하는 모습이 위성사진 등으로 포착됐다. 레암항이 중국군 군사기지로 발전되면 이 기지는 지부티에 이어 두 번째 해외기지이고, 인도·태평양 지역에서는 최초의 중국군 해외기지가 된다.

중국은 캄보디아를 포함하여 인도차이나 반도를 중국-중남반도(인도차이나 반도)경제회랑'이라고 지정하여 철도망 연결을 추진하고 있다. 2021년 12월 완공된 중국 쿤밍-라오스 수도 비엔티안(Vientiane)을 연결하는 1,300㎞ 고속철도를 중심으로, 서쪽으로는 미얀마 양곤, 남쪽으로는 태국, 캄보디아, 말레이시아, 싱가포르, 동쪽으로는 베트남을 연결하는 범아시아 초국가 광역 철도망 계획이다. 베트남 노선은 일본이 추진하는 것으로 알려지고 있다. 일대일로 프로젝트의 일환으로 추진되는 인도차이나 반도 철도망이 모두 완공되면 중국은 육로로 지역의 주요 항구에 접근이 가능하고 남중해로 진출이 용이하게 될 것이다. 〈사진 6 참고〉

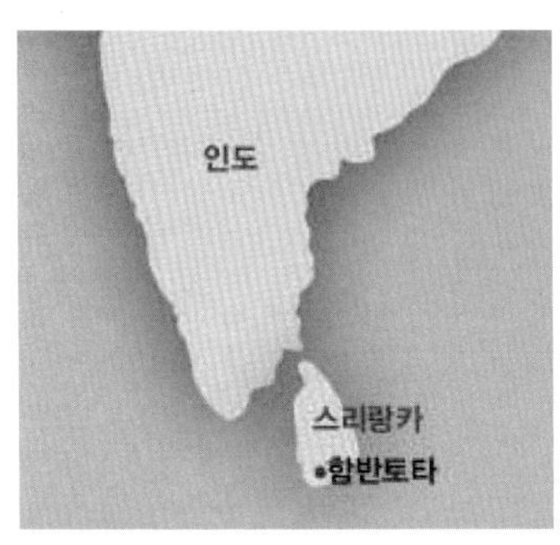

〈사진4〉 함반토타항

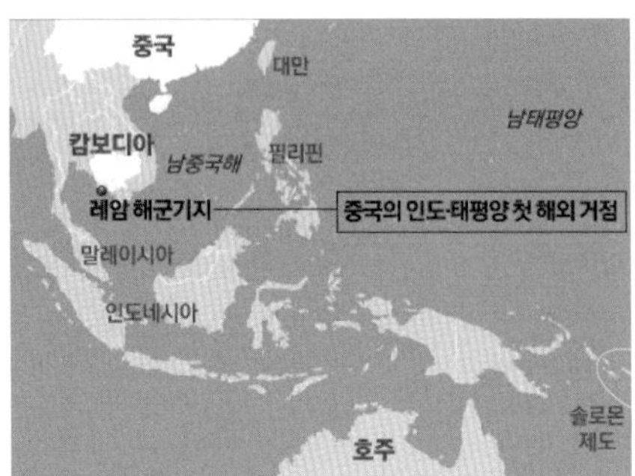

〈사진5〉 레암해군기지

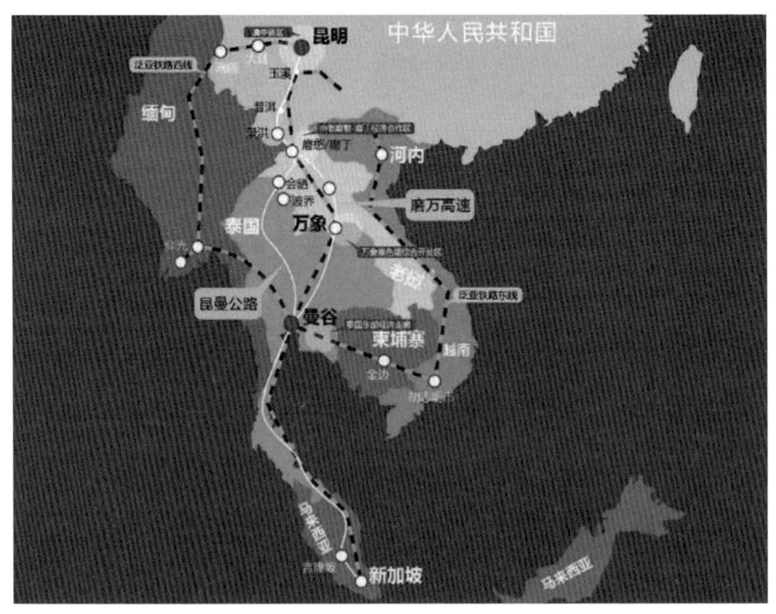

〈사진6〉 인도차이나 반도 철도망

남중국해-호주 다윈항-남태평양 도서국 루트는 하와이를 겨냥하는 제3도련선 도달을 의미

넷째, 남중국해–호주 다윈(Darwin)항–태평양도서국을 경유하여 남태평양에 이르는 루트이다. 이 루트는 미국의 괌기지를 겨냥하고 있고 하와이 미 인도태평양 사령부를 위협하고 있다. 호주 노던 준주(Northern Territory) 지방 정부는 2015년 다윈항을 민영화하면서 항구 운영권을 4억 달러(약 5천억 원)에 중국 기업에 99년간 장기 임대하였지만 2020년 일대일로 사업 관련 양해각서와 기본합의를 파기하면 이 계획은 무산되었다. 그러나 최근 중국과 호주 관계가 개선되면서 다윈항의 중국 임대문제가 다시 거론되고 있다. 중국이 다윈항을 사용할 수 있다면 남태평양으로 진출하는 길이 열리게 된다. 〈사진 7 참고〉

중국은 호주–남태평양 진출 루트를 확보하기 위해 남태평양 도서국에 접근하고 있다. 중국은 남태평양의 솔로몬제도와 2023년 4월, 중국이 솔로몬제도에 해군 함정을 파견해 현지에서 물류 보급을 받을 수 있고, 사회질서 유지를 위해 군과 무장경찰을 파견할 수 있다는 내용이 포함된 안보협정을 체결하였다. 이 협정에 따라 중국은 솔로몬제도를 해군의 원양 작전 기지로 활용할 수 있게 된 셈이다. 미국과 호주의 연결을 차단하고 호주를 북쪽과 동쪽에서 위협할 수 있는 위치이다. 〈사진 8 참고〉 또한 중국은 남태평양 10개 도서국가와도 솔로몬제도와 체결한 협정과 유사한 안보·경제 협력을 위한 '포괄적 개발 비전'이라는 협정 체결을 추진하였지만 일부 국가의 반대로 무산되

었다. 〈사진 9 참고〉

그러나 키리바시(Kiribati)는 2022년에 중국과 일대일로 사업 양해각서를 체결하고 중국의 지원으로 칸톤(Kanton)섬의 약 2㎞ 규모 활주로 보수사업을 진행하기로 하였다고 밝혔다. 칸톤섬에서 화와이까지는 약 3,000km에 불과하다. 〈사진 10 참고〉 활주로는 민간 상업용으로 중국군의 사용 가능성을 부인하고 있지만 칸톤섬은 인구 100명이 채 되지 않아 상업과 거리가 멀다. 중국군이 칸톤섬의 활주로를 사용한다면 하와이는 작전 반경 약 3,500㎞인 중국의 폭격기인 H-6J의 위협에 노출되는 것이다.

또한 남태평양 도서국 미크로네시아의 야프섬(Yap Islands)은 미국의 괌 기지로부터 약 700여 ㎞ 떨어져 있다. 중국이 만일 이곳에 기지를 둘 수 있다면 중국은 괌기지를 중국 본토에서 뿐만 아니라 남쪽에서도 위협을 가할 수 있다. 〈사진 11 참고〉 '아메리카 호수(America Lake)'로 간주되던 남태평양이 미국을 위협하는 중국의 해양진출 루트와 전략거점이 되고 있다. 중국의 남태평양 진출은 일본 도쿄만-괌-사이판-파푸아뉴기니로 이어지는 제3도련선 도달을 의미하는 것이다.

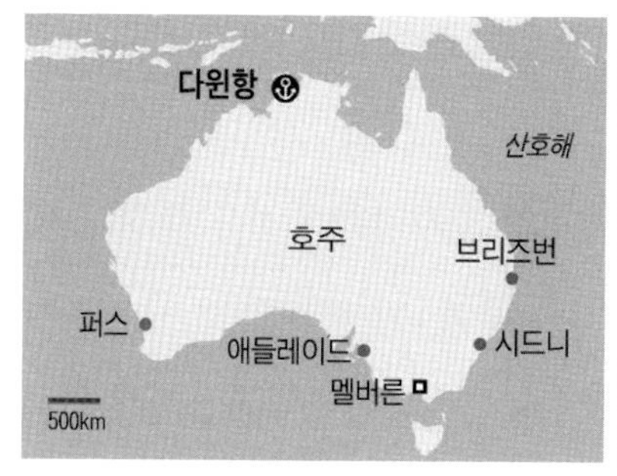

〈사진7〉 호주 다윈항

〈사진8〉 솔로몬제도

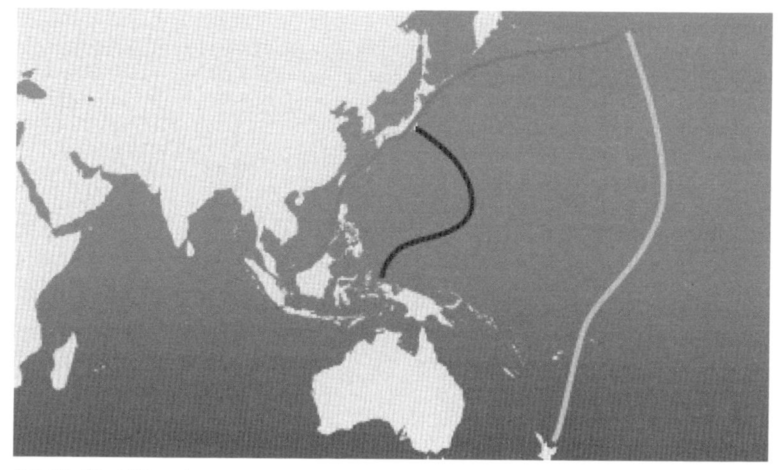

〈사진9〉 제3도련선 도달

미·중 패권경쟁에 유리한 위치 확보를 위한 전략 거점 확대 시도

중국이 서아프리카 적도기니공화국에 군사기지 건설을 추진 중이라고 미국의 월스트리트저널이 2021년 12월 5일 보도했다. 이 기지가 완성되면 중국은 아프리카 대륙 동서에 기지를 하나씩 확보하게 되고 미국으로서는 사상 처음으로 대서양 건너편 중국 군사기지와 마주보는 상황을 맞는 것이다. 〈사진 12 참고〉 이곳에는 이미 중국이 건설한 상업 항구가 있으며 인접 국가인 가봉 등 중앙아프리카 내륙으로 통하는 고속도로도 갖추고 있어 군사적 요충지이다.

중국의 활동 범위를 육상 군사시설로 넓히면 훨씬 커진다. 중국군 전략지원부대(SSF)는 파키스탄과 나미비아, 케냐, 아르헨티나 등지에 우주·위성 관련 작전을 지원하는 원격제어(TT&C) 기지를 운영 중인 것으로 알려졌다. 또한 중국은 쿠바에선 2019년부터 4개의 도청기지를 운영하고 있으며 쿠바 북부 해안에 합동 군사훈련 시설을 짓기 위해 쿠바 정부와 협상 중이란 사실이 2023년 6월 미국 정부에 의해 확인됐다.

〈사진10〉 키리바시 칸톤섬

〈사진12〉 적도기니

〈사진11〉 미크로네시아 야프섬

〈도표 1〉 중국의 해양진출과 전략거점 현황

중동 아덴만	아라비아해	인도양		남중국해		남태평양	아프리카
지부티항	파키스탄 과다르항	미얀마 챠육퓨항	스라랑카 함반토타	캄보디아 레암항	동남아 철도망	호주 다윈항, 도서국가 등	적도기니
석유 수송로	석유 수송로	석유 수송로	인도양 통제	남중국해 통제	연결망	남태평양 통제	대서양 진출
군사기지	전략거점	전략거점	전략거점	군사기지 (예정)	교통망	전략거점	군사기지 (예정)

(출처 : 필자가 자료 종합하여 작성)

중국의 전략거점이 군사기지가 되려면 해당국과 동맹관계로 격상되어야 가능하고, 미국이 해외 군사기지 숫자에서 중국을 압도하고 있어 중국의 해양진출은 쉽지 않을 듯

한국군사문제연구원 객원연구원 윤석준 박사는 "'일대일로' 프로젝트에 의해 항모와 핵잠수함 접안이 가능한 전용부두를 확보한 것은 장병 휴식과 군수지원을 위한 입항의 편리함이지, 해외 군사기지 역할로 볼 수 없다"라는 해외 전문가들의 의견을 인용하였다. 또한 중국의 전략거점이 일대일로 프로젝트 확대에 따라 향후에도 계속 증가하겠지만, 이러한 전략거점이 단기간 내에 중국의 군사기지로 전환되기는 어려울 것이라는 해외 전문가들의 다음과 같은 평가도 인용하였다. 해외 군사기지는 동맹 관계가 형성되어야 가능하고, 이에 따라 행정협정(SOFA) 등 해당국의 제도적 지원이 필요하며 해외 군사기지 경비와 보안 등의 문제가 해결되고 자체 군수지원이 가능해야 한다. 이런 기준으로 볼 때, 현재 중국의 전략거점이 군사기지로 발전할 수 있을지 의문이라는 견해인 것이다.

미 공식 자료에 따르면 2016년 9월 현재 미군의 해외 기지는 45개국 514곳에 이른다고 한다. 2015년 〈기지 국가(Base Nation)〉를 쓴 데이비드 바인은 공식 현황에서 누락된 기지까지 포함하면 70여 개국 800곳 정도라고 주장하고 있다. 미국 해외기지는 대략 81개국 약 750곳으로 추정하고 있다. 현재 지부티 하나의 군사기지를 운영하는 중국과 비교할 수 없는 압도적인 현황이다.

중국이 바다로 향하겠다는 열망을 갖고 일대일로 프로젝트를 통해 해양진출 루트를 개발하고 거점을 설치하고 있지만 이러한 전략거점을 군사기지화하면서 기존 패권국 미국을 극복할 수 있을지 여부는 계속 추적하고 연구를 지속해야 할 과제이다.

중국의 '일대일로'와 우리의 국익을 어떻게 연결할 것인가?

중국의 일대일로는 한반도를 목적지로 삼거나 경유하지 않는다. 육상실크로드는 중앙아시아를 거쳐 중동과 유럽에 이르고, 해상실크로는 동남아를 경유해 중동을 통해 유럽을 최종 목표로 하고 있기 때문이다. 우리는 중국의 실크로드의 동쪽 종참점이 신라 경주였음을 주장하지만 중국은 인정하지 않고 있다.

중국의 동북지방으로 이어진 에너지 수송관의 한반도 연결과 북극항로 개발은 고려할 수 있어

중국은 '일대일로' 초기에 우리에게 참여를 권유한 적이 있다. 우리는 일대일로 사업을 위한 AIIB 은행(아시아인프라투자은행) 창설 회원국으로 초기에 약 4.06% 지분(약50억 달러)을 갖고 있는 5위 투자국이었다. 그렇지만 우리는 당시 미국과의 관계를 고려하여 중국의 일대일로 구상에 참여하지 않았다. 일대일로 프로젝트에 담긴 미·중 패권경쟁의 성격을 고려한 판단이었다. 그리고 우리나라는 도로, 철도, 항만 등 사회기반시설이 갖추어져 있어 일대일로 프로젝트에 해당되지 않았고, 중국 중심의 사업추진에 우리가 공동으로 참여할 여지는 없었다.

우리가 중국의 일대일로 프로젝트에 참여하거나 협력이 가능한 분야는 다음 3개이다.

첫째, 일대일로 '중국-몽골-러시아 경제회랑'에 개설된 에너지 수송로를 북한을 거쳐 우리나라로 연결하는 프로젝트이다. 중국은 2010년 러시아 안가르스크 유전-자바이칼스크-중국 지린성 다칭(大慶)을 연결하는 제1송유관을 개통하였고,〈사진 13 참고〉 러시아 스코보로니노-중국 모허(漠河)-다칭(大慶)으로 이어지는 제2송유관은 2017년에, 가스수송관은 2019년에 각각 개통하였다. 〈사진 14 참고〉 다칭에서 북한을 경유하면 송유관과 가스수송관이 우리나라로 연결된다.

또한 중국 동북 3성 지역과 러시아와 몽골을 연결하고 있는 철도망을 북한을 통과해 우리나라까지 연결해서 유라시아 대륙으로 물류망과 교통망을 확충하는 방안이다. 과거 박근혜 정부는 신유라시아 이니셔티브, 문재인 정부는 신북방정책으로 추진하였던 사업이기도 하다. 북한의 핵개발에 따른 UN 제재로 석유나 가스수송관 연결 사업, 그리고 교통망 연결사업이 진척되지 않고 있다.

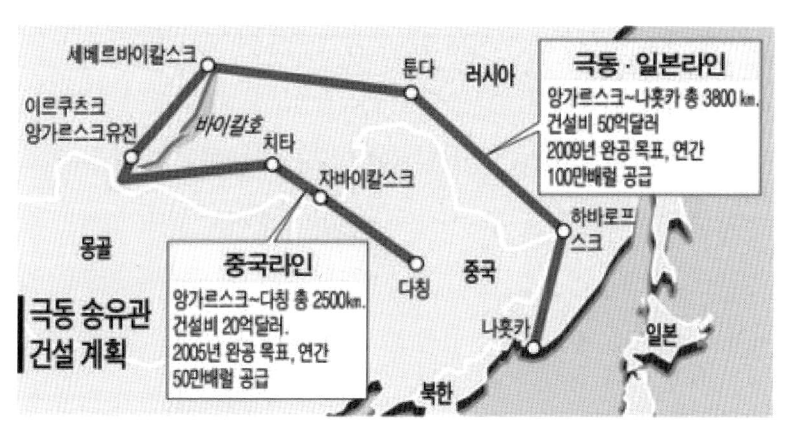

〈사진13〉 중국-러시아 제1송유관

〈사진14〉 중국-러시아 제2송유관 및 가스수송관

둘째, '북극항로 개발 사업'이다. 중국에서는 이 프로젝트를 일도(一道)라고 하는데 2017년 중국 칭화대 국정연구원 원장 후안강(胡鞍鋼)이 제시한 개념이다. 그는 일대일로에 일도를 포함하여 '일대일로일도(一帶一路一道)' 구상으로 확장시켜야 한다고 주장하고 있다. 일도는 한반도를 거쳐 베링해에서 시베리아 북단을 경유하여 유럽에 이르는 서북항로, 그리고 베링해에서 동쪽으로 이어지는 동북항로가 있다. 동북항로는 미국 서부로 바로 접근하는 노선과 캐나다를 돌아 미국 동부에 이르는 노선으로 구분된다고 하였다. 〈사진 15 참고〉

비록 북극항로가 여름철에 한해 이용 가능하지만 이 항로는 북극에 매장된 에너지와 지하자원에 접근이 용이하고 항로 주변국은 한국, 일본, 미국, 러시아, 유럽 등 선진국으로 다른 루트보다 경제적 이익 창출이 가능하고 부수적으로 해적이나 테러의 위험성도 적다. 비교적 안전한 항로라는 것이다. 북극항로 개발과 협력은 현재 진행되지 않고 있지만 우리가 중국과 협력할 수 있는 분야이다.

셋째, 평택항–산동성 옌타이(烟臺) 또는 칭다오(青島)을 연결하는 '서해 열차페리 사업'이다. 즉, 2만톤 급 페리선 위에 길이 200 미터의 철로를 5개 가량 설치하여 최대 80량의 화차를 선적하여 중국 항구에 도착한 다음, 기관차를 연결해 중국 내륙으로 운송하는 방식이다. 〈사진 16 참고〉 북한을 거치지 않고 바다라는 또 다른 통로를 통해 한국의 철도와 중국의 철도 운송망을 연결하는 것이다. 현재 아이디어 차원의 프로젝트이다.

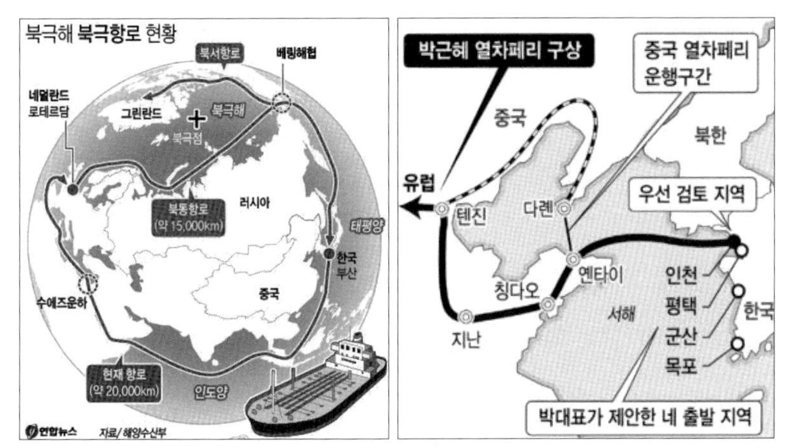

〈사진15〉 북극항로 〈사진16〉 서해 열차페리 구상

중국의 서해 내해화(內海化) 시도와 동해와 남해에 군함파견 가능성은 우리 안보에 위협적

우리가 중국의 일대일로일도 프로젝트 참여를 고려하면서 동시에 중국이 한반도 해역을 통제하려는 다음과 같은 시도에 유의해야 한다. 첫째, 서해의 내해화(內海化) 추진이다. 중국과 우리의 서해 해상경계선은 획정되지 않았다. 우리는 보편적으로 인정되는 중간선을 주장하고 있지만 중국은 대륙의 크기와 황하 등 토사유출량을 근거로 우리 쪽으로 크게 들어온 동경 124도를 경계선을 주장하고 있다. 이럴 경우 서해 70% 이상과 이어도가 중국 EEZ로 포함된다. 〈사진 17 참고〉

중국은 북한의 연평도 포격도발 사건으로 2010년 7월 미 항공모함이 서해 진입 계획에 대해 즉각 "서해로 들어오는 미 항공모함은 중국군의 표적이 될 것이다"라고 경고하였다. 그 이후 미 항공모함은 서해 진입을 자제하고 있다. 해상 경계선이 획정되지 않고 있는 서해에서 우리와 미 해군이 중국의 위협으로 작전에 제한을 받는다면 서해는 공해가 아니고 점차 중국의 내해가 되어갈 것이다. 〈사진 18 참고〉

둘째, 동해와 남해에 군함파견 가능성이다. 중국은 우리 동해와 남해를 통과하는 물류 수송로를 2010년 개통하였다. 헤이룽장성과 지린성은 그동안 광물이나 농산물 등을 상하이 등 남부 연안으로 운송을 위해 랴오닝(遼寧)성 다롄(大連)항을 사용했으나, 다롄항까지는 거리가 1,000km에 달해 육상운송 비용 부담이 상당했다. 그래서 '외국 항구를 빌려 바다로 진출한다'라는 차항출해(借港出海) 전략에 따라 북한의 나진항과 청진항 부두의 30~50년 장기 사용권을 확보했으며, 북한과 공동으로 나진항을 중계 무역항으로 개발하는 프로젝트도 추진했다.

2010년 시범적으로 지린성 훈춘(琿春)–나진항을 통해 석탄을 상하이로 운송한 데 이어 2015년부터 식량과 목재 등을 남방으로 운송하는 데도 이 해상 항로를 이용했다. 〈사진 19 참고〉 하지만 2016년 북한의 핵실험과 그에 따른 유엔 제재 강화로 북중 경제 협력 프로젝트가 중단되고, 코로나19 확산에 따라 북중 국경까지 폐쇄되면서 나진항 사용이 중단됐다. 중국은 나진항 대안으로 2023년 러시아 블라디보스토크 항구를 사용한다고 발표하였다.

〈사진17〉 서해 해상경계선 관련

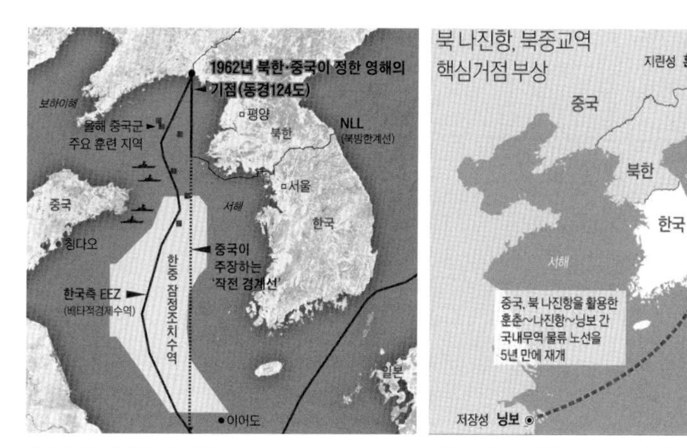

〈사진18〉 서해 동경 124도

〈사진19〉 동해상 중국 물류 수송망

동해–남해–중국 남부 연안 물류 수송로가 활성화 된다면 중국은 이 수송로 보호를 위해 군함을 파견할 가능성이 크다. 북한 지역 동해는 2004년부터 중국 어선 수백 척이 조업하고 있다. 북한이 조업권을 1척 당 4천 800만원에 판매하고 있는데 중국은 자국 어선 보호의 명분도 추가할 수 있는 상황이다. 중국사회과학원 미국연구소 니펑

(倪峰) 소장은 "민간 선박 호송을 위한 함대 파견은 정상이다. 서방은 가능한데 우리는 왜 못 하는가"라고 주장하기도 했다.

중국과 러시아가 동해에서 연합훈련하고 KADIZ를 무단진입하고 있는 현상도 수송로 보호를 위한 사전 예행연습일 것이다. 우리는 우리의 해역에서 중국과 러시아 함정, 공군기들과 조우할 가능성이 커지고 있는 셈이다.

중국은 일본과 대만을 경유하는 동북아 해양진출 루트로 태평양 직접 진출 기도

중국이 태평양으로 진출할 수 있는 동북아 해양진출 루트는 2개 있다. 그 하나는 일본열도를 통과하는 루트로 일본 홋가이도와 러시아 사할린 사이의 소야(宗谷, 러시아명 라페루즈)해협을 통과하는 루트와 일본열도 내 쓰가루(津輕) 해협-북태평양으로 진출하는 루트이다. 〈사진 20 참고〉 이 루트는 미국에 이르는 최단 거리이다. 중·러 연합함대는 2021년 10월 이 루트를 통해 일본열도를 일주하고 동중국해로 남진한 바 있다. 현재까지 중·러 연합함대는 이 루트를 통해 하와이나 미국 본토를 위협할 정도의 활동은 보이지 않고 있지만 중국의 해군력이 더 증강되면 미국을 위협할 수 있는 유력한 루트이기도 하다. 특히 동해는 러시아 태평양함대 사령부인 블라디보스톡항이 있고 동시베리아와 접해 있어 러시아의 안보이익에도 비중이 크다. 이 지역에는 중국이 단독이 아닌 러시아와 연합하여 훈련을 하고 있는 이유이다.

〈사진20〉 소야, 쓰가루 해협

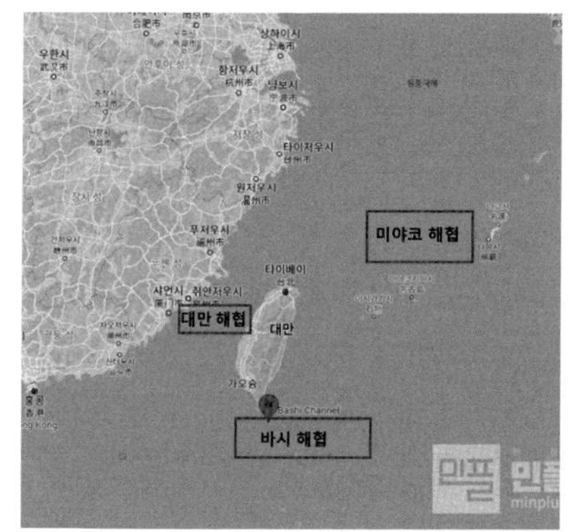

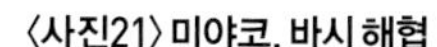
〈사진21〉 미야코, 바시 해협

〈사진22〉 필리핀 미군 기지

두 번째로는 대만을 경유하여 서태평양으로 진출할 수 있는 루트이다. 대만 북부와 일본이 실효지배하는 센카쿠(尖閣, 중국명 댜오위다오(釣魚島)) 제도 사이에 미야코(宮古, 중국명 궁구)해협을 통과하는 루트와 대만 남부와 필리핀 북부 사이에는 바시(巴士, Bashi) 해협을 통과하는 루트이다. 〈사진 21 참고〉 현재 중국은 핵잠수함 등이 미야코 해협 통과할 때 일본 초계기에 노출되어 대부분 추적되고 있다.

필리핀은 2023년 4월 미국과 방위협력확대협정(EDCA)에 따라 파시 해협을 감제할 수 있는 자국 북부 지역의 기지 3곳을 포함하여 4개소를 미국에게 사용 허가했다. 〈사진 22 참고〉 이에 따라 파시해협을 통과하는 중국군을 감시할 수 있는 미군의 능력이 더 강화되었다. 중국이 대만을 통일하고 대만 남북에 있는 두 개의 해협을 통제하지 않는 한 중국의 서태평양 진출은 미국과 일본의 감시와 추적을 피하기 어려운 상황이다.

'중국몽'을 추구하는 '일대일로'는 동북아 중화질서 편입이 목표, 협력하되 경계심은 유지해야

현재 중국의 일대일로 프로젝트는 부분적으로 성공을 거두고 있다. 이 사업으로 중국 의존성이 높아진 개발도상국들이 UN에서 중국을 지지하고 있기 때문이다. 2020년 6월, UN 인권이사회는 '홍콩의 국가보안법'을 의제를 다루었는데 25개 국가가 중국입장을 두둔했으며, 2022년 9월 UN 인권최고대표사무소 보고서에 "중국 공안이 신장 위구르 지역에서 심각한 인권 침해행위를 자행했다"라는 내용에 대해 "부정확한 정보에 기초한 잘못된 결론"이라는 중국 항의 성명에 28개국이 동참했다. 미국 등 서방과 다른 입장인 것이다.

중국이 일대일로 통한 전략거점 확보는 에너지 수송로 구축과 해양진출 루트 개척을 위해서이다. 중국은 아라비아해와 인도양, 남태평양 등에서는 성공을 거두고 있지만, 동북아에서는 미·일 동맹에 막혀 일본열도를 통과해서 태평양으로 진출하거나 대만을 점령하려는 의도는 제한을 받고 있다. 태평양을 미국과 양분하겠다는 시진핑 주석의 의도는 현재까지 요원해 보인다. 그리고 중화민족의 위대한 부흥이라는 '중국몽'을 달성하기 위해 일대일로 참여국을 중국에 의존적인 구조로 이끄는 것도 필요하지만 동북아 지역의 국가인 한국, 일본, 대만을 중국중심의 질서 속으로 편입시켜야 완결된다.

우리가 에너지 수송관 한반도 연결이나 북극항로 개척, 그리고 서해 열차페리 사업 등으로 중국의 일대일로에 협력하거나 참여할 수 있다면 우리와 중국 양국은 경제적으로 이익을 창출할 수 있을 것이다. 그러나 중국이 우리의 해역을 통제하려는 의도를 간과해서는 안되고, 중국의 일대일로와 미국의 인도·태평양 전략이 충돌하고 있는 동북아에서 미·중 패권경쟁의 현실을 도외시 해서도 안되겠다.

PART 4

한국,
주한미군 없는
안보시대를
준비해야 한다

- 대만을 3차례 포기했던 미국, 2024년 대선 이후 선택은
- 주한미군 없는 안보 상황에 대비 필요
- 한반도 통일을 위하여 중국과 합의해야 할 과제
- 한반도 유사시 중국군 개입 가능성과 대비책

대만을 3차례 포기했던 미국, 2024년 대선 이후 선택은

1. 들어가며

국제정치 전문가들은 2024년 리스크 중 하나를 '트럼트의 재등장'이라고 한다. 트럼프(Donald John Trump)가 2024년 11월에 미국의 차기 대통령으로 당선된다면, 국제질서 전반에 큰 변화가 예상되기 때문이다. 트럼프는 2024년 2월 10일 선거유세에서 "NATO 동맹들은 자국 안보를 스스로 책임져야 한다"라고 하면서 GDP 2%를 방위비로 부담하지 않는 동맹국에 대해서 "나는 당신네를 보호하지 않을 것이다. 그들(러시아)이 원하는 것을 내키는 대로 모조리 하라고 격려할 것"이라고 발언해서 충격을 주었다. 독일 재무장관 크리스티안 린트너는 트럼프의 발언에 반발하여 자체 핵무장을 언급해서 독일과 유럽 그리고 미국에서 파문이 커지고 있다.

대만 문제에 대해서 트럼프는 입장 표명을 회피하고 있다. 2024년 1월 21일 폭스뉴스와 인터뷰에서 "재집권 시 중국의 침략으로부터 대만을 보호할 것이냐"라는 질문에 "대만이 우리의 반도체 사업을 모두 가져갔다"라고 동문서답식 답변을 하였다. 그는 2023년 6월 로이터 통신과 인터뷰에서는 "나는 중국이 대만을 침공할 경우 미국이 군사적으로 대만을 지원할지 여부에 대해 이야기하지 않겠다. 그 이유는 내 협상 입지를 해칠 것이기 때문이다"라고 속내를 밝힌 바 있다. 이어서 그는 "지난 4년간 내가 대통령이었다면 중국의 위협은 일어나지 않았을 것이다"라고 언급하였다.

미 언론은 트럼프가 백악관 재입성에 성공할 경우 '대만을 포기할 수 있다'라는 의문을 제기하고 있고, 영국 이코노미스트는 최근 트럼프 2기 행정부의 안보 정책 전망을 두고 "트럼프는 왜 작은 섬나라 때문에 미국이 핵무장한 강대국(중국)과 전쟁을 해야 하는지 이해하지 못하기 때문에 대만을 포기하는 거래를 할 수 있다"라는 다소 과장된 분석을 내놓았다.

현재 트럼프는 야인의 입장에서 책임감 없이 발언하고 있지만, 대만 국민은 불안하다. 대만 국민들은 현 바이든 대통령이 "중국이 대만 침공 시 군사개입 하겠다"라고 3차례에 걸쳐 공개적으로 언급을 했어도 '과연 미국이 병력을 파견하여 대만을 도울 것인가'라는 의문을 떨쳐버리지 못한 상태에서, 립서비스 조차 하지 않은 트럼프의 재

등장 가능성에 민감할 수밖에 없다. 대만은 미국이 자국의 이익을 위해 대만을 희생시킨 세 번의 역사를 잊지 않고 있어 더욱 그렇다.

세 번 배반의 역사 중 첫 번째는 미국이 1940년대 중·후반 국공내전에서 장제스(蔣介石) 국민당을 포기했던 사실과, 두 번째, 1950년 1월 미국이 극동방위선인 「애치슨 라인」에서 대만을 제외시켰던 사실, 그리고 세 번째는 미국이 1979년 「미-중(대만) 상호방위조약」을 파기하고 대만주둔 미군을 철수시켰던 사실이다. 이렇게 세 번이나 버림받았다고 기억하고 있는 대만 국민들이 향후 트럼프 제2집권 시기에 또 한 번 희생의 역사가 반복될 수 있다고 불안해 하는 것은 당연하다고 할 수 있다.

2. 첫 번째 희생 : 국공내전에서 장제스(蔣介石)의 국민당 지원 철회

가. 미국은 중화민국의 대일(對日) 전쟁을 지원하였으나 국민당의 무능과 부패에 실망

1937년 중·일 전쟁이 발발하고 이어서 1941년 태평양 전쟁이 일어나자 미국은 버마-중국 운남성 쿤밍(昆明)으로 이어지는 원장(援蔣)루트로 장제스에게 전쟁물자를 지원해 주었다. 미국이 장제스를 지원한 이유는 일본군을 중국에 고착시켜 태평양 지역으로 전환되는 것을

1946년 장제스와 마오쩌동의 협상 모습(출처 : 구글)

막기 위한 것과, 장제스 국민당이 중국대륙을 장악한다면 향후 미국의 아시아 정책에 긍정적일 것이라고 기대하였기 때문이다.

이때에는 미국을 포함한 연합국들이 중화민국을 연합군의 일원으로 받아들여 장제스를 1943년 11월 카이로 회담에 초청하였다. 그러나 연합국은 중화민국이 전쟁 수행에 크게 기여하지 못하고 있다고 판단하고, 전후 처리가 주요 의제였던 1945년 2월 얄타회담에는 장제스를 초청하지 않았다. 이때부터 국민당의 무능이 들어나기 시작하였고 부패가 심해져서 장제스는 연합국의 신뢰를 잃어가고 있었다. 루즈벨트(D. Roosevelt) 미 대통령은 장제스에 위임한 연합군 중국전구(中國戰區) 지휘권을 중국 주둔 사령관 스틸웰(Joseph W. Stilwell) 장군에게 넘기는 방안도 고려하였다.

1945년 미국의 마셜 특사와 마오쩌둥(출처 : 구글)

나. 미국, 국공내전 시기 패배하고 있는 장제스의 국민당에 원조 중단

제2차 세계대전이 끝난 그 다음해인 1946년부터 시작된 국공내전에서 장제스의 국민당은 미국의 지원을 받아 초기에는 군사적으로 우세한 상황이었다. 미국이 1937~1948년에 국민당 정부에 제공한 금액은 46억 110만 달러였다. 이 중에서 무상공여 및 차관인 35억 2300만 달러의 60%가 국공내전 직전인 1945년 8월 이후부터 제공되었다. 1945년 8월 당시, 국민당 군대의 253개 사단 중에서 39개 사단은 미국이 제공한 최신 무기와 장비로 무장하고 있었다. 미국의 지원은 또 다른 형식으로도 나타났다. 미국의 중국 방면 사령관인 웨드마이어(Albert Wedemeyer) 장군이 이끄는 육·해·공군은 국부군(국민당 군대)을 중국대륙 이곳저곳으로 이동시키는 수송부 역할도 수행하였다.

그러나 1946년 국공내전 초기 장세스 우세는 오래가지 못하였다. 국부군은 1947년 들어서면서 공산당의 인민해방군에게 만주지역에서 밀려나기 시작하면서 수세에 몰리는 상황이었고 더욱이 중국 국민들의 지지를 잃어가고 있었다. 고질적인 무능과 부패 때문이었다. 미국은 장제스를 언제까지 지원할 것인지 고민하기 시작하였다. 미국은 장제스가 공산당과 통일연립정부를 구성하여 안정되고 강력한 중국을 만들어 아시아에서 미국의 전략적 이익을 보호해 주기를 기대했지만 장제스는 미국의 희망을 저버리고 있었다.

트루먼 대통령은 1945년 12월, 마샬(C. Marshall)을 중국에 특사로 보내 장제스와 마오쩌둥(毛澤東)을 중재토록 하였다. 미국은 장제스를 중심으로 하는 친미 우파 정권을 세우고 공산당에게 지분을 주어서 여기에 참여시킨다면 중국 내전을 막을 수 있을 것이라고 여겼다. 미국은 중국공산당을 민족주의 성향이 강하고 농촌개혁을 주장하는 중국 내 하나의 정치집단으로 인식하고 있었다. 미국의 중재안은 몇 개월 후 결렬되었다. 마샬은 이에 대해 '사태가 악화된 것은 국민당 책임이다'라는 의견과 '장제스 정부에 대한 원조 중단'을 건의하였다. 트루먼 대통령은 이를 수용하여 장제스에 대한 지원 중지를 고민하기 시작하였다.

다. 미국은 장제스 대신 승리하고 있는 마오쩌둥의 중국공산당과 협력 가능성 모색

미국은 국민당 정부를 포기하면서 다른 대안을 선택했다. 그것은 아시아 정책의 중심을 중국에서 일본으로 전환하는 것이고, 중공(중국공산당)에게 유화정책을 사용하여 중국이 소련의 위성국이 되는 것을 방지하는 것이었다. 미국은 중공이 소련공산당과 연계가 없고, 소련도 중국공산당보다는 장제스의 국민당을 지지하고 있어 중공과 소련을 분리시킬 수 있다고 판단하였다.

스탈린(Joseph Stalin)은 1945년 8월 14일, 장제스와 「중-소 우호동맹조약」을 체결하고 러·일 전쟁 이전의 만주 지역 이권을 확보하면서 반대급부로 장제스에게 마오쩌둥을 지원하지 않겠다고 약속하였다. 스탈린은 1948년 무렵 마오쩌둥이 소련을 방문하겠다는 요청을 3차례 거절한 바 있다. 당시 스탈린은 마오쩌둥과 주고 받을 수 있는 거래 내역이 없었고, 마오쩌둥이 스탈린에게 장제스와 관계를 정리하고 같은 이념을 갖고 있는 중국공산당을 지원해달라고 요청한다면 이에 대해 상응한 조치를 할 수 없었기 때문이었다. 스탈린은 마오쩌둥과 거리를 두고 미국의 보장 아래 만주지역 이권을 지키는 것이 유리하였다. 마오쩌둥은 만주의 이권을 회수하고자 하였기 때문에 마오쩌둥-스탈린은 서로가 부담스러운 존재였다.

미국은 중공에게 '소련을 이탈하여 미국과 협력하자'라는 신호를 보내기 위해 다음과 같은 세 가지의 회유책을 취하였다. ① 1948년

가을부터 미국 군사고문단에 의한 국부군 훈련을 중지하고 그들을 철수시켰으며, ② '중국 원조법'에 따른 장제스를 지원하는 금액 중 집행되지 않은 수천만 달러를 회수하였다. ③ 1949년 4월 공산당이 난징(南京)을 점령하자 미국은 중국주재 미국대사 존 스튜어트(John Leighton Stuart)에게 국민당 정부를 따라 광저우(廣州)로 가지 말고 난징에 체류하면서 공산당 측과 접촉할 것을 지시하였다.

장제스의 국민당은 1948년 후반부터 주요 전투에서 마오쩌둥의 인민해방군에 패배하면서 1949년 12월 10일 대만으로 이전하였다. 이를 국부천대(國府遷臺)라고 한다. 마오쩌둥은 이보다 두 달 앞서 1949년 10월 1일 베이징 천안문 광장에서 신중국 건국 선포를 하고, 국민당이 최후 저항을 하고 있는 대만 침공 준비를 하고 있었다. 당시 마오쩌둥을 비롯한 중공 지도부는 대만을 중국의 영토로 인식하고 있어 '대만 해방' 의지는 확고하였다.

이때 미국은 사태를 관망하고 있었다. 중국대륙에서 밀려나고 있는 장제스 국민당에 더 이상의 미련은 없었고, 오히려 중국대륙의 패자로 등장하고 있는 중국공산당에 대해 관심을 갖고 우호적인 신호를 보내고 접촉을 시도하고 있었다. 1949년 8월 5일, 미국 국무부가 발표한 '미중관계백서(The China White Paper)'는 "국민당 정부의 패배는 국민당 정부의 부패 때문이지 미국의 정책이 적당하지 않았거나 원조가 충분하지 않았기 때문은 아니다"라고 기술하여 국공내전 패전 책임을 장제스와 국민당 정부에 돌렸다.

백서에서 지적한 것처럼 미국이 국공내전에서 장제스의 국민당을 배신한 것이 아니라 국민당의 무능과 부패 때문에 스스로 희생되었던 것이다.

3. 두 번째 희생 : 미국의 극동방위선 「애치슨 라인」에서 대만 제외

가. 마오쩌둥은 만주 문제로 스탈린과 2개월 간 담판, 중공·소련 갈등 노출

마오쩌둥이 신중국 건국을 선포한 후 제일 먼저 처리해야 할 일은 장제스가 스탈린에게 넘긴 만주의 이권을 되찾아 오고, '대만 해방'을 위해 소련으로부터 해·공군의 지원을 받아내는 일이었다. 마오쩌둥은 이를 위해 1949년 12월 16일부터 1950년 2월 17일까지 2개월을 모스크바에 머물렀다. 스탈린은 만주 이권을 마오쩌둥에게 돌려

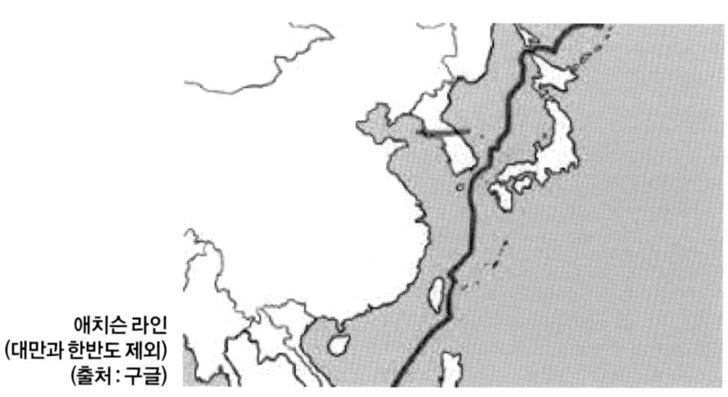

애치슨 라인
(대만과 한반도 제외)
(출처 : 구글)

줄 생각이 전혀 없었다. 마오쩌둥은 훗날 이 회담에 대해 "호랑이 입 속에 들어가 있는 고기 덩어리를 다시 꺼내는 일이었다"라고 회상한 바 있다. 정상회담이 해를 넘기며 1개월 지속되고 있자 미국은 중공과 소련 사이에 뭔가 불협화음이 있음을 감지하고 중공과 소련의 이간을 주도적으로 시도한다.

나. 미국은 마오쩌둥을 회유하기 위해 대만을 '애치슨 라인'에서 제외

미국 국무장관 애치슨(Dean Acheson)은 마오쩌둥과 스탈린이 담판하고 있는 기간인 1950년 1월 12일 워싱턴 내셔널프레스클럽 강연에서 "미국의 태평양 지역 방어선은 알류샨 열도에서 일본을 거쳐 오키나와로 연장되는 선에서 필리핀으로 연결된다"라고 소위 '애치슨 라인'을 밝혔다. 그는 "미국은 현재 대만에 대해 특별권리 혹은 군사기지의 건립을 추구할 의사가 없을 뿐만 아니라 중국의 현재 정세에 대해 무력간섭을 할 뜻이 없다"라는 요지의 연설도 했다.

미국이 왜 극동방위선에서 대만과 한국을 제외했는지 의견이 분분하다. '아태전략연구소 사이어티·편집부'가 발간한 〈주한미군 철수〉(Another & Final Withdrwal of US Forses Korea)라는 저서에서는 '애치슨 라인'은 "중공이 미국과 손잡고 소련에 맞서 준다면 대만이나 남한 정도는 중공에게 넘겨줄 용의가 있다라는 미국의 거래 제안이었다"라고 분석하고 있다. 즉 중·소 간에 사이를 벌리기 위해서 중공에게 대

주대만 미공군 기지 표시(출처 : 구글)

만이라는 카드를 던졌다는 것이다.

이와 같이 애치슨의 연설은 모스크바에서 스탈린과 담판 중인 마오쩌둥을 겨냥한 것이었다. 제정 러시아가 중국 헤이룽장(黑龍江)성 일대와 연해주 땅을 뺏어간 것처럼 '소련이 사회주의 국가가 된 후에도 여전히 영토를 탐내고 있는 제국주의적 속성을 보이고 있다'라고 강조하면서, 마오쩌둥을 자극하여 양국을 갈라놓으려는 의도였다. 소련의 몰로토프(Molotov) 외상은 연설이 나온 며칠 후 마오에게 "애치슨 연설의 목적은 소련과 중공 사이를 이간시키려는 것이다"라고 하면서 마오쩌둥에게 반박 성명을 내자고 요구했다. 마오는 난처했다. '애치슨 연설'은 당시 중·소 관계를 정확하게 묘사하고 있다는 것을 마오쩌둥과 스탈린 모두 잘 알고 있었기 때문이었다. 마오는 결국 신화사 통신 사장 명의로 격을 낮춰서 애치슨 연설을 반박하는 성명을 발표했다.

다. 소련은 만주 이권 반환하고 중공을 자신에게 밀착시킴. 미국 이간책 실패

소련은 미국의 애치슨 라인 발표 이후, 중공이 미국과 손잡을 수 있다는 우려를 하고, 마오쩌둥의 요구대로 만주의 이권을 중공에 돌려준다. 당시 마오쩌둥은 스탈린이 자신의 요구를 들어주지 않으면 영국 등 서방과 관계를 강화하겠다고 소련을 압박하고 있었다. 스탈린은 미국의 애치슨 라인 발표 한 달 후인 1950년 2월 14일에 장제스와 체결한 「중·소 우호동맹조약」을 파기하고 마오쩌둥의 요구를 수용하여 「新중·소 우호동맹상호원조조약」을 맺는다. 미국이 대만 포기 의사를 표명하면서 중공·소련을 이간시키려는 의도는 성공하지 못했고 오히려 소련·중공 밀착이라는 정반대의 결과를 초래하였다.

소련으로부터 만주의 이권을 회수하고 소련과 관계를 공고히 한 마오쩌둥의 다음 목표는 '대만 해방'이었다. 마오쩌둥은 대만 해방을 위해 12개 군단 50만 병력을 투입하기로 결정하고 화동군구(華東軍區)를 창설하면서 천이(陳毅)를 대만해방군 사령관으로 임명하였다. 또한 스탈린에게 해군 함정과 공군 전투기 제공을 거듭 요청하였다. 스탈린은 최초에는 중국 대륙에서 철수하고 있는 미국을 자극하여 다시 개입할 수 있다는 우려로 지원을 거부하였지만, 마오와 조약을 체결하면서 1951년 봄 이전까지 중공이 요구하는 해군 함정 등을 지원하기로 하였다.

대만은 고립무원의 상태로 중국 인민해방군의 침공에 대비하고 있었다. 미국은 대만의 안위보다는 중국 대륙을 장악한 마오쩌둥의 중국공산당에 더 관심이 많았기 때문에 대만은 미국으로부터 어떠한 도움도 받을 수 없었다. 일방적으로 희생당한 것이다.

4. 세 번째 희생 : 미국, 「미·중(대만) 상호방위조약」 파기, 대만주둔 미군 철수

가. 냉전의 시작, 미국은 대만과 '상호방위조약' 체결 및 '미군 주둔'

미국은 1950년 6월 25일 북한 공산주의자들이 한국을 공격하자 즉각 한국에 군사개입을 결정하면서, 동시에 대만 해협에 제7함대를 파견하였다. 모두 공산주의 확산을 막기 위한 조치였다. 미 제7함대 항공모함이 대만해협으로 진입하자 마오쩌둥은 대만을 더 이상 침공할 수 없었다. 제7함대 사령관 아서 스트러블(Arthur D. Struble) 제독이 타이베이를 방문하여 장제스와 미·대만 연합방위작전을 논의하기도 했다. 2개월 후 8월에 미 태평양사령부 예하 공군 제13항공대가 대만에 진주하면서 미군의 대만 주둔 시대가 시작되었다. 이어서 미국은 '대만해협 중립화'를 선언하고 국민당 정부에 재정·물자 지원을 재개했다.

미국은 소련을 봉쇄하기 위해서 중공도 봉쇄해야 한다는 인식으로 전환하기 시작하였다. 1950년 5월 20일 6·25전쟁 직전, 맥아더는 참모장 회의에서 "중공의 대만 점령은 소련이 점령하는 것과 같다. 이 경우 미국의 태평양 주변 방어선은 무너진다. 대만은 미국의 대소 전략에서 가라앉지 않는 항공모함"이라고 말했다. 냉전이 시작되면서 대만의 전략적 가치가 중요하게 변화하는 순간이었다.

마오쩌둥은 대만 해방을 뒷날로 연기하면서 50만 병력을 동북지역으로 이동시켜 6·25전쟁 전황 변화에 대비하였다. 그렇지만 대만 해협에서는 충돌이 그치지 않았다. 중공이 1954년 9월부터 진먼(金門)도와 마쭈(馬祖)도에 포격을 가하고 저장성 타이저우(臺州) 앞바다의 일강산도(一江山島)와 대진도(大陳島)를 점령하여 1차 대만해협 위기가 발생하자, 미국은 중공의 침공을 저지하기 위해 대만과 1954년 12월 2일에 「미·중(대만) 상호방위조약」을 체결한다. 장제스의 아들인 장징궈(蔣經國) 前총통의 평전에 따르면, 장제스는 이 조약을 "흑암(黑暗) 중에 비친 한 줄기 서광(曙光)"이라고 표현했다고 한다.

조약 체결 이듬해인 1955년 1월 미국은 대만 타이베이시에 미 태평양사령부 예하 대만주둔 협방사령부(協防司令部, United States Taiwan Defense Command; USTDC)를 설립하고, 사령관으로 미군 중장을 임명하였다. 이어서 4월 오키나와에 주둔하던 미 공군 제16 전투비행단과 제25 전투비행단이 대만으로 기지를 이전하였으며 미 해군 7함대가 타이베이에 대만연락센터를 개소했다. 1960년대 중반 주대만 미군은 최대 3만 명에 이르렀다. 냉전시기에 대만은 공산세력의 확산을 저지하는 '불침항모'였다.

나. 데탕트 시대의 개막, 미국은 중국과 수교를 위해 대만을 희생

미국은 1960년대 베트남전이 장기화되면서 경제 상황이 악화되자 이를 타개하기 위해 대외군사개입을 줄이면서 군비를 축소할 필요가 있었다. 이때 미국이 주목한 것은 중국과 협력이었다. 중국이 베트남과 한반도에서 더 이상 군사모험주의를 지원하지 않고, 미국과 손잡고 소련을 견제한다면 바로 미국의 국익에 부합되는 것이다. 중국 또한 미국의 협력이 필요하였다. 중국은 1960년대 초부터 시작된 소련과 분쟁이 1969년 전바오(珍寶)섬 무력충돌을 거치면서 소련을 제1의 적으로 간주하고 있었다. 미국과 중국은 소련 대항에 이해가 일치하여 서로가 협력을 모색하기 시작하였다.

이 과정에서 중국의 요구는 다음 세 가지였다. ① 대만과의 국교 단절 ② 대만과의 상호방위조약 폐기 ③ 대만에서 미군 철수 등이었다. 미국은 소련을 견제하기 위해 중국과 손잡는다는 정책에 따라 중국이 제시한 조건을 대부분 수용하였다. 대만을 희생시킨 것이다. 1971년 7월 키신저(Henry Kissinge) 국무장관이 비밀리에 베이징을 방문했고, 이듬해인 1972년 2월 닉슨 (Richard Nixon) 미국 대통령이 중국을 방문했다. 그 결과를 담은 것이 「상하이 공동성명」(제1차 미·중 공동성명)이다. 상하이 공동성명을 통해 양국은 20여 년간에 걸친 적대관계를 청산하고 관계 정상화를 추구하기로 천명했다. 주요 내용은 ① 대만이 중국의 일부임과 중국인 자신에 의한 대만 문제의 평화적 해결 필요성을 인정하고, ② 정세 추이에 따른 대만 주둔 미군 철수

대만을 두고 벌이는 미중간 대결(출처 : 구글)

를 추진한다는 것이었다.

최대 주둔 당시 약 30,000명이었던 주대만 미군은 1973년 4월에 12,000명으로 크게 줄었고 1974년 9월에는 5,800명으로 계속해서 줄었다. 이러한 주둔 규모 감소는 리처드 닉슨 대통령 시기 데탕트 분위기가 무르익으면서 가속화되어 1978년 9월에는 주대만 미군 수가 겨우 753명에 불과할 정도였다. 주대만 미군 사령관의 계급도 중장에서 소장으로 낮아졌다.

다. 미국, 중국과 수교하면서 「미·대만 상호방위조약」 파기 및 주대만 미군 철수

1979년 1월 1일, 미국 지미 카터 대통령은 중국과 공식적인 외교관계를 체결하면서 대만에 상호방위조약의 파기를 일방적으로 통보한다. 이 조약은 1979년 12월 31일 공식적으로 최종 폐기되었다. 이는 미국이 체결한 양자간의 상호방위조약 중 최초로 파기된 사례이다. 미국은 대만에게 이 소식을 마지막 순간까지 비밀로 하였다. 새벽 2시에 이 소식을 들은 대만 총통 장징궈는 눈물을 흘렸다는 이야기도 있다. 그러나 대만은 떠나가는 미군을 붙잡아 둘 수 있는 어떠한 방법도 없었다. 1979년 4월 26일, 대만주둔 협방사령부는 마지막 하기식을 거행한 뒤, 5월 3일 사령관 제임스 린더(James B. Linder) 소장이 대만을 떠나면서 주대만 미군은 전원 철수하였다.

미·중 수교가 1972년 닉슨 방중 이후 6년이 흐른 1979년에 체결된 이유는 대만 문제에 대한 이견이 있었기 때문이다. 미국은 하나의 중국원칙은 수용하되 대만의 실체를 인정하겠다는 입장이었으나 중국은 대만은 중국의 일부라는 원칙을 고수하면서 미국에게 대만에 대한 무기판매 등 어떠한 개입도 해서는 안된다고 요구하였다.

양측이 자기의 주장을 고수하는 가운데 중국은 소련이 베트남을 지원하여 자국의 남쪽을 위협하고 있고 북쪽 국경에서도 소련의 위협이 상존하고 있어 미국과 수교를 마냥 연기할 수 없었다. 덩샤오핑(鄧小平)은 대만이라는 작은 영토를 회복하는데 치중할 것인가, 소련의 고립정책에서 벗어나는 것이 중요한가 고민하다가 대만 해방을 연기하고 소련 대항을 선택하면서 미국의 대만 무기 판매를 묵인한 것이다. 미국도 중국이 요구하였던 대만과 단교를 수용하여 중국과 미국은 대만 문제에 대해 하나씩 양보하면서 6년 간의 긴 수교협상이 마무리되었다.

미국과 중국은 1978년 12월 15일 외교관계 수립을 선포하면서 「제2차 미·중 공동성명」을 발표하였다. 주요 내용은 "미국은 중화인민공화국이 중국의 유일한 합법정부이며 대만은 중국의 일부라는 중국의 입장이 인정한다. 이런 맥락에서 미국은 대만과 문화, 통상 및 기타 비공식적인 관계를 유지해 나갈 것이다"였다. 그리고 이어서 미국은 1979년 4월 대만에 방어용 무기를 판매할 수 있다는 '대만 관계법'(Taiwan Relations Act)을 국내법으로 제정하였다.

미국은 자신의 국익을 추구하는 과정에서 이렇게 대만을 희생시켰다. 그렇지만 대만은 미국과 중국이 수교협상을 벌이는 과정에서 자신들의 안보가 '협상 카드'로 취급되는 것을 지켜볼 수 밖에 없었다. 더욱이 미국이 「미·중(대만) 상호방위조약」을 일방적으로 파기하고 미군을 철수시켜도 대만은 떠나가는 미국을 원망하는 것 말고는 무슨 방법이 있겠는가. 대만 국민들은 미국에 안보를 의지해서는 안된다는 교훈을 다시 새기게 되었다.

5. 네 번째 희생 개연성 : 미국이 '대만지원 관련 법안'을 '협상 카드'로 사용 가능성

가. 대만은 미국과 중국이 양보할 수 없는 미·중 패권경쟁의 승부처

기성 패권국 미국은 중국의 도전에 직면해 있다. 중국의 시진핑(習近平) 주석은 중화민족의 위대한 부흥을 외치며 미국에게 태평양을 반으로 나누자고 하고 급기야는 세계를 반분하자고 한다. 아시아에 대한 패권을 인정해 달라는 요구인 것이다. 중국은 이러한 개념을 '신시대 신형대국관계' 또는 '신형 국제관계'라고 한다. 당연히 미국은 거부하였다. 미·중 패권경쟁이 시작된 것이다.

현재 미·중 패권경쟁 시대에서 대만의 전략적 가치는 중요하다. 중국이 대만을 통일하는 순간이 바로 아시아는 물론이고 유럽 등 전세계에서 미국의 패권이 무너지는 시점일 것이다. 그 이유는 ① 한국과 일본, 유럽 등 서방세계는 미국의 안보공약을 신뢰할 수 없어 미국과 동맹에 의문을 갖고 각자도생으로 나갈 것이고, ② 미국은 대만을 거쳐 태평양으로 진출하는 중국 해군을 억제하거나 통제할 수 없으며, ③ 한국과 일본은 대만을 경유하는 해상교통로가 차단될 우려로 동요할 수 있기 때문이다. 이럴 경우, 동남아를 비롯한 개발도상국들은 중국 진영으로 합류할 가능성이 크다. 미국은 현재 상황에서 대만을 희생시킬 수 없을 것이다.

나. 중국의 '대만 통일 의지'와 미국의 '대만 보호 의지'의 대결

중국은 대만을 자국의 일부분으로 생각하고 언젠가 통일해야 한다고 여기고 있다. 중국은 대만에서 대만 정체성을 강조하는 민진당(民進黨)이 집권하면서 대만 독립 추구로 이어지는 것은 아닌지 우려하고 있는 가운데, 시진핑 주석은 '중화민족의 위대한 부흥'을 주창하면서 대만 통일을 국가적 과제로 선정하고 '무력 사용 가능성'까지 언급하면서 대만 통일 의지를 더욱 확고하게 천명하고 있다.

중국은 미국을 향해 '하나의 중국 원칙'을 약속한 3개의 미·중 공동선언을 준수하라고 압박하고 있고 특히 「제3차 미·중 공동선언」

트럼프와 대만, 중국과 관계를 상징(출처 : 구글)

(1982년 8월 17일)에서 명시한 대만에 대한 무기 판매를 중지하라고 요구하고 있다. 이에 대해 미국은 '대만 자체 방어를 위한 무기'라며 중국의 요구를 일축하고 있다. 미국은 내부적으로는 「대만 관계법」이후에도, 「대만 여행법」, 「대만 보증법」, 「대만 동맹보호법」, 「대만 정책법」 등을 연이어 의회에서 통과시켰다. 무기판매도 증대되고 있고, 미군은 대만과 미국 본토에서 대만군 일부를 훈련시키고 있는 실정이다. 미국은 '불침항모 대만'과의 관계를 강화하고 있는 셈이다.

다. 트럼프의 의도와 '협상 카드'로 사용할 수 있는 '대만지원 관련 법안' 들

2024년 11월 미국 대선에서 공화당 후보로 유력시 되는 트럼프 前 대통령의 대만에 대한 의중은 모호한다. 그는 "재집권 시 대만을 중국의 침략으로부터 보호할 것이냐"라는 질문에 "대만은 우리의 반도체 사업을 모두 가져갔다"라고 질문과 관계없는 자기 생각을 밝혔고, 다른 인터뷰에서는 "나는 중국이 대만을 침공할 경우 미국이 군사적으로 대만을 지원할지 여부에 대해 이야기 하지 않겠다. 그 이유는 내 협상 입지를 해칠 것이기 때문이다"라고 답변하였다. 이어서 그는 "지난 4년간 내가 대통령이었다면 중국의 위협은 일어나지 않았을 것이다"라고 언급하였다.

이러한 발언을 통해서 그의 의중을 살펴보자. 첫째, 트럼프는 대만의 전략적 가치보다는 반도체 산업에 더 관심이 많다. 대만을 안보와 준동맹의 관점이 아니라 경제적 시각으로 본다는 의미이며, 향후 대만의 안보를 지키겠다는 의지보다는 대만의 반도체 산업을 미국으로 이전시키겠다는 의도가 더 강한 것으로 읽힌다. 둘째, 중국과 대만 문제로 협상할 용의가 있음을 내비추었다. "대만지원 여부를 명확히 하는 것은 내 협상 입지를 해칠 수 있다"라는 발언은 대만지원 여부를 '협상 카드'로 사용하겠다는 속내인 것이다. 셋째, "지난 4년간 내가 대통령이었다면 중국의 위협은 일어나지 않았을 것이다"라는 발언에서는 자신은 중국이 원하는 바를 충족시켜주고 또한 자신이 원하는 바도 달성하는 윈-윈 방식으로 협상을 이끌어 대만해협의 평화를 유지할 수 있다는 계산을 감지할 수 있다. 이때에 대만의 주권과 국익은 주요 고려사항이 아닐 것이다.

미국은 인도 태평양 전략에서 대만의 전략적 가치와 동맹의 결속도를 NATO 다음으로 중요시 하고 있다. 그러나 미국이 중국 견제보다는 협상을 우선한다면 대만은 유효한 협상 카드에 불과하다. 필자는 트럼프가 중국과 협상에 사용할 수 있는 대만 카드가 무엇인지 도출해 보았다. 그것은 미국이 대만을 지원하기 위해 의회 발의한 법안들로 다음과 같다.

① 「대만 여행법」(Taiwan Travel Act, 2018년). 이 법은 미국과 대만 공직자의 상대국 방문을 허용한 것으로 미국의 전·현직 고위공직자와 낸시 펠로시 하원의장 등 의회 의원 등이 대만을 방문할 수 있는 근거이다. 미국이 미·대만 고위층 교류를 제한한다라고 제안하면 중국은 환영할 것이다.

② 「대만 보증법」(Taiwan Assurance Act, 2020년). 이 법은 미국이 대만을 NATO 다음 단계 정도의 주요 동맹국으로 대우하는 것이 핵심으로, 대만을 미국의 인도·태평양 전략의 주요 구성원으로 참여시킬 수 있는 법적 근거이다. 역시 대만의 지위를 준동맹에서 한단계 내린다고 제안하면 중국은 반길 것이다.

③ 「대만 동맹보호법」(Taiwan Allies International Protection and Enhancement Initiative Act, 2020년). 이 법안의 주요 내용은 '미국은 대만이 모든 국제기구에서 회원국이 되도록 지원하고, 다른 국제기구에서 옵저버 자격을 부여받도록 노력해야 한다'이다. 이 법을 근거로 미국은 대만의 세계보건총회(WHA) 가입을 지지했고, 향후 국제민간항공기구(ICAO), 국제형사경찰기구(ICPO) 등 다양한 국제기구 가입을 지원할 수 있다. 중국이 불편하게 생각하는 분야로 미국이 이를 제한한다고 한다면 중국은 관심을 보일 것이다.

④ 「대만 정책법」(Taiwan Policy Act, 2022년). 대만을 동맹으로 지정하고 직접 군사비를 지원하는 법안이다. 이 법안에는 '대만을 한국·이스라엘·일본 등 비나토 동맹(Major non-NATO ally) 수준으로 대우하고, 국제기구 및 다자간 무역에 참여할 수 있도록 돕는다'라고 명시되어 있다. 또 법안에는 중국이 대만에 중대한 공격 위협을 할 경우 중국 국영 은행 등을 제재하도록 하는 내용도 담겼다. 미국은 이 법안을 유예하거나 파기하겠다고 하면서 중국에게 상응한 것을 요구할 수 있을 것이다. 이외에도 ⑤ 1982년에 합의한 「제3차 미·중 공동성명」에서 언급한대로 미국이 대만에 대한 무기수출을 축소하고 대만

군의 훈련지원을 최소화한다라는 제안도 중국을 솔깃하게 할 수 있는 카드 중 하나이다.

그렇다면 이번에는 미국이 중국에게 무엇을 요구할 것인지 추정해 보자. ① 중국에게 이란과 교섭을 요구할 수 있다. 이란은 팔레스타인 무장단체 하마스를 비롯해 레바논 헤즈볼라와 예멘의 후티 반군 등 反미, 反이스라엘 무장단체를 지원하는 것으로 알려져 있다. 미국은 이런 이란에게 중국을 통해 반미 무장단체에 대한 지원을 축소하거나 중단하도록 요구할 수 있다. ② 러시아-우크라이나 전쟁 종결을 위한 중재를 요청할 수 있다. ③ 북한에게 경제제재 일부 완화를 조건으로 북한의 핵미사일 능력을 동결시키는 협상 중재를 요청할 수 있다. 미국은 북한 핵미사일이 미국 본토를 타격할 수 있는 능력으로 향상되는 것을 가장 우려하고 있다. 현재는 북한의 대륙간 탄도탄 능력이 기술적으로 완성도가 낮지만 개발을 지속한다면 미국의 안보를 위협할 수준으로 도달할 것으로 보고 있다. 미국은 이 문제를 중국을 통해 해결할 수 있다고 보고 있다.

라. 바이든 2기의 미국도 트럼프와 유사한 정책 선택 가능성

현 바이든 미국 대통령은 동맹을 규합하여 중국을 강하게 압박하여 왔다. 대만 문제에서도 '군사개입'을 세 차례나 언급하면서 중국을 견제하였다. 그러나 바이든 2기에 이러한 정책이 지속될 수 있을지 불확실하다. 왜냐하면 미국의 글로벌 리더십을 시험하는 이스라엘-

팔레스타인 문제와 러시아–우크라이나 전쟁, 북한 핵 위협 등 많은 국제문제를 해결하기 위해서는 중국의 협력이 필요하기 때문이다.

미 백악관 국가안보보좌관 설리번(Jake Sullivan)은 2024년 1월 26~27일 태국에서 중국공산당 중앙위원 겸 외교부장 왕이(王毅)를 비공개로 만나 중동과 북핵 문제 등 광범위한 국제정세에 대한 의견을 교환한 것으로 알려지고 있다. 존 커비 백악관 국가안보회의 전략소통조정관은 1월 23일 브리핑에서 "중국은 이란에 영향력이 있으며, 우리와는 달리 이란 지도자들과 대화할 수 있다"라고 하면서 후티 반군에 무기 공급이 중단되도록 중국이 나서라고 촉구했다. 미국은 중동문제에 대해 중국에 영향력 행사를 요구하고 있는 것이다.

미국은 2024년 11월 대선에서 누가 대통령으로 당선되더라도 현재의 대중국 강경노선을 일부 수정하여 협력하는 방향으로 나아갈 것으로 보인다. 이때 정도의 차이는 있겠지만 중국을 움직이기 위해서는 트럼프 방식의 '대만의 협상 카드화' 전략이 고려될 것으로 보인다.

6. 글을 마치며 : 우리도 주한미군없는 안보상황에 대비 필요

해외 주둔 미군은 항상 그 지역에 주둔하고 있는 것은 아니다. 정세가 변화하여 자국 국익에 도움이 안 된다고 판단되면 바로 철수할 수 있다. 우리는 앞에서 미국이 대만 장제스 국민당에 대한 지원을 철회하고 더 나아가 중국공산당과 협력을 모색하는 과정을 살펴보았다. 그리고 1950년대 중반 냉전 시기에는 대만과 상호방위조약을 체결하고 미군을 주둔시켰지만 다시 중국공산당과 협력이 국익에 도움이 된다고 판단하자 1979년에 상호방위조약을 파기하고 미군을 철수시킨 사례도 보았다.

미국이 대만을 희생시킨 첫 번째 사례는 장제스 국민당의 무능과 부패때문이었다. 미국이 아무리 지원을 해주어도 장제스의 국민당은 미국의 정책 목표에 부합하지 못했다. 미국이 대만을 배신한 게 아니라 장제스가 미국의 기대를 저버리고 배신을 초래한 것이다. 그러나 두 번째와 세 번째 사례는 전적으로 미국이 일방적으로 대만을 희생시켰다. 대만에 미군을 주둔시켜서 중국을 견제하기 보다는 중국과 협력하는 편이 국익에 도움이 되었기 때문이다. 미국은 대만의 반발과 비난을 뒤로하고 대만에서 미군을 철수시켰다.

우리나라에는 6·25전쟁 이후 오늘날까지 미군이 주둔하고 있고 「한·미 상호방위조약」이 작동하고 있으며 한·미동맹은 굳건한 상태이다. 현 정부는 미국과 핵협의그룹(NCG)을 설치하여 미국의 핵무기 사용 계획과 운영에 우리도 참여할 수 있도록 하였다. 현재 상황에서 주한미군의 철수와 「한·미 상호방위조약」의 파기는 상상할 수 없다. 그렇지만 이러한 상황이 언제까지 지속될지는 알 수 없다. 우리의 희망과 달리 국제정세는 급변할 수 있기 때문이다. 우리는 미국이 대만의 경우처럼 상황변화에 따라 '한국 관계법'만 남기고 미군을 철수시킬 수 있다는 생각을 하고 있어야 한다.

〈참고자료〉

박병광, "최근 대만문제를 둘러싼 미중갈등의 동향과 시사점," 「KDI 북한경제리뷰」 (2022년 8월호).

서상문, "6·25전쟁과 臺灣 '안전'의 상관관계 論析," https://suhbeing.tistory.com/m/222, (검색일, 2024.2.15).

오인석, "중국의 전후 처리와 국공내전 에폭타임즈," https://bes365.tistory.com/10470 (검색일, 2024.2.13).

박차영, "미중화해②.. 덩샤오핑, 미국통해 경제도약 추진," http://www.atlasnews.co.kr/news/articleView.html?idxno=4611, (검색일, 2024.2.12).

이동훈, "〈주간조선〉 미군은 대만에서 어떻게 철수했나," https://www.chosun.com/site/data/html_dir/2017/08/25/2017082501711.html, (검색일, 2024.2.6).

최창근, "1970년대 최대 3만명 주둔해던 주(駐)대만 미군 역사는 ?," https://kr.theepochtimes.com/, (검색일, 2024.2.8).

주한미군 없는 안보 상황에 대비 필요

주한미군, 2024년 미국 대선 이후에도 계속 주둔하고 있을까

1. 들어가며 : 미국 대선 이후 2025년은 안보 환경의 전환기

우리의 안보 환경은 큰 전환점을 앞두고 있다. 최근 미국 일부 한반도 전문가들은 "현재의 한반도 상황은 6·25전쟁 직전처럼 위험하다"라고 경고를 하였다.[1] 북한은 러시아와 군사 관계를 긴밀히 하면

---

1 "[남성욱의 한반도 워치] 6·25 이후 한반도 가장 위험? 2024년과 1950년은 다르다," https://www.chosun.com/opinion/specialist_column/2024/02/07/ZZ653QKZJFH6NO7DGJUNZKGKBY/, (검색일, 2024. 3. 10). 미국 미들베리 국제연구소의 로버트 칼린 연구원과 시그프리드 헤커 교수는 "현재 한반도 상황이 1950년 6월 초반 이후 그 어느 때보다 위험하다"라고 주장했다. 1994년 1차 북핵 위기 당시 미 국무부 북핵 특사로 활동했던 로버트 갈루치 조지타운대 명예교수도 "2024년 동북아시아에서 핵전쟁이 일어날 수 있다는 생각을 염두에 둬야 한다"라고 경고했다. 이 전문가들의 공통점은 과거 북한과의 협상 경

서 김정은 국무위원장은 남북한 관계를 '적대적인 두 개의 국가'로 규정하고 "대사변을 준비하라"라고 지시하였다.[2] 이런 가운데 미국에서는 주한미군 철군을 언급하였던 트럼프(Donald Trump) 前 대통령이 2024년 11월 대선에서 바이든(Joe Biden) 현 대통령과 대결이 예상된다. 한반도 주변 정세가 급변할 가능성이 있고, 특히 한미동맹의 변화와 주한미군 감축 및 철수도 예상되는 상황이다.

현재까지 우리는 한미동맹을 기반으로 북한의 적화 기도를 저지하면서 경제발전을 이루어 중국과 일본, 러시아 등 주변국과 비교적 안정적인 상태를 유지하였다. 그러나 한미동맹을 뒷받침해주는 주한미군이 철수한다면 안보를 위해 우리가 부담해야 할 비용은 연간 90조 원 이상으로 추산하고 있다.[3]

험이다. 반면 2007년 이후 10년 동안 평양에서 근무한 셰퍼 전 독일 대사는 "1950년 이후 한반도 전쟁 위기가 가장 심각하다는 주장에 동의하지 않는다"며 "북한의 강경 태도는 오래된 협상 패턴"이라고 지적했다. 전쟁 위기론과 협상 패턴론이 대립하고 있다.

2 "김정은 "南, 동족 아닌 교전국…전 영토 평정 대사변 준비"," https://www.donga.com/news/Politics/article/all/20231231/122843014/1, (검색일, 2024. 2. 6), 김정은 북한 국무위원장이 남북 관계를 '동족 관계'가 아닌 '전쟁 중인 교전국 관계'로 규정했다. 2024년을 앞두고 대남노선의 근본적인 방향 전환을 공식 선언한 것이다. 또 "한반도에서 전쟁이 현실적 실체로 다가오고 있다"며 "유사시 핵무력을 포함한 모든 물리적 수단과 역량을 동원해 남조선(한국) 전 영토를 평정하기 위한 대사변 준비에 계속 박차를 가하겠다"라고 위협했다. 2012년 김 위원장 집권 이래 가장 강도 높은 수위로 전쟁 위협 발언을 쏟아낸 것이다.

3 "주한미군 경제효과 연 90조… 떠나면 국방비 2배," https://www.chosun.com/politics/politics_general/2023/09/26/OZ4TZCL6WJGAHPSELHKVFTXEWU/, (검색일, 2024. 3. 8), 한국경제인협회는 주한미군 철수 시 국방비 부담 증가에 더해 신용등급 하락 효과까지 고려하면 주한미군 철수 시 발생할 비용은 연간 90조 원가량이라고 봤다. 한국국방연구원에 따르면 주한미군 완전 철수 시 한국의 국방비 부담은 대략 두 배 정도 증가한다. 카터 대통령이 주한미군 철수를 주장한 1975년 철수

이렇게 안정적이던 한미동맹과 주한미군은 2024년 이후에는 종전과 다른 모습이 예상된다. 그 이유는 첫째, 미국의 글로벌 리더십 약화이다. 특히 트럼프가 다시 집권하게 되면 자유민주주의 가치와 체제로 결속된 동맹 관계는 경제적 이해 여부가 우선시 되는 타산적 관계로 변화될 가능성이 크다. 바이든 현 대통령이 연임해도 경제적 이익을 우선해야 한다는 자국의 여론 동향을 도외시할 수 없을 것이다. 향후 미국은 한미동맹을 경제적 가치로 계산하고 주한미군을 돈으로 환산할 수 있다는 것이다.

둘째, 핵을 보유한 전략국가 북한의 대남 정책 변경이다. 북한은 우리를 같은 민족이 아니고 적대적 국가라고 규정하였다. 적대국가 한국을 거침없이 핵미사일로 위협하겠다는 의미이며, 이를 통해 미국과 협상에서 핵보유국으로 인정받고 대북제재 해제를 달성하겠다는 의도인 것이다. 더욱이 북한은 러시아 관계를 강화하고 있어 러시아 첨단 군사기술이 북한에 이전되고 있으며, 중국과는 대북제재 속에서도 교역을 지속하고 있다. 중국과 소련이 밀착하는 것도 북한에게는 유리하다. 러시아 푸틴(Vladimir Putin) 대통령은 북한을 방문할 예정이라는 보도가 있다.[4] 셋째, 우리 국내 정치적 대립 심화이다. 일부 시민단체에서 주장하는 한미동맹 해체와 주한미군 철수 요구는 국민

가 실제로 단행됐다면, 1976년 실제 7327억원이었던 국방비가 1조4000억원을 넘고 매해 국방비가 실제보다 2.2~2.6배 늘어나는 것으로 추정됐다.

4 “"푸틴, 5월 방중 시진핑과 회담"...방북도 조율 중,” https://www.ytn.co.kr/_ln/0104_202403201832502941, (검색일, 2024. 3. 21).

전체의 의사를 반영하고 있지는 않지만 이러한 주장은 향후 한국의 정권 성향에 따라서 더욱 확산될 가능성을 배제할 수 없다.

2024년 미국 대선 이후에 우리가 맞이할 이와 같은 새로운 안보 환경에서 제일 먼저 마주할 수 있는 문제는 주한미군 감축이나 철수 문제일 것이다. 왜냐하면 첫째, 미국이 미·중 패권경쟁에서 중국을 견제해야 하는데 이를 위해서 한반도보다 직접적으로 대치하고 있는 남중국해나 대만해협으로 주한미군을 재배치할 수 있다는 관측이다.[5] 미국은 전략적 관점에서 이 지역을 한반도보다 우선순위를 높게 부여하고 있기 때문이다. 둘째, 미국이 북한과 협상시 주한미군 문제가 카드가 될 수 있다는 전망이다. 북한은 곧 미국 본토를 위협할 수 있는 핵미사일 능력을 갖출 것으로 보이는데 미국은 이 상황을 막기 위해 주한미군 감축이나 철수를 북한에 '협상 카드'로 제시할 수 있다는 분석이다.

필자는 2024년 미국 대선 이후 주한미군 철수 문제가 대두될 것으로 예상하여 과거에 있었던 주한미군 철수와 감축에 대해 그 원인과 결과를 살펴본 다음, 베트남과 대만, 아프가니스탄, 필리핀 등 해외 주둔 미군의 철수 사례를 확인하였다. 이어서 트럼프 대통령 집권 시기 발생하였던 한미 관계 갈등을 통해 트럼프 2기 집권 시 한미 관계는 어떻게 진행될 것인지를 예측하였고, 결론적으로 당장은 아니지만 장기적으로 주한미군 없는 안보상황에 무엇을 어떻게 준비해야 하는지 의견을 제시하였다.

---

5 "미중 전략경쟁 격화, 주한미군 동남아 재배치에 대비해야," 《중앙일보》, 2020년 10월 6일.

2. 미군과 한국의 인연, 군정(軍政)에서 동맹군으로 발전

가. 미군은 1945년 9월 한국에 진주, 한국 정부수립 후 1949년 6월 철수

미군이 한국에 들어온 것은 1945년 9월 8일, 제2차 세계대전 승전국으로 패전국인 일본으로부터 항복을 받고 무장해제를 시키기 위해서였다. 미군은 한국에 진주한 그 다음날인 9월 9일 미 24군단 군단장 하지(John R. Hodge) 중장과 제7함대 사령관 킨케이드(Thomas C. Kinkaid) 제독은 조선총독부 청사에서 일본의 조선군사령관 고즈키 요시오(上月良夫) 중장, 야마구치 기사부로(山口儀三郎) 제독, 아베 노부유키(阿部信行) 조선 총독으로부터 항복을 받고 일본군의 무장을 해제하였다. 이어서 미 24군단은 남한지역에서 군정을 시행하였다.[6]

하지 군단장은 주한미군사령관 겸 군정사령관으로서 군단사령부 내에 '재조선미육군사령부군정청(在朝鮮美陸軍司令部軍政廳: USAMGIK United States Army Military Government in Korea)을 설치하고 초대 군정장관에는 7사단장 아놀드(Archibald V. Arnold) 소장을 임명하였다. 그리고 미군은 한국에서 정부가 수립된 그 다음 해인 1949년 6월 30

---

6 국방부 국방편찬연구소, 『한미 군사관계 1871~2002』(서울: 국방부 군사편찬연구소, 2021), pp. 183-188, 황수현, 『한미동맹 갈등사』(파주: 한울아카데미, 2011), p.64에서 재인용, 미 24군단 예하 7사단은 서울, 경기, 강원, 충북에서 군정을 하였고, 40사단은 경상도, 96사단은 충남과 전라도, 그리고 제24 군수지원사령부는 인천에서 각각 군정을 하였다. 미 군정기간 한국 주둔 미군은 최대 77,643명에 달하였다.

일에 철수하였다.

이 시기 국제정세는 미-소 냉전이 시작되는 시점으로, 소련은 전 세계에 공산주의를 확산시키고자 하였고 미국은 유럽을 포함하여 아시아 지역에서 이를 억제하고자 하였다. 이런 국제정세 아래에서 미군이 한국에서 철수한 이유는 다음과 같다.

첫째, 미국 요인이다. 당시 미국은 제2차 세계대전 수행으로 방만해진 군대를 감축하면서 동시에 전 세계적으로 발생하고 있는 소련 공산주의 확산을 저지해야 했다.[7] 미국 입장에서는 유럽이 우선이었고, 한국은 미군을 주둔시켜서 방어할 만큼 중요한 전략적 지역이 아니었다.[8] 미국은 소련과 전면전 시 한국 주둔 미군이 소련군의 공격에 취약하기 때문에 이 부대를 일본으로 철수시켜 일본을 방어토록 하고, 반격 시에는 한반도를 우회해서 해·공군 전력으로 공격한다는 계획이었다.[9]

미 국무부는 공산주의-자본주의 이념 대결 측면을 고려하여 한국

7 남시욱, 『6·25전쟁과 미국』(서울: 청미디어, 2015), p. 357, 1945년 8월 미 육군병력은 610만명에 90개 사단, 해군은 350만명에 함정 8,100척, 공군은 230만명에 항공기 6,8400대, 해병대는 486,000명에 6개 사단이었던 규모가 5년간 계속 감축되어 1950년에는 육군 592,000명에 10개 사단, 해군 401,000명에 함정 238척, 공군 411,000명에 항공기 4,700대, 해병대 49,200에 2개 사단으로 줄어들었다. 태평양 지역 미군은 1945년 170만명 병력이 1946년 6월에 40만명으로 급감했다.

8 김종환, "애치슨의 태평양 방위선과 한국전쟁," (경남대학교 대학원 박사학위논문, 2007). p. 135, 미 합동전략분석위원회의(JSCC: Joint Strategic Survey Committee)는 한반도에 대한 전략적 평가를 16개국 중 13위로 낮게 평가하면서, 한국은 군대나 기지를 유지할 전략적 가치가 없다고 판단하였다.

9 남시욱, 앞의 책, pp. 350-351.

미군의 한국 진주 및 군정 시작
(출처 : 구글)

이 공산화될 우려를 주장하면서 철군에 반대하였지만, 트루먼(Harry S. Truman) 대통령은 국방부의 철군 의견을 채택하여 한국 정부가 수립되면 즉각 미군을 철수시킨다는 NSC-8 (National Security Council Report 8: 국가안보회의 보고서) 방침을 수립하였다. 미국은 주한미군 철수가 두 차례 연기되는 진통을 겪었지만 1949년 6월 30일 주한미군사고문단(KMAG: Korean Military Advisory Group) 495명을 남겨놓고 철수하였다.

둘째, 남북한 요인이다. 우선 북한 주둔 소련군은 1948년 12월 31일 철수 완료하였다. 미군이 계속 한국에 주둔할 명분이 없었다. 이승만 정부는 미군 철수에 반대하였지만 미국의 결정을 번복시키지는 못하였다. 북한의 군사적 위협에 대해 미국에게 「상호방위조약」체결을 제의하였지만 거부당했고, 군사원조를 추가적으로 요청하였지만 미국은 미온적이었다.[10] 1949년 6월 미군 철수는 미국이 한국의 전략적 가치를 낮게 판단한 것이 지배적 요인이었다. 미군 철수 후 1년이 되지 않아 북한은 소련의 군사원조로 한국군 대비 우월한 군사력을 갖추어 남침을 감행하였다.

나. 미군은 1950년 6·25전쟁 발발과 동시에 참전, 동맹군으로 현재까지 한국에 주둔

북한군이 1950년 6월 25일 전면 남침을 감행하자 미국은 신속하게 군사개입을 결정하였다. 미국은 북한 남침의 배후는 소련이며, 소련은 미국이 어떻게 대응할 것인가 시험하기 위해서, 그리고 미국의 관심을 유럽에서 한국으로 전환시켜 미국의 힘을 약화시키기 위한 의도가 있다고 판단하였다. 미국은 전쟁 발발 당일인 25일, 북한의 남침 사건을 UN에 회부하고 안보리 소집을 요구하였다. 이어서 26일에는 극동사령부에 38도선 이남 지역에서 군사작전을 지시하였고 30일에는 2개 지상군 사단 투입과 북한 해역 봉쇄를 결정하였다.[11]

당시 국제정세는 미-소 냉전이 본격화되는 시기였다. 미국이 이렇게 신속하게 6·25전쟁에 참전했던 배경으로 첫째, 미국은 한국이 공

10 남시욱, 위의 책, pp. 383-385.

11 김종환, 앞의 논문, pp. 155-158.

산화되면 다음은 일본이 위험하고 전 세계적으로 독일, 이란으로 공산화 위협이 확산될 수 있으며, 한국에서 소련의 공산화 기도를 차단하지 않는다면 결국 제3차 세계대전으로 비화될 수 있다고 보았다. 미국은 나치 독일의 확장 기도를 조기에 차단하지 못해 제2차 세계대전이 발발했던 역사를 교훈 삼았던 것이다.[12] 둘째, 미국은 UN이 승인한 한국 정부를 지원하지 않으면 향후 UN은 세계평화를 위한 기능을 할 수 없다고 판단하였다. 이러한 정세판단 아래 미 24사단 21연대 1대대, 일명 스미스(Smith) 기동부대는 7월 1일 부산에 도착하여 오산 죽미령에서 7월 5일 북한군과 교전하였다. 개전 10일만이다. 미군은 6·25전쟁 기간에 총 178만여 명이 참전하여 약 3만 5천 명이 전사하고 약 9만 명 이상이 부상당하는 인명 손실이 있었다.[13]

미국은 6·25전쟁 발발 이후 본격화되는 냉전 시대에 소련 공산세력 확산을 저지하기 위해 주요 거점지역 국가와 동맹을 맺었다. 우리와는 6·25전쟁 직후인 1953년에 「상호방위조약」을 체결하였고, 필리핀과는 그보다 앞선 1951년에 「상호방위조약」을 맺었으며, 일본과는 1951년 「안전보장조약」에 서명하였다. 1954년에는 대만과 「상호방위조약」을 체결하였다.

---

12 남시욱, 앞의 책, pp. 49-52. 트루먼 대통령은 공산주의자들이 세계 공산혁명을 위해 3차 대전을 일으킬 것이라고 믿었다. 그는 북한군의 공격이 저지되지 않는다면 자유세계와 UN의 기반과 원칙도 위기에 빠질 뿐만아니라 미국 자신의 안전도 위험에 처할 것이라고 판단했다. 또한 미국 국무부 산하 정보조사국의 보고서는 '북한은 완전히 크레믈린의 지배하에 있으므로 소련의 지시없이는 남침을 결정했을 가능성이 전무하기 때문에 북한의 남침을 소련의 세계전략으로 보아야 한다고 하였다.

13 황수현, 앞의 책, p.75.

미군 스미스 대대 부산 도착(1950년 7월 1일)(출처 : 구글)

3. 데탕트 시기, 미국 대외전략 변화로 주한미군 감축 및 철수 추진

가. 닉슨 행정부(1969. 1 ~ 1974. 8), 주한미군 제7사단 철수

1960년대 베트남 전쟁으로 냉전이 절정에 이르렀지만 미국은 베트남전을 종식시키고 미군을 철수시켜야 한다는 여론에 직면하였다. 미국은 베트남 전쟁으로 전쟁 비용이 과다하게 지출되어 경제적 어려움이 가중되고 있었고, 많은 희생자 발생으로 국내에서 반전 여론이 비등하였다. 남베트남 정권은 부패하여 막대한 지원을 해도 미군에 의지하였고 국민의 지지도 잃어가고 있었다.

닉슨(Richard Nixon) 행정부는 국내 여론에 따라서 베트남전을 끝내고 철수하고자 하였다. 이를 위해 미국은 중국과 화해를 시도하였다. 데탕트 시대가 열린 것이다. 미국은 중-소 분쟁의 전략적 공간을 이용하여 중국과 손잡는다면, 중국으로부터 북베트남을 지원하지 않는다는 약속을 받아 미국은 베트남에서 명예롭게 철수가 가능하고, 중국과 함께 소련 견제도 가능하다고 판단하였다. 닉슨은 키신저(Henry Kissinge) 국무장관의 1971년 7월 베이징 방문에 이어, 이듬해인 1972년 2월 중국을 방문하여 미·중 관계 정상화 추구를 천명한 '상하이 공동성명'(제1차 미·중 공동성명)에 서명했다. 이에 앞서 닉슨은 1969년 7월 "아시아 방위는 아시아인의 힘으로"라는 「닉슨 독트린」을 발표했다. 아시아 배치 미군을 철수하겠다는 선언인 것이다.

한반도도 데탕트 영향을 받아 남북한 관계는 1972년 「7·4 남북공동선언」을 하는 등 일시적으로 화해 분위기가 조성되었고, 주한미군 감축과 철수 문제도 대두되어 미 제7사단 등 2만여 명이 철수하였다. 주한미군이 감축된 배경은 다음과 같다. 첫째, 미국 요인이다. 미국은 중국 및 소련과 화해를 추진해 가는 과정에서 6·25전쟁 때와 같은 중국과 소련의 대규모 북한 지원은 없을 것으로 판단하였다. 미국은 북한이 중국이나 소련으로부터 군사 지원 없이는 전면 남침을 감행하기 어려울 것으로 생각하였고, 상대적으로 한국군 군사력은 강화되었다고 보았다.

둘째, 북한 요인이다. 북한도 70년대 초반에는 대남도발을 자제하고 있었다. 이 시기에는 1960대와 같은 '1.21 청와대 기습사건', '울진·삼척 무장공비 침투사건' 등 대형 대남도발은 없었다. 미국은 북한의 대남 군사적 위협과 능력을 높지 않게 평가하였다. 셋째, 한국 요인이다. 미국은 한국이 급속한 경제성장으로 군사력도 동반해서 강화되었고, 1968년 울진·삼척 무장공비 침투사건 후 예비군도 창설된 상태에서 미국이 한국군 현대화를 지원한다면 한국군은 북한의 단독 남침을 방어할 능력을 갖출 수 있다고 판단하였다. 또한 베트남에서 복귀하는 2개 사단으로 주한 미군 2개 사단을 대체할 수 있다고 보았다.[14]

박정희 정부는 미국의 주한미군 감축 방침을 되돌릴 수 없음을 인식하고, 안보 공백과 불안을 해소하기 위해 한국군 현대화 계획의 조기 추진을 요구하였다. 미국 애그뉴(Spiro T. Agnew) 부통령은 닉슨 대통령 특사 자격으로 1970년 8월 방한하여 박정희 대통령에게 한국군 현대화 계획의 단계적 추진을 약속하며, '주한미군 감축은 미국의 대한 안보공약의 포기가 아님'을 강조하였다. '주한 미군을 감축하는데 상당한 조치가 병행될 것'이라고 하면서, "이러한 조치가 장기적인 관점에서 볼 때, 한국의 자주적인 안보에 유리할 것이다"라고 언급하였다. 미국은 1971년 3월 27일 한국에서 제7사단 등 약 2만여 명을 철수시켰다. 그러나 미국은 베트남이 1975년 공산화되면서 주한미군 철수 계획을 중지하였다.

14 황수현, 위의 책, p.109, p.134.

나. 카터 행정부 (1977. 1 ~ 1981. 1), 주한미군 전면 철수 계획 중지

1977년 1월 25일 출범한 카터 (James Earl Carter Jr.) 행정부는 미·중 국교 정상화에 이어 미·소 화해 시대라는 국제질서 변화에 부응하면서 아시아 정책을 수립하였다. 핵심은 미·중 관계를 발전시켜나가면서 동시에 미·일 동맹 체제를 강화하고 일본의 방위력을 향상시킨다는 것이었다. 이런 안보 환경속에서 미국은 대만과 한국에서 미군을 단계적으로 철수시켜 최종적으로 완전 철수시킨다는 계획이었다. 카터 행정부는 한국의 국방력 강화와 북한의 군사적 위협 감소에 주목하였고, 베트남 공산화를 겪으며 미국이 제3국 문제에 개입하여 전쟁에 연루되는 상황을 원치 않았기 때문이었다. 한국의 박정희 정권은 카터 대통령의 인권 중시 정책에 부합되지 않아 한·미 간 갈등도 발생하였다.

카터 대통령은 집권 초기부터 선거공약이던 주한미군 철수를 추진하기 시작했다. 1977년 5월 5일 미국 정부는 대통령 명령(Presidential Directive)/국가안보회의문서 제12호(NSC 12, 약칭 PD/NSC-12)를 통해 3단계 철수일정을 공표했다. 이에 따르면 제1단계는 1978년까지 주한 미 제2보병사단의 1개 전투여단 6,000명을 철수시켰고, 이어 2단계는 1980년 6월 말까지 두 번째 여단과 모든 비전투병력 9,000명을 철수시킬 예정이었으며, 3단계는 1982년까지는 잔여 병력과 주한미군사령부, 그리고 핵무기를 모두 철수시킨다는 계획이었다. (참조 :

〈표 1〉). 그러나 1단계는 6,000명으로 계획되었던 철수인원이 3,400명으로 조정되어 철수하였고, 이후 2-3단계 철수계획은 중단시켰다. 1979. 7. 20. 카터 대통령은 1981년까지 한국에 주둔하고 있는 미군 병력 감축을 중단한다고 발표하였다.

〈표 1〉 카터의 주한미군 철군 계획

계획		실시		주한미병력 (1978.12.31)
철군 단계	철수 규모	일자	규모	
제1단계 (1977~79)	6,000명(미2사단 1개 여단) 수정안 3,400명	1977.6 ~ 78.12.31	3,400명	37,091명
제2단계 (1979~81)	9,000명(보급 및 지원병력)	1979.7.20 카터 대통령 철군 연기 발표로 미시행		
제3단계 (1981~82)	잔류병력 (미2사단 및 2개 여단 본부)	1979.7.20 카터 대통령 철군 연기 발표로 미시행		

출처: 국방부 군사편찬연구소, 『한미군사관계사 1871~2002』 (서울: 국방부 군사편찬연구소, 2003), p. 707.

카터 대통령이 주한미군 철수 계획을 중단한 배경은 다음과 같다. 우선 첫째, 미국 요인으로 미국은 ① 소련의 확장에 대한 억제가 필요했다. 1979년 12월 소련의 아프카니스탄 침공에서 보듯이 소련은 미국과 화해를 추구했지만 유럽을 제외한 중동과 중앙아시아 등에서는 영향력을 확대해 나갔다. ② 소련이 주한미군 철수를 원하지 않았다. 주한미군이 철수하면, 한반도에 힘의 균형이 깨져서 남북한 무력충돌 가능성이 있고, 중국이나 소련은 원치 않는 전쟁에 개입할 우려가 있는데, 중국이나 소련이 개입한다면 어느 한 국가의 영향력이 커질 수 있고, 이에 안보위협을 느낀 일본이 재무장 및 핵무장을 추진

할 것이기 때문이다. 어느 하나 중국이나 소련의 국익에 긍정적이지 않았다.[15]

③ 미국 국내 여론이 반대하였다. 1978년 미국 의회, 군부, 언론들은 주한미군 철수는 동맹국들에게 미국 안보공약의 신뢰성을 훼손시킬 것이고 특히 북한의 남침 가능성이 크다고 반대하였다. 주한미군 사령부 참모장 싱글러브(John K. Singlaub) 소장은 정부의 철수 방침에 공개적으로 반대한 군부 인사였다.[16] 그는 전역 후 '내 진급보다 한국인들의 생명이 더 중요했다'라는 소신을 밝힌 바 있다. ④ 일본이 반대하였다. 일본은 주한미군 철수는 북한의 남침을 불러올 수 있다는 우려를 미국에 전하면서 한국이 공산화되면 일본은 '재무장과 핵무장이 필요할 수 있다'라는 견해도 표명하였다. 미국은 일본 안보 우려를 무시할 수 없었다.[17]

다음은 둘째, 남북한 요인이다. 북한의 위협이 증대되었다. 1979

---

15 유훈, "카터 행정부의 세계전략과 주한미군 철수 정책," (서울대학교 대학원 박사학위논문, 2012), pp. 131-134, p.147-150.

16 황수현, 앞의 책, pp. 244-245, 싱글러브 소장은 1977년 5월 29일자 워싱턴 포스트와 인터뷰에서 "미국의 지상군이 예정대로 4~5년 동안에 철수할 경우 전쟁이 촉발될 것이다"라고 하였고, 5월 25일 미 하원 군사위 청문회에서 다음과 같이 증언하였다. 첫째, 주한미군 고위 장교들과 한국군 지도자들은 주한미군의 철수로 인해 한반도에서 전쟁이 재발할 가능성이 있다라고 생각한다. 둘째, 현재의 정세하에서 왜 철군해야 하는지 그 이유를 모르겠다. 셋째, 한국군이 북한군에 상응한 전력으로 강화되려면 8년이 소요될 것이다. 넷째, 주한미군 주둔 비용보다 철수 비용이 더 든다. 미국내에는 철수한 사단을 수용할 시설도 불비하다. 등이다.

17 유훈, 앞의 논문, p 148, 일본 후쿠다(福田赳夫) 수상은 1977년 2월 일본을 방문한 먼데일 부통령과 회담에서 주한미군 철수에 대해서 본문에서 제시한 이유외에도 다음과 같은 견해를 밝혔다. 첫째, 일본은 미국의 일본 방어 공약에 대해 신뢰가 줄어들 것이다. 둘째, 수백만의 한국 피난민이 유입될 것이다. 셋째, 일본 경제에 타격을 줄 것이다.

년 1월 2일 아미 타임즈(Army Times)는 "미 주요 정보기관들이 북한의 군사력에 대해 지상군이 30개 사·여단이라는 기존 평가를 최소 40개 사·여단이라고 재평가하였다"라고 보도하였다.[18] 이 평가는 주한미군 철군 계획을 유보하는 결정적 요소로 작용하였다.[19] 한국 요인으로 박정희 정부의 반대가 심했고, 미군 철수 반대급부로 한국군 현대화를 위한 막대한 지원을 요구하였으며 핵개발도 시사하고 있었다. 한국의 입장을 무시하고 일방적으로 철수하기에는 부담이 컸다.

다. 미국의 세계전략 조정과 우선순위 판단에 따라 주한미군 일부 감축 및 전환

1981년 시작된 레이건(Ronald Reagan) 행정부는 전임 카터 행정부의 인권 외교를 전면 백지화하고 대소 강경노선으로 전환하여 국방비를 대규모로 증액하면서 우방국과 결속력을 강화하였다. 이때에는 주한미군 감축이나 철군 추진은 없었다. 이후 부시(George H. W. Bush) 행정부는 1990년 4월, '샘 넌-워너(Nunn-Warner) 수정안'

---

18 황수현, 앞의 책, pp. 193-194. 보도 내용은 다음과 같다. "미국의 정보분석가들은 30개 사단 및 여단 이하로 추정되었던 북한 지상군이 적어도 40개 사단 및 여단이라고 재평가하였다.

19 John H. Cushman, Cushman 前 한미 1군단장의 英文 회고록 (미발간)에는 다음과 같이 기술되어 있다. "북한군의 지상 병력을 25개 사단 47만 명에서 67만-70만 명의 40개 사단으로 재평가했다. 기존의 판단보다 기계화 및 전차 군단, 포병군단이 추가 식별됨에 따라서 기존의 북한군 전력이 현저히 증강되었음을 확인하게 되었고 그 결과 주한미군 철군 계획을 유보하는 결정적 요소로 작용하였다." John H. Cushman, Korea, 1976-1978--A Memoir, April, 1998 (unpublished).

에 따라 아태지역 주둔 미군의 적절성을 검토한 후 주한미군 3단계 감축안을 포함한 '동아시아 전략 구상'(EASI: East Asia Strategic Initiative)을 수립하였다. 이 계획에 의해 1992년 12월, 1단계 7천 명이 철수하였다. 그러나 1993년부터 대두된 1차 북한핵 위기를 반영한 1995년 동아시아전략보고(EASR, East Asia Strategy Report)에 의해 주한미군은 다소간의 증감을 거듭하다가 2000년대에 들어서 3만7천 명이 주둔하고 있다.

아들 부시(George W. Bush) 대통령은 2004년 해외주둔 미군 재배치 (GPR: Global Defense Posture Review) 계획과 한·미가 합의한 주한미군 감축 방침에 따라서, 1만2천5백 명을 3단계에 걸쳐 감축시킬 예정이었다. 2004년 미2사단 1개 여단 4천명이 이라크전쟁에 차출된 이후, 북핵 위기 등으로 2008년 2만 8,500명 수준을 유지하기로 다시 조정되었다.[20] 미국은 그 이후 2023년 12월에 채택된 「2024년 국방수권법」에 의해 '주한미군 병력을 현수준인 2만 8,500명으로 유지하기로 하였다.

태평양전쟁 종식 이후 한반도에 미군이 주둔하기 시작해서 현재까지 주한미군 병력의 규모가 변화한 추이는 〈그림 1〉과 같다.

---

20 정경영, 『피스 크리에이션』(파주: 한울아카데미, 2020), p.63.

〈그림 1〉 주한미군 병력 규모 변화 추이

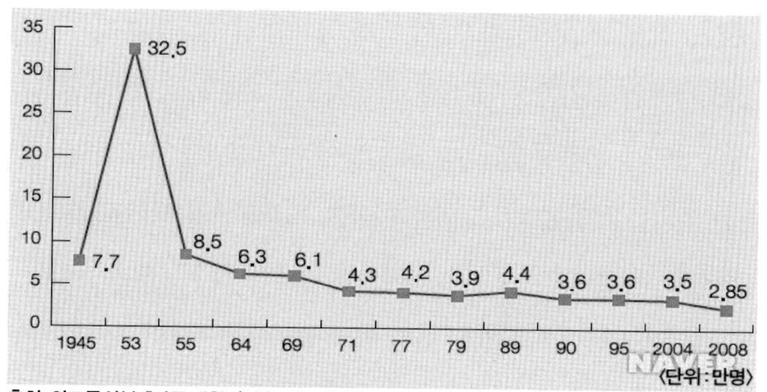

출처: 외교통상부, 『미국 개황』(서울: 외교통상부, 2009. 6), 정경영, 『피스 크리에이션』(파주: 한울아카미, 2020), p.63에서 재인용.

4. 해외주둔 미군 철수 사례 분석 : 배경과 결과

가. 데탕트 시기, 미국의 해외주둔 미군 철수 사례

① 베트남 사례 : 미국의 반전 시위와 재정적자, 남베트남 정부의 부정부패로 미군 철수

1960년대 냉전 시기에 미국은 공산주의 확산을 저지하기 위해 분쟁지역에 개입하였다. 이때에 미국이 내세운 논리는 '도미노 이론'이었다. 한 국가가 공산화되면 연쇄적으로 주변국도 공산화된다는 논리인 것이다. 남베트남이 공산화되면 동남아 국가들이 공산화 위협에 직면하게 되고 태평양 일대 국가까지 위험하다는 것이었다. 미국은 북베트남 공산군의 공세로부터 자유민주체제 국가인 남베트남을 지키기 위해 1964년 8월 통킹만 사건 이후 본격적으로 개입하여 총 54만 3천여 명의 병력을 파견하였고 5만 8282명이 전사하였다. 686억 달러의 막대한 전비를 투입했다.[21] 그러나 미국은 1973년 1월 북베트남과 「파리평화협정」을 맺고 2개월 후, 그 해 3월 미군을 철수시켰다.

철수한 배경을 살펴보겠다. 첫째 미국 요인이다. ① 미국은 남베트남 안보를 위해 더 이상 비용을 지불할 용의가 없었다. 베트남 전비 부담으로 미국 경제가 타격을 받고 있어 국방비를 줄여야만 했다. ② 미국 국내에서 반전 여론이 거셌다. 닉슨은 베트남전 종식과 철군을 공약으로 내세워 대통령에 당선되었다.

둘째, 베트남 요인이다. 우선 '남베트남 민족해방전선(베트콩)'은 전력의 열세에도 불구하고 북베트남의 지원을 받아 산악과 열대우림 정글 지역에서 게릴라전을 전개하면서 남베트남 공산화의 강한 의지를 과시하였다. 반면 남베트남은 자국의 안보를 미군에 과도하게 의존하고 있었고, 부정부패가 심하여 국민의 반발을 초래하고 있었다. 남베트남은 미국·북베트남의 평화협정 체결 협상에 참여하지도 못하였다. 결국 남베트남은 미군 철수 후 2년만인 1975년 4월에 공산화되

---

21 "동북아 역사넷, 동아시아의 역사, 제6장 오늘날의 동아시아 베트남전쟁과 미국, 일본, 한국," http://contents.nahf.or.kr/item/level.do?levelId=edeah.d_0006_0020_0030_0030, (검색일, 2024. 3. 15). 미군의 베트남전 전비는 산정방식과 포함 항목 및 기간, 환율에 따라 자료마다 차이가 있음. 본 연구문에서는 "위키백과 베트남 전쟁" 내용을 인용하였음. "위키백과 베트남 전쟁," (검색일, 2024. 3.20).

베트남 멸망, 대통령궁으로 진입하는 공산군 전차(출처 : 구글)

었다. 남베트남은 부패하였고 싸울 의지도 없었으며 무엇보다 미군없는 안보 시대를 준비하지 않았기 때문이다.

② 대만 사례 : 미국은 중국과 수교를 위해 대만주둔 미군 철수[22]

6·25전쟁을 기점으로 냉전이 본격화되자 미국은 중국공산당의 대만 점령을 저지하기 위해 1954년 대만과 「상호방위조약」을 체결하고 미군을 대만에 주둔시켰다. 공산주의 확산 저지가 목적이었다. 이때 대만의 전략적 가치는 '불침 항모'였다. 그러나 미국은 중국과 관계 정상화를 추구하며 데탕트 시대가 시작되자 1979년 1월 대만과의 「상

22 "〔임방순 칼럼〕, 대만을 3차례 포기했던 미국, 2024년 대선 이후 선택은 ? (3),"
https://www.news2day.co.kr/article/20240311500059, (검색일, 2024. 3. 11).

호방위조약」을 파기하고 그해 5월 미군을 철수시켰다. 미국이 양국간 맺은 「상호방위조약」을 파기한 첫 사례가 되었다

철수 배경으로는 미국 요인이 지배적이었다. 미국은 데탕트 시대를 맞이하여 베트남전을 종식시키고 베트남을 포함하여 아시아 주둔 미군을 철수시키고자 하였으며 또한 소련의 세력 확산을 저지해야만 했다. 이러한 정책을 추진하기 위해서는 중국과의 협력이 필요하였다. 미국은 중국과 협상 과정에서 중국이 요구하는 대만 주둔 미군 철수를 받아들였다. 미국 입장에서는 데탕트 시대에 대만에 미군을 주둔시키는 것보다 소련 견제와 국방비 감축을 위해 중국과 손잡는 것이 더 중요하였기 때문이었다. 대만의 의지와 관계없었고 대만의 국내 정치상황과 전혀 관계없는 미국의 일방적인 정책 변경의 결과였다.

나. 아프가니스탄 사례 : 미국 국가이익 우선지역으로 전환

2001년 '테러와의 전쟁'을 선포하며 아프가니스탄을 침공했던 미국이 2021년 8월 30일 현지에서 완전 철수했다. 미 육군 82공수 사단장이 마지막으로 아프가니스탄 수도 카불 부근의 바르람 공군기지를 떠나는 C-17 수송기에 오르며 미국 역사상 '가장 긴 전쟁'을 끝냈다. 20년간 약 2조 달러 (약 2,356조 원)를 쏟아붓고 미군 2,448명이 숨졌지만,[23] 아프가니스탄을 자유민주국가로 재건하지도 못했고 현상을 유지

23 "미군 · 동맹군 사망자 3천500명…숫자로 본 아프간 전쟁."

하지도 못했다. 아프가니스탄 정부는 반군 무장단체 탈레반에게 미군이 철수를 완료하기 이전 8월 15일 항복하였다. 미국은 아프가니스탄 정부군이 최소 3개월은 저항할 수 있을 것으로 판단했지만 부패한 정부의 무능한 군대는 순식간에 괴멸되었다. 미군과 외국인들은 아프가니스탄 정부가 아닌 탈레반과 협조하면서 철수를 진행하였다.

아프가니스탄 탈출 사태(출처 : 구글)

미군이 아프카니스탄에서 철수한 원인은 다음과 같다. 첫째, 미국은 아프가니스탄보다 더욱 우선순위가 높은 지역에 군사력을 집중할 필요가 있었다. 아프가니스탄 철수 미군은 중국 견제를 위해 아태지

---

https://www.yna.co.kr/view/AKR20210817116100009, (검색일, 2024, 3..11), AP 통신이 하버드대 케네디스쿨의 린다 빌메스 교수와 브라운대 전쟁 비용 프로젝트의 데이터를 토대로 미국의 아프카니스탄 전쟁에 따른 각종 데이터를 숫자로 정리한 내용이다. 즉 미국이 아프카니스탄과 이라크 전쟁 비용을 위해 채권 발행을 통해 조달한 자금은 2조 달러(약 2천356조원). 이로 인한 이자 비용은 2050년까지 6조5천억 달러(약 7천657조원)에 달할 것으로 추정하고 있다.

역으로 투입된 것으로 보인다.[24] 둘째, 미국은 아프카니스탄을 민주국가로 재건하여 국제테러리즘에 대응하려 하였지만 아프가니스탄 정부의 부정부패와 현지 사정을 고려하지 않는 미국의 정책으로 목표를 달성할 수 없었다. 미국은 오바마(Barack Obama) 대통령 시기부터 아프가니스탄 철수를 추진했지만 연기되다가 트럼프(Donald Trump) 행정부를 지나 바이든(Joe Biden) 행정부에서 단행되었다.

바이든 대통령은 2021년 8월 16일 아프가니스탄 미군 철군 대국민 연설을 통해 "아프가니스탄 정치 지도자들은 도망쳤고 군대는 싸우려 하지도 않고 붕괴했다. 스스로 지킬 의지가 없는 아프가니스탄 정부군을 대신해서 미군이 탈레반과 싸울 이유도 명분도 없었다"라고 아프가니스탄 정부를 비난하였다.[25] 남베트남을 포기하고 떠났던 미국의 논리와 동일하다. 아프가니스탄 철수를 결정한 미국이 탈레반과 수차례 협상했지만, 그 장소에는 아프가니스탄 정부가 없었다는 점도 미국이 북베트남과 협상할 때 남베트남을 배제한 것과 다르지 않다.

---

24 "바이든, 아프간철군 대국민연설…"美 핵심국가안보 이익에 초점"(종합2보)," https://www.yna.co.kr/view/AKR20210901005652071, (검색일, 2024. 3.17), 바이든 대통령은 중국과의 심각한 경쟁 거론하며 철군 정당성 역설하였다.

25 "바이든, '아프간 철군 결정 후회 안해... 비난 받겠다'," 《한겨레》, 2021년 8월 18일.

다. 필리핀 사례 : 주둔국 요구로 철수

필리핀은 1946년 7월 4일, 미국의 50여 년의 지배로부터 독립했다. 독립 후에도 미군은 수빅만(Subic Bay)을 비롯한 다수의 필리핀 내 군사기지에 주둔하였으며, 냉전이 시작되는 시점인 1951년에 미국-필리핀 「상호방위조약」이 체결된다. 미 해군의 최대 해외기지였던 수빅만과 아시아 최대의 미 공군기지인 클라크 기지(Clark Air Base)가 필리핀 안보와 경제에 기여하여, 필리핀은 1960년대에는 아시아에서 일본 다음가는 제 2의 경제부국이었다. 그러나 필리핀에서는 미군 기지 주변의 범죄행위를 문제 삼고 주권확립을 위해서 미군 철수를 요구하는 반미주의가 확산되고 있었다.

특히 1986년 '피플파워'로 불리는 민중운동 당시 필리핀 국민들은 페르디난드 마르코스(Ferdinand Marcos)의 친미 정권을 무너뜨리고 반미운동을 벌이며 미군 철수를 주장하였다. 1987년 제정된 신헌법에 "미군이 필리핀에서 자체 기지를 운영할 수 없다"는 내용이 포함되고, 1991년 필리핀 의회의 '클라크 미군기지 유지 연장 불허' 결정에 따라 미군은 그 이듬해 1992년 11월 필리핀을 떠났다. 그들은 미군을 철수시키고 그 자리에 국제투자 공업단지와 비즈니스 복합단지를 만들면 세계 굴지의 기업들이 앞다투어 몰려올 것이라고 기대하였다.

필리핀 주둔 미군 철수는 필리핀 요인이 지배적이었다. 미군이 나간 것이 아니라 필리핀이 미군을 내보낸 것이다. 미군 철수 후 중국이 그 안보 공백을 밀고 들어와 필리핀 본토 앞의 스카버러섬

(Scarborough Shoal, 중국명, 황옌다오 黃岩島, 필리핀명, 파나타그 암초) 의 영유권을 주장하고 있다. 이 섬은 미군이 사격장으로 사용하던 작은 암초로서 미국이 필리핀에 주둔하고 있을 때에는 이런 일이 없었다. 필리핀은 이 문제를 헤이그 소재 '상설중재재판소(PCA: Permanent Court of Arbitration)에 제소하여 7년만인 2016년 승소 판결을 받았지만 중국은 이를 무시하고 있다.

현재에도 중국 해안경비대가 남사군도 내 세컨드 토머스 암초(Second Thomas Shoal, 중국명 런아이자오 仁愛礁, 필리핀명 아융인) 인근 해역에서 필리핀 보급선에 물대포를 쏘는 등 충돌이 벌어지고 있다. 중국은 필리핀이 선박들이 중국 영해를 침범했기 때문에 "법에 따라 통제 조치를 했다"라는 입장이다. 미국과 일본은 즉각 필리핀 지지를 표명하고 중국 측에는 경고를 보냈다.[26] 필리핀은 미국과 일본과 협력하여 중국에 대항하고 있는 형국이다.

경제적으로도 외국 기업들은 안보정세가 불안한 필리핀에서 철수하기 시작하였고, 미국계 자금도 빠져나갔으며. 외국 투자자들은 안보 리스크가 커진 필리핀을 외면하였다. 필리핀은 실업률이 증가하고 물가가 폭등하여 경제적 타격을 입었다.[27]

필리핀 국민들은 반미감정으로 미군을 내보냈지만 중국이 그 빈

---

26 "중 해안경비대, 남중국해에서 필리핀 선박에 또 물대포(종합)." https://m.yna.co.kr/amp/view/AKR20240323046600009, (검색일, 2024. 3. 22).

27 아태전략연구소사이어티 · 편집부, 『주한미군 철수』 (서울: 도서출판 블루리본, 2021), pp. 15-24.

자리를 노리고 들어오면서 필리핀의 국익을 침해하자 바로 미군을 다시 불러들였다. 필리핀은 2019년 10월 미군이 자국내 공군기지 4곳과 해군기지 1곳을 10년간 사용하는 것에 합의했고, 2023년 2월 기지 4곳을 추가하였다. 남중국해와 대만해협을 향하고 있는 요충지이다. 필리핀은 미국이 2024년 4월 12일에 워싱턴에서 개최된 미국·일본·필리핀 3국 정상회담에 참여하였다.[28] 필리핀은 중국으로부터 안보를 지키기 위해 미국의 중국견제 전략에 동참하고 있는 것이다. 필리핀 사례는 미군을 철수시킨 국민감정이 국익과 다를 수 있다는 교훈을 보여주고 있다.

28 "'미·일·필 3국 정상협의체' 내달 출범…한·미·일 이은 對中 포위망," https://www.joongang.co.kr/article/25236308#home, (검색일, 2024. 3. 20), 미·일·필 3국 정상협의체 출범에 따른 언론의 평가는 다음과 같다. "미국이 필리핀, 일본과 함께 '3국 정상 협의체'를 출범한다. 한·미·일 3국 안보 협력에 이어 대(對)중국 포위망을 더욱 촘촘히 짜려는 전략으로 풀이된다. 이번 3자 정상 협의체 출범은 대중국 견제 차원의 연장선상에 있다. 남중국해에서 중국과 해상 영유권 갈등을 겪고 있는 필리핀은 미국과의 관계를 중시하는 마르코스 대통령 취임 이후 대미 협력을 강화하고 있다."

5. 트럼프 집권 시기 (2017 ~ 2021), 주한미군을 돈으로 환산하여 철수 주장

가. 트럼프 1기, 한미 연합훈련 중단 및 과도한 방위분담금 요구, 주한미군 철수 언급

트럼프는 '미국을 다시 위대하게(Make America Great Again)'라는 표어를 내걸고 제45대 미국 대통령으로 당선되었다. 이 표어는 대외정책용이 아니라 대내용으로 미국인들의 풍요로운 삶을 보장하겠다는 의미이다. 그렇기 때문에 그는 미국의 전통적인 역할이었던 글로벌 자유민주주의 질서 유지 측면보다는 국내 일자리 창출과 저소득층 소득 증대에 중점을 두었다. 이 과정에서 유럽의 NATO 회원국과 방위비 분담금 문제로 갈등을 빚었고, 트럼프는 개인적으로 여러 차례 미국의 NATO 탈퇴 가능성을 토로하여 주변에 충격을 주었다. 트럼프는 "미국이 글로벌 호구(sucker)이냐, 돈이 안되는데 왜 유럽의 방위를 책임져야 하는가"라는 언급도 하였다.

우리에게도 기존의 한미동맹의 틀을 바꾸는 발언을 이어갔다. "이렇게 잘 사는 나라를 우리가 보호해 줄 필요가 있는가", "돈만 많이 드는 한미 연합훈련을 중지해라"[29] 그는 한국의 전략적 가치나 자유민

---

29 "트럼프 수억달러 드는 한미훈련, 오래전 포기," 《조선일보》, 2019년 3월 1일, 트럼프 대통령은 2019년 2월 28일 하노이 정상회담 결렬 후 기자회견에서 "군사훈련은 제가 오래전에 포기했다"며 "왜냐하면 할 때마다 1억달러의 비용을 초래하기 때문이다 라고 했다. 그러나 전문

주주의 체제 내에서 차지하는 중요성을 크게 고려하지 않고 돈이 되느냐 그렇지 않는가 하는 경제적 이해 득실을 앞세웠다.

트럼프 대통령은 방위비 분담금으로 2019년 9월, 50억 달러(약 5조 7천억원)을 제시하였다. 이 액수는 2019년 분담금인 1조 389억원의 5배에 해당하는 거액이다. 이 문제는 트럼프 퇴임 후, 바이든 행정부에서 13.9% 인상으로 합의되었다. 트럼프 대통령은 2018년 6월 싱가포르 미북 정상회담 직후 한미 연합훈련 중지를 시사하였고, 그 다음해인 2019년에 키리졸브(KR) 연습과 독수리 (FE) 훈련을 중단하였다.[30]

트럼프 대통령의 주한미군 철수 주장(출처 : 구글)

가들은 훈련 비용이 트럼프 언급한 액수보다 적다고 언급한다. 예를 들어 을지프리덤가디언(UFG) 연습의 경우 1,400만 달러(150여 억원)에 불과하고 키리졸브·독수리 훈련도 200여 억원 정도라고 한다. 이 중 일부는 한국측이 부담한다고 하였다.

30 "트럼프 '돈 많이 든다' 한·미 연합훈련 종료 사실상 주도," 《중앙일보》, 2019년 3월 4일.

그는 주한미군 철수도 언급한 바 있다. 특히 주한미군 철수 언급에 대해 백악관 참모들은 "집권 2기에 추진하십시오"라고 일단 보류시켰다는 증언이 나오고 있다. 워터게이트 특종기자 밥 우드워드(Bob Woodward)가 트럼프 대통령을 18차례 인터뷰하고 저술한 〈격노 Rage〉라는 책에 트럼프가 "(한국에서) 미군을 빼와 (Get them out)!"라고 명령하였다고 기술하고 있으며, 애스퍼(Mark T. Esper) 前 미국 국방장관은 2022년 10월 자신의 회고록 〈신성한 맹세 A Sacred Oath〉에서 여러 차례 주한미군 철수를 주장하는 트럼프 대통령에게 폼페이오(Michael R. Pompeo) 前 국무장관이 "두 번째 임기 때 우선순위로 하셔야 할 것 같습니다"라고 만류하였다고 한다.[31] 일본의 아베(安倍晋三) 총리도 주일 미군기지의 중요성을 이야기하면서 주한미군 철수를 말렸다는 언론보도도 나오고 있다.[32]

트럼프 1기에 대통령의 주한미군 철수 주장에 미국내 고위 관료와 언론이 반대하고 일본도 반대하는 모습은 카터 행정부가 반대에 부딪혀 주한미군 철수 추진을 중단한 상황과 유사하다. 그러나 당시 박정희 정부와 트럼프 1기 시대의 문재인 정부는 차이를 보여주고 있다. 박정희 정부는 주한미군 철수에 적극 반대하고 이에 대한 대책으로 한국군 현대화를 추진하고 핵개발까지 고려했지만 문재인 정부는 박정

31 "트럼프 주한미군 철수 주장, 폼페이오 '두번째 임기에 하자'며 말려," https://www.hani.co.kr/arti/international/america/1042386.html, (검색일, 2024. 3.15).

32 "트럼프의 주한미군 철수, 아베가 말렸다," 《연합뉴스》, 2020년 8월 31일.

희 정부와 달리 별다른 반응을 보이지 않았다. 오히려 중국에 우호적이고 북한과 관계개선에 관심을 보여 미국과 의견충돌이 있었고, 일본과 「군사정보보호협정」(GSOMIA: general security of military information agreement) 파기 결정으로 미국에서는 미국의 국익에 반하는 조치를 하는 한국이 미국 동맹이 맞는가 하는 의문이 일면서 그동안 한국에 우호적인 미국 인사조차 한국을 비판하는 상황까지 이르렀다.[33]

그 후 미국은 바이든 정부가 등장했고 우리는 윤석열 정부가 들어서면서 트럼프–문재인 시대의 불협화음과 우려는 불식되었다. 북한의 핵미사일 능력 강화에 대응하여 윤석열–바이든의 한미동맹은 핵협의그룹(NCG: Nuclear Consultative Group)을 설치하였고 미국의 확장억제력(Extended Deterrence) 보장도 공고히 하면서 한·미·일 안보협력 태세도 구축하였다.

나. 트럼프 2기 (가정) : 북한과 협상에서 주한미군 문제 '협상 카드화' 가능성

만약에 트럼프가 다시 집권하게 되면 집권 1기 때와 동일하게 경제적 논리로 주한미군 감축이나 철수 논의가 대두될 가능성이 크다. 미국 내에서도 유사한 관측이 나오고 있다. 트럼프 행정부에서

---

33 "지소미아 깬 뒤... 美정부·의회·전문가 그룹 친한파까지 등돌렸다."《조선일보》, 2019년 8월 29일.

백악관 국가안보보좌관을 지낸 볼턴(John R. Bolton)은 2020년 펴낸 회고록 〈그 일이 일어난 방: 백악관 회고록 The Room Where It Happened: A White House Memoir〉 서문에서 트럼프가 "우리는 사랑에 빠졌다"라고 북한과의 회담에 만족해 했는데 이런 트럼프가 재집권한다면, '두 번째 임기 초기에 (북한에) 많은 양보를 할 것이다'라고 예측하면서 "북핵에 관한 무모한 거래는 한국과 일본을 더 소외시키고 중국의 영향력을 키울 것이다"라고 전망했다.[34]

빅터 차 미국 전략국제문제연구소(CSIS) 아시아 담당 부소장 겸 한국 석좌는 2024년 3월 18일에 프랑스 파리의 한국문화원에서 열린 특파원 간담회에서 "트럼프가 대통령이 되면 아마도 '김정은과 문제를 해결했는데 왜 한국에 미군이 필요하냐'고 이야기할 것"이라며 "주한미군 철수나 한미 군사훈련을 중단할 가능성이 있다"고 말했다.[35]

미국의 정치 전문 인터넷 매체 폴리티코(Politico)는 2022년 12월에 "트럼프는 재집권하면 북핵 동결대가로 제재를 완화하는 것을 고려하고 있다"라고 보도하였다. 북한의 핵보유를 용인하겠다는 의도가 아니냐는 해석도 나왔다. 트럼프는 허위정보라고 반박하였다.[36] 트럼프는 북한에 대해 "잠재력이 엄청나다. 북한은 굉장해질 수 있고, 우리

---

34 "대북 매파 볼턴 '트럼프, 북한과 무모한 거래 가능성'," 《한겨레》, 2024년 2월 1일.

35 "빅터차 "트럼프, 韓 핵무장 신경안쓸 것…주한미군 철수 가능성"," 빅터 차 인터뷰 내용 https://www.yna.co.kr/view/AKR20240319064800081, (검색일, 2024. 3. 20).

36 "대북 매파 볼턴 '트럼프, 북한과 무모한 거래 가능성'," 《한겨레》, 2024년 2월 1일.

는 정권교체를 바라지 않는다"[37]라고 북한에 우호적인 시각도 드러낸 바 있다. 비핀 나랑(Vipin Narang) 매사추세츠공대(MIT) 교수는 "2019년은 기이하다. 트럼프 대통령은 우리의 정식 동맹인 한국보다 북한 김정은을 더 존중한다"[38]라고 트럼프의 북한 편향 언행을 비판하였다.

트럼프 2기 주한미군 철수 문제는 트럼프 개인 성향 이외에도 북한 요인과 한국 요인도 고려해야 한다. 우선 북한 요인이다. 북한은 지금부터 트럼프 집권을 염두에 두고 협상력을 높이기 위해 포석을 하고 있다. 핵미사일 능력을 강화하고 있고, 한국을 적대국가로 간주한다고 공식적으로 밝혔다. 북한은 트럼프를 향해 "현 수준에서 핵무기 개발과 생산을 동결할테니 미국은 북한을 핵보유국으로 인정하고 대북제재를 해제하여 관계 정상화 단계로 나아가자"라고 메시지를 보내는 것이다.

북한이 미국과 관계 정상화를 추진한다는 의미는 미·중 패권 경쟁에서 북한이 미국과 손잡을 수 있다는 제안인 것이다. 미국 입장에서는 거부할 이유가 없다. 북한 핵 보유는 이미 기정사실이고 북한 핵폐기는 불가하기 때문에, 불가능한 북한 핵폐기에 집착하기 보다는 북한 핵을 인정해주면서 현수준에서 핵무기 개발과 생산을 동결시키고 대륙간탄도미사일(ICBM: Intercontinental Ballistic Missile) 발사시험을 유예시켜 미국에 위협이 되지 않도록 하는 방안이 미국 국익에 유리

37 "트럼프, 한국엔 '고마워할 줄 몰라' 北엔 '정권교체 바라지 않아'," 《조선일보》, 2019년 3월 1일.

38 "CNN '北도발 억제되지 않자 트럼프, 한국에 불만 터트려," 《조선일보》, 2019년 8월 10일.

하다. 이에 추가하여 북한과 손잡고 중국을 견제한다면 최상의 방책일 수 있다. 또한 북한은 미국에게 대북 적대감 해소를 요구하며 한미연합훈련 중지와 주한미군 철수 및 감축을 요구할 수 있다. 트럼프는 수용할 가능성이 크다. 트럼프-김정은 밀약이 나올 수 있다는 것이다. 이 협상이 실현된다면 우리가 배제되어서는 안 될 것이다.

6. 글을 마치며 : 주한미군 없는 안보상황 대비 필요

해외 주둔 미군은 항상 그 지역에 주둔하고 있는 것은 아니다. 국제정세 변화에 따라 미국이 자국 국익에 도움이 안 된다고 판단하면 바로 철수시킬 수 있고, 우선순위가 높은 지역으로 전환할 수도 있다. 이러한 사례를 앞부분에서 다수 제시하였다.

우리나라에는 6·25전쟁 이후 오늘날까지 미군이 주둔하고 있고 「한미 상호방위조약」이 작동하고 있으며 한미동맹은 굳건한 상태이다. 현 정부는 미국과 핵협의그룹(NCG)을 설치하여 미국의 핵무기 사용계획과 운영에 우리도 참여할 수 있도록 하였다. 현재 상황에서 주한미군의 철수와 「한미 상호방위조약」의 파기는 상상할 수 없다. 그렇지만 이러한 상황이 언제까지 지속될지는 알 수 없다. 우리의 희망과 달리 국제정세는 급변하고 이에 따라 미국의 대외정책도 바뀔 수 있기 때문이다. 우리는 미국이 대만이나 베트남, 아프가니스탄의 경우처럼 상황변화에 따라 「한국 관계법」만 남기고 미군을 철수시킬 수도 있다는 생각을 하고 있어야 한다.

필자는 다음 세 가지를 강조하고자 한다. 첫째, 미국은 한국 정부가 무능하고 부패해져서 자신을 방위할 수 없다고 생각되면 미군을 철수시킬 수 있다. 더욱이 한국 군대가 남베트남이나 아프가니스탄처럼 싸울 의지도 없이 미군 뒤에 뒷짐지고 있다면 미국의 선택은 남베트남과 아프가니스탄과 다를 바 없을 것이다. 여기에다 국론이 분열되어 주한미군 철수 요구가 전국적으로 확산된다면 더욱 심각한 상황이 될 수 있다.

둘째, 미국이 주한미군 철수를 결정한다면 우리가 번복시키기는 어렵다. 우리 역사에서도 미군이 1945년 광복과 동시에 한국에 진주하였고 1949년 6월에 철수하였다. 70년대 닉슨 행정부 시대에 주한미군 감축을 경험했고, 카터 행정부 시대에는 주한미군 완전 철수 추진에 직면한 적도 있었다. 이러한 문제는 우리 의지와 무관한 미국의 정책 전환으로 야기된 상황이었다. 미국은 국제정세 변화, 자국 내 여론, 국방비 절감 등의 이유로 수시로 정책 검토와 조정을 하고 있다.

셋째, 미국이 한국에 미군을 주둔시키는 것보다 북한과 관계를 개선하거나 중국과 협력이 국익에 도움이 된다면 주한미군은 '협상 카드'가 될 수 있다. 이 경우에는 감축과 완전철수 모두 포함된다. 대만의 경우도, 미국의 국익은 대만에 대한 안보공약 준수보다 중국과 국교 정상화에 있었다. 따라서 미국은 이를 위해 중국의 '주대만 미군 철수'라는 요구를 받아들여 대만의 의사와 관계없이 대만주둔 미군을 철수시킨 바 있다.

2024년 11월 미국 대통령 선거 결과 여하에 따라서 전 세계는 현재의 국제질서와 전혀 다른 상황을 마주할 가능성이 크다. 우리는 트럼프 1기에서 이미 경험한 바 있다. 민주나 인권의 가치, 자유민주주의 이념을 함께하는 동맹이 중요한 것이 아니라 미국에 경제적으로 도움이 될 수 있는 관계가 우선이었던 시대였다. 이 시대에 돈이 많이 든다는 이유로 한미 연합훈련이 취소되었고 부자 나라를 우리가 왜 지켜주어야 하는가 하고 주한미군 철수가 거론되기도 하였다. 기존의 "함께 갑시다"였던 한미관계가 "돈을 많이 주어야 함께 갑니다"로 바뀔 수도 있다. 향후 주한미군이 중국과 북한 그리고 우리 정부와도 '협상 카드'가 될 가능성을 배제할 수 없다.

우리는 장기적으로 주한미군이 없는 안보상황에 대비해야 한다. 과거는 물론이고 현재에도 한미동맹과 주한미군이 우리 안보에서 중추적인 역할을 하고 있지만, 언제까지 지속될지는 알 수 없다. 지금 당장은 한미동맹을 공고하게 하는 것이 무엇보다 중요하다. 그렇지만 불확실한 미래를 대비해서 장기적으로 우리 스스로 안보를 책임지는 그런 시대를 준비해야 할 것이다.

필자는 이를 위해 다음 두 가지를 제안한다. 첫째는 '전작권 전환'이다. 우리가 전작권을 갖고 있어야 미군이 철수해도 안보 공백을 최소화할 수 있다. 이는 '내 조국은 내가 지킨다'라는 의지의 문제이다. 둘째 '비대칭 전력 확보'이다. 물론 핵무기가 가장 효과적이다. 핵보유국이 되거나 아니면 잠재 핵보유국으로 1~2개월 내 핵무기 보유가 가능한 상태가 되어야 한다. 이 두 가지를 국가적인 장기과제로 정권교체와 무관하게 차근차근 추진해야 할 것이다. 하늘은 스스로 돕는자를 돕는 법이다. 우리가 우리를 돕지 않으면 아무도 도와주지 않는다.

〈참고 문헌〉

남시욱, 『6·25전쟁 과 미국』(서울: 청미디어, 2015).

아태전략연구소사이어티·편집부, 『주한미군 철수』(서울: 도서출판 블루리본, 2021).

정경영, 『피스 크리에이션』(파주: 한울아카미, 2020).

, 『전작권 전환과 국가안보』(서울: 도서출판 매봉, 2022).

황수현, 『한미동맹 갈등사』(파주: 한국학술정보(주), 2011).

김종환, "애치슨의 태평양 방위선과 한국전쟁," 경남대학교 박사학위논문, 2007.

유훈, "카터 행정부의 세계전략과 주한미군 철수 정책," 서울대학교 박사학위논문. 2012.

John H. Cushman, Korea, 1976–1978––A Memoir, April, 1998 (unpublished).

"트럼프 수억달러 드는 한미훈련, 오래전 포기," 《조선일보》, 2019년 3월 1일.

"트럼프 '돈 많이 든다' 한·미 연합훈련 종료 사실상 주도," 《중앙일보》, 2019년 3월 4일.

"CNN '北도발 억제되지 않자 트럼프, 한국에 불만 터트려," 《조선일보》, 2019년 8월 10일.

"지소미아 깬 뒤... 美정부·의회·전문가 그룹 친한파까지 등돌렸다."《조선일보》, 2019년 8월 29일.

"트럼프의 주한미군 철수, 아베가 말렸다," 《연합뉴스》, 2020년 8월 31일.

"트럼프, 한국엔 '고마워할 줄 몰라' 北엔 '정권교체 바라지 않아'," 《조선일보》, 2019년 9월 6일.

"미중 전략경쟁 격화, 주한미군 동남아 재배치에 대비해야,"《중앙일보》, 2020년 10월 6일.

"바이든, '아프간 철군 결정 후회 안해... 비난 받겠다'," 《한겨레》, 2021년 8월 18일.

"대북 매파 볼턴 '트럼프, 북한과 무모한 거래 가능성',"《한겨레》, 2024년 2월 1일.

"[남성욱의 한반도 워치] 6·25 이후 한반도 가장 위험? 2024년과 1950년은 다르다,"
https://www.chosun.com/opinion/specialist_column/2024/02/07/ZZ653QKZJFH6NO7DGJUNZKGKBY/.
"김정은 "南, 동족 아닌 교전국…전 영토 평정 대사변 준비","
https://www.donga.com/news/Politics/article/all/20231231/122843014/1.
"주한미군 경제효과 연 90조… 떠나면 국방비 2배,"
https://www.chosun.com/politics/politics_general/2023/09/26/OZ4TZCL6WJGAHPSELHKVFTXEWU/.
""푸틴, 5월 방중 시진핑과 회담"...방북도 조율 중,"
https://www.ytn.co.kr/_ln/0104_202403201832502941.
"동북아 역사넷, 동아시아의 역사, 제6장 오늘날의 동아시아 베트남전쟁과 미국, 일본, 한국," http://contents.nahf.or.kr/item/level.do?levelId=edeah.d_0006_0020_0030_0030.
"〔임방순 칼럼〕, 대만을 3차례 포기했던 미국, 2024년 대선 이후 선택은 ? (3),"
https://www.news2day.co.kr/article/20240311500059.
"미군·동맹군 사망자 3천500명…숫자로 본 아프간 전쟁,"
https://www.yna.co.kr/view/AKR20210817116100009.
"바이든, 아프간철군 대국민연설…"美 핵심국가안보 이익에 초점"(종합2보),"
https://www.yna.co.kr/view/AKR20210901005652071.
"'미·일·필 3국 정상협의체' 내달 출범…한·미·일 이은 對中 포위망,"
https://www.joongang.co.kr/article/25236308#home.
"트럼프 주한미군 철수 주장, 폼페이오 '두번째 임기에 하자'며 말려,"
https://www.hani.co.kr/arti/international/america/1042386.html.
"중 해안경비대, 남중국해에서 필리핀 선박에 또 물대포(종합),"
https://m.yna.co.kr/amp/view/AKR20240323046600009.

한반도 통일을 위하여 중국과 협의해야 할 과제

한반도가 남북으로 분단된 배경은 한국의 의지와 관계없이 미국과 소련 양국의 타협 결과였다. 즉 국제정치적 요인이었다. 이렇게 형성된 틀에서 민족의 분열이 뒤따랐다. 이를 정리하면 한반도 분단은 국제정치적인 자물쇠가 먼저 잠기고 이어서 국내적인 자물쇠가 잠겼다. 한반도 통일을 위해 분단의 이중 자물쇠를 풀어내기 위해서는 남북한 합의라는 민족내부의 열쇠가 먼저 준비되어야 하고, 동시에 미국과 중국의 타협이라는 국제정치 열쇠가 필요하다. 이 글에서는 중국에 초점을 맞추어 국제정치 열쇠를 설계해 보도록 하겠다.

한반도 통일에 대한 중국의 인식

중국은 통일된 한반도가 어떠한 모습이어야 하는가에 대해 공식적으로 밝힌 바 없다. 그러나 우리는 중국의 생각을 유추해 볼 수 있다. 그것은 첫째, 통일한국이 친중노선을 채택하여 미국이나 일본 등 해양세력의 중국 진출을 막아주는 방파제나 최소한 완충지대 역할을 하여야 하고, 둘째, 중국과 함께 경제적 발전을 도모할 수 있어야 한다고 생각할 것이다. 그리고 통일과정에서 자신들의 이러한 이익이 침해받아서는 안 된다고 여길 것이다.

1. 한국주도 통일에 대한 시각

중국에는 한국 주도의 통일을 지지하는 학자들이 있다. 안정되고 번영하는 통일한국은 중국에게 안보와 경제적 측면에서 도움이 되기 때문이다. 그러나 한국이 중국의 지지를 받기 위해서는 주한미군 철수 및 한미동맹 폐지 등의 조건이 충족되어야 한다고 주장한다. 그리고 전략적 완충지대로서의 북한이 사라지는 것에 대해서도 우려하고 있다. 중국은 한반도 통일에 대해서는 원론적으로 지지하고 있으나, 통일과정 및 통일 이후 통일한국이 과연 중국에 도움이 되는가에 대한 의문을 갖고 있는 것이다.[39]

39 통일연구원, 조한범 외, "한반도 통일에 대한 국제사회의 기대와 역할," 『통일비용·편익 종합

바로 이 지점이 중국과 협의하고 중국의 지지를 받을 수 있는 영역이다. 중국의 의구심을 해소해 주면 되기 때문이다.

2. 한반도 통일 과정에 대한 입장

한반도 통일과정에 대한 중국의 공식적 입장은 1992년 8월 24일 채택된 「한중 수교 공동성명」에 나타나 있다. 이 성명 제5항에서는 "중화인민공화국 정부는 한반도가 조기에 평화적으로 통일되는 것이 한민족의 염원임을 존중하고, 한민족에 의해 평화적으로 통일되는 것을 지지한다"라고 선언함으로써 한반도의 자주적·평화적 통일을 강조하고 있다.[40]

우선 자주를 강조하는 이유는 통일과정에서 외세, 특히 미국의 개입을 우려하고 있기 때문이다. 미국이 개입하여 한반도가 통일된다면 미국은 한반도를 거점으로 중국의 동북 3성 지역에 정치적 위협을 가할 수 있다고 판단하고 있다.

다음으로 평화적 통일을 강조하는 이유는 통일과정에서 중국의 이익이 침해받을 가능성을 우려하기 때문이라고 하겠다. 특히 중국은 한반도에서의 분쟁 혹은 불안정성의 격화는 일본의 군사적 역할 확대를 유도하고, 미·일동맹을 강화하는 구실로 작용하며, 미국의 항

연구」 2015-02, p.21.

40 변창구, "중국의 한반도 통일에 대한 입장 변화와 지속," 『통일전략』, 13(4)(한국통일전략학회, 2013.10), p.177.

구적인 동북아 주둔과 개입을 가능케하는 요인이 된다고 생각하고 있다.

한반도 통일과정과 통일 후에는 미국을 위시한 해양세력이 한반도에서 현재의 한미동맹과 같은 영향력을 행사해서는 안 된다는 것이다.

중국과 협의해야 할 과제

1. 한미동맹 문제

한반도 통일과정과 통일 후에 중국이 가장 민감하게 반응할 문제는 바로 한미동맹의 존속여부와 존속한다면 주한미군의 역할 등 동맹의 성격이 오늘날과 같이 '중국견제용'인가 하는 사항이다. 통일 후에도 현재와 같은 한미동맹이 유지되고 미군이 한반도에 주둔한다면 중국의 의구심을 해소시킬 수 없다. 그렇기 때문에 한반도 통일을 전제로 한미동맹과 주한미군의 역할에 대한 조정은 필요하다. 중국을 납득시키기 위해 통일 후 한미동맹은 현재의 한미동맹과 달라야 한다.

그러나 한국은 한미동맹이 급격히 약화되거나 해체되는 상황을 수용하기 어렵다. 한국인은 한미동맹을 안보의 핵심이라고 생각하기 때문이다.

그렇다면 중국이 받아들일 수 있고 우리도 허용할 수 있는 한미동맹과 주한미군의 역할 변경에 대해 고민해야 한다. 정경영 교수는

"한미동맹과 주한미군은 한반도 통일 후에도 이 지역에서 전쟁을 방지하고 평화체제를 관리하면서 외세의 개입을 차단하는 역할로 변경되어야 할 것이다"라고 주장하고 있다.[41] 그 이유로 "한반도 통일 후, 한미동맹 해체와 주한미군 철수는 동북아 지역의 힘의 공백을 초래해 전쟁이 발생할 위험성이 커지고, 일본과 러시아 등 외세가 각축을 벌일 수 있다"라고 통일 후 예상되는 혼란상황을 예방하기 위해서라고 한다.

이 과제는 중국과 협의에 앞서 미국과 우선 협의해야 할 사항이다. 중국이 수용할 수 있는 한미동맹과 주한미군의 역할 변경에 대한 과제를 미국과 협의하려면 전시작전통제권 전환은 필수적이다. 그리고 한국군 주도의 미래연합사 창설은 미국과 중국에 대한 우리의 협상력을 높혀줄 것이다.

우리가 주도적으로 미국 및 중국과 한반도 통일과정과 통일한국의 미래모습에 대해서 협의하고, 우리를 포함한 3개국이 합의를 도출해야만 한다. 한반도 통일을 위한 국제정치 열쇠도 결국 우리로부터 시작한다고 할 수 있다.

---

41 정경영, 『피스 크리에이션』(파주: 한울엠플러스, 2020), p.307. 또한 정 교수는 그의 저서에서 "한미동맹과 주한미군은 한반도 통일 이전까지는 북한도발을 방지하는 예방자(Preventer)로, 통일과정에서는 한반도 내부 상황을 관리하는 조정자(Coordinator)로, 통일 이후에는 지역안보체제의 균형자(Balancer)로 진화해야 한다고 주장하고 있다.

2. 중·북 동맹 문제

사회주의 국가인 중국과 북한은 특수한 관계를 형성하고 있다.[42] 중국이 북한을 보는 시각은 크게 '전략적 자산'과 '부담론'으로 나누어져 있다. 현재는 '전략적 자산'이라는 의견이 지배적이지만 북한이 중국에게 부담이 된다는 주장도 꾸준하게 제기되고 있다.

북한이 전략적 자산이라는 견해는 주로 지정학적 관점이다. 북한이 해양세력을 막아주는 완충지대라는 전통적인 인식에 근거하고 있다. 중국은 1961년 북한과 자동개입으로 알려져 있는 「북중 우호협력 및 상호원조 조약」을 체결하였다. 그리고 국내외에서는 북한에서 급변사태가 발생한다면 중국군의 개입 가능성을 높게 보고 있다. 이때에 중국은 '북한의 요청을 받아 UN의 승인을 득하고 단독으로 또는 UN PKO의 일원으로 개입할 것이다'라는 결론을 내리고 있다.[43] 어떠한 경우에도 중국은 북한을 완충지대로 계속 유지하겠다는 시각을 나타낸 것이다.

그러나 이러한 인식에는 변화가 일고 있다. 2014년 초, 중국사회과학원은 향후 5년에서 10년에 걸쳐 이 지역에 대한 중국의 전략을 검토하는 '2014 아시아 태평양 지역 개발 연례 보고서'에 한반도의 통일

42 중북 특수관계는 3가지 요인의 결합으로 본다. 첫째는 중국과 북한 지도부의 항일무장투쟁의 경험공유, 둘째, 공산주의 이념 공유와 제도의 유사성, 셋째, 지리적 근접성과 역사와 문화적인 유사성이다.

43 박창희, "북한급변사태와 중국의 군사개입 전망," 『국가전략』, 제16권 제1호 (2010), 김재호 외, "중국의 대북 군사개입 전략에 관한 연구," 『연구방법논총』, (2020) 등 다수가 있다.

가능성을 염두에 둔 중국의 정책적인 선택을 의제로 올렸다. 북한에 대해 "어떠한 상황이 오더라도 중국은 북한을 포기하지 않는다고 오판해선 안 될 것"이라고 경고하였다. 중국은 북한을 완충지역으로 유지하는 것보다 통일이 지역안보에 더 나은 보증수표인지 여부를 고려하기 시작했다는 의미이다.[44]

중국은 북한으로 인한 부담 또한 적지 않기 때문에 통일한국이 안정된 안보환경을 제공하면서 완충지대 역할을 한다면, 통일한국을 그 대안으로 고려하기 시작했다는 의미이다. 우리가 중국과 협의하고 합의할 수 있는 공간인 것이다.

3. 한반도 비핵화 과정에서 중국의 역할

우리가 한반도 통일을 위해서는 앞에서 언급한 한미동맹과 중·북 동맹 문제에 대하여 중국과 협의하고 합의에 도달하는 것이 핵심이다. 그렇지만 이를 위해 사전에 거쳐야 할 단계가 있다고 본다. 그것은 북한의 핵폐기이다. 이 문제는 별도의 연구과제이지만 이 글에서는 중국의 적극적인 역할이 필요하다는 의견을 제기한다.

북한이 핵을 보유한 상태에서는 한반도의 평화통일을 향한 어떠한 논의도 진행되기 어렵다. 북한의 핵무기는 북한체제를 지켜줄 수는 있겠지만 한반도를 평화롭게 하지는 못한다. 오히려 한반도는 물

44 문현진, 『코리안드림: 통일한반도의 비전』 (서울: 마음서재, 2020), p.179.

론이고 중국을 포함한 주변국의 불안요소이기도 하다. 중국의 정책도 한반도 비핵화인 만큼 중국이 북한 핵폐기에 대해 국제사회와 보조를 맞추어야 한다. 중국이 북한 핵폐기에 적극적으로 나설 때, 비로서 UN 등 국제사회도 중국에게 신뢰를 보낼 수 있을 것이며 한반도 통일에 대한 중국의 역할에도 지지를 보낼 것이다.

글을 마치며

중국은 '통일한국이 자국에 도움이 된다'라는 확신이 있을 때, 우리에게 협력할 것이다. 중국의 이익에 반하는 통일은 기대하기 어렵다. 다음 세 가지를 충족해야 할 것이다.

첫째, 한미동맹과 주한미군의 역할 조정이다. 현재 과도하게 의존하고 있는 한미동맹의 성격을 점진적이고 쌍방 대등한 수준으로 조정해야 한다. 그 출발점은 전시작전통제권 전환이다. 이어서 남북통일 이후 한반도 평화체제 유지를 위한 기구로서 주한미군이 고려될 수 있다.[45] 이때에는 미군보다는 유엔군의 입장이어야 한다. 둘째, 중국이 북한을 완충지역으로 삼았던 지정학적 이해를 존중해주어야 한다. 통일한국이 해양세력의 거점이 되어서는 안 된다. 중국은 역사적으로 한반도에 진출한 해양세력은 반드시 중국으로 향했다는 것을

45 정경영, 앞의 책, pp. 299–308.

알고 있다. 또한 중국은 해양세력의 자국 진출을 억제하기 위해 어김없이 한반도에 군사개입을 하였다. 셋째, 통일한국이 중국에 우호적이어야 한다. 중국은 주변에 적대적인 통일국가 출현을 원하지 않을 것이다. 통일한국이 중국에 우호적일 것이라는 믿음을 주어야 한다.

이 세 가지 과제는 중국뿐만 아니라 미국의 전략적 이해와도 긴밀하다. 그렇기 때문에 우리는 한반도 통일과정에서 중국과 미국의 이해를 조절해 나가야 한다. 무엇보다 미국과 합의가 우선되어야 한다. 서독도 통일 과정에서 미국과 신뢰를 쌓아 미국으로터 전폭적인 지원을 받은 상태에서 소련과 협의하였다.

지금부터 우리는 북한 핵폐기 및 한반도 통일과정과 통일한국의 모습에 대해 중국과 무엇을 논의하고 어떻게 절충할 것인지를 미국과 소통해야 한다. 이것이 통일을 향한 첫걸음이다. 그다음에 중국과 협의를 시작해야 한다. 두 번째 걸음이다. 이렇게 통일을 향한 발걸음이 지속된다면 우리는 어느새 통일의 문을 열 수 있는 국제정치 열쇠를 손에 쥐고 통일의 문턱을 오르고 있을 것이다.

참고자료

김형률, "독일통일에 대한 소련의 정책 전환(1989~1990)," 『한국사회과학』 제26권 제1·2호 (2004).
김주삼, "독일 통일과 국내외적 환경요인," 『한국과 국제사회』 제4권 6호 (2020).
문현진, 『코리안드림: 통일한반도의 비전』 (서울: 마음서재, 2020).
박상봉, "독·소 코카서스 정상회담: 통일의 최대관문," https://blog.daum.net/germanunification/14979145.

, "서독의 대동독정책(XII)독소 정상회담,"
https://blog.daum.net/germanunification/14979114.
박창희, "북한급변사태와 중국의 군사개입 전망," 『국가전략』, 제16권 제1호 (2010).
변창구, "중국의 한반도 통일에 대한 입장 변화와 지속," 『통일전략』, 13(4)(2013.10).
정경영, 『피스 크리에이션』(파주: 한울엠플러스, 2020).
통일연구원, 조한범 외, "한반도 통일에 대한 국제사회의 기대와 역할," 『통일비용·편익 종합 연구』 2015-02.
평화문제연구소, "독일통일 과정에서 미국의 역할,"
https://m.blog.naver.com/ipa1983/163690102.

한반도 유사시 중국군 개입 가능성과 대비책

– 제2의 6·25전쟁 혹은 북한 급변사태 시 –

들어가며

중국은 역사적으로 한반도에 외세가 진출하면 군사개입을 하였고, 한반도에서 급변사태가 발생해도 언제나 군사개입을 하였다. 중국은 한반도 또는 북한지역이 자국에 적대적인 미국과 일본 등 해양 강대국에 점령당할 경우, 안보에 큰 위협이 된다고 판단하였기 때문이다.

明은 임진왜란 때, 淸은 청일전쟁 시 병력을 파견하였고, 최근 6·25전쟁 시 중국은 '항미원조 보가위국'(抗美援朝 保家衛國)이라는 명분으로 군사개입을 하였다. 淸은 조선에 임오군란과 갑신정변, 그리고 동학혁명이라는 급변사태가 발생하자 즉각 병력을 파견하였다.

중국이 군사개입을 해서 확보하고자 하는 한반도 또는 북한의 지정학적 가치는 오늘날에도 달라지지 않았다. 중국 입장에서는 적대세력이 한반도나 북한 지역을 점령하여 중국에 위협을 가하는 상황을 사전 예방해야 한다. 그렇기 때문에 한반도에서 제2의 6·25전쟁이 발발하거나 북한에서 급변사태가 발생한다면 중국군의 개입을 예측해 볼 수 있겠다.

본 연구문은 이러한 점에 착안하여 향후 한반도 유사시 중국군의 개입 가능성과 개입 방법 등을 분석하고 우리의 대비책을 제시하도록 하겠다.

중·북 관계 - 중국은 북한을 포기할 수 없다

가. 중국의 대한반도 정책 : 현상 유지

중국은 한반도에서 제2의 6·25전쟁이나 북한에서 급변사태가 발생하여 미국이 개입하는 것을 원치 않는다. 미국이 개입한다면 자신들도 개입을 해야 하기 때문이다. 1950년 6·25전쟁 시, 미군을 중심으로 편성된 UN군이 북한지역으로 진출하자 중국은 자신들의 안보를 지키기 위해 군사개입을 하였다. 중국은 원하지는 않았지만 자신들의 안보를 위해 필요한 전쟁이었다고 평가하고 있다.[46] 중국은 오늘날에도 북한과 한반도 문제로 미국과 대립하거나 전쟁하기를 원하지 않기 때문에 미국과 완충지역으로 존재하는 북한이 친중 세력으로 남아있는 현재의 상황을 유지하고자 한다. 즉 '한반도의 안정과 평화'를 유지한다고 하지만 실상은 '한반도의 현상 유지' 정책이다.

나. 중국과 북한의 특수관계

중국과 북한과의 관계는 순망치한(脣亡齒寒)이라고 한다. 이 관계는 중국이 자국의 안보를 위해 반드시 북한을 자기편으로 남겨두어야 한다는 의미이다. 그 이유는 다음과 같다. 첫째, 중국과 북한의 지리적 연결성이다. 중국은 북한과 약 1,200㎞의 국경을 접하고 있고 육로로 중국의 동북지방을 거쳐 바로 수도권으로 연결되어 있다. 북한 서해안에서 중국 산동지역까지는 약 200㎞에 불과해 북한 지역에 미군의 군사기지가 들어온다면 중국의 수도권은 직접적인 위협에 노출하게 된다. 둘째, 공산주의 이념과 정치체제 유사성이다. 북한은 중국과 동일한 공산주의 국가이고 공산당 일당 지배체제를 채택하고 있다. 양

46 중국이 6.25 참전 결과를 어떻게 평가하고 있는지는 다음 저서를 참고할 것. 임방순, "중국이 6·25전쟁 참전을 통해 얻은 것과 잃은 것," 「어느 육군 장교의 중국 체험 보고서」 (서울: 도서출판 오색필통, 2022. 5), pp. 261-265.

국은 정부기관 간 교류보다는 공산당 차원의 접촉이 더욱 긴밀하다. 셋째, 중국과 북한은 항일투쟁 및 공산혁명의 역사를 공유하고 있다. 그리고 최근에는 6·25전쟁에서 미 제국주의에 함께 대항하였다는 전우의식을 갖고 있다. 정치적으로 필요한 경우에는 중국이나 북한에서 '피로 맺은 전우애'를 강조하면서 우호관계를 강조하고 있다.

다. 중국이 한반도와 북한에 군사 개입한 사례

(1) 한반도 또는 북한에 해양세력이 진출했던 경우

중국이 자신들의 안보를 지키기 위해 한반도에 군사개입한 사례는 첫째, 明의 임진왜란 개입이다. 당시 明은 자신들을 공격하기 위해 조선을 경유하고 있는 일본을 조선에서 저지하고자 하였다. 일본이 압록강을 넘어오면 동북지방은 평야지대로 지형상 방어를 하기에 적절하지 않고, 전쟁의 피해가 자국 백성에 미치기 때문이었다. 이때 明은 조선 국왕 선조의 '파병 요청'을 받았고, '항왜원조(抗倭援朝)'를 명분으로 내걸었다. 둘째, 淸의 청일전쟁이다. 淸은 조선으로부터 동학혁명을 진압하기 위해 병력을 파병해달라는 조선 국왕 고종의 요청을 받고 출병하였다. 그렇지만 淸은 동시에 출병한 일본군에게 조선 지역 성환과 평양에서 패배하고 압록강을 넘어 온 일본군에게 밀리면서 일본군의 진격을 저지할 수 없었다. 더욱이 서해 해전에서 청의 북양함대가 괴멸되자 淸의 수도 베이징은 육지와 바다에서 일본군에 노출된 상태였다. 조선에서 일본을 저지하지 못한 淸은 결국 일본에 항복하였다. 셋째, 6·25전쟁 개입이다. 중국은 건국한 지 1년이 되지 않은 어수선한 시기였지만 북한이 미국에 점령당하는 상황을 받아들일 수 없었다. 미국은 청일전쟁 시 일본처럼 북한을 점령한 다음 압록강 넘어 동북지방으로 진출한 이후에 베이징을 위협할 것으로 판단하였던 것이다. 이때도 임진왜란과 청일전쟁 파병 경우와 동일하게 김일성의 파병 요청을 근거로 '항미원조(抗美援朝)'를 명분으로 압록강을 넘어 한반도에 군사개입을 하였다. 중국은 '항미원조'를 내세웠지만 내심은 '보가위국(保家衛國)' 즉 자국 영토 밖에서 전쟁을 해서 안보를 지키겠다는 것이었다.

(2) 조선에 급변사태가 발생했던 경우

조선은 당시 중화질서 내에서 淸과 종주국–번속국의 관계였지만 고도의 자치권을 행사하고 있었다. 淸도 자신들에게 복종하고 사대(事大)하고 있는 조선의 내정에 간섭하지 않았다. 그렇지만 조선 고종 시대, 급변사태인 임오군란과 갑신정변, 동학혁명이 발생하자 매번 군사개입을 하였다. 淸은 조선의 급변사태로 조선에서 일본이나 러시아의 영향력이 커지는 것을 우려하였던 것이다. 淸의 입장에서는 자신들의 안보를 위해 조선을 계속 속국으로 남기려 하였다. 이때에도 淸은 조선의 '파병 요청'을 근거로 하였다.

라. 향후 중국의 군사개입 가능성 상존

오늘날에도 중국 입장에서 볼 때, 한반도의 지정학적 가치는 변하지 않았다. 한반도 또는 북한이 미국 등 강대국 세력권으로 편입되면 중국 안보에 부정적이다. 중국은 이러한 상황을 수용할 수 없을 것이다. 즉 제2의 6·25전쟁이 발발하여 한미연합군이 북진한다면 중국은 과거의 역사적 사례가 말해주듯이 자국의 안보를 위해 개입할 것이다. 그리고 북한에서 구테타가 발생하거나 민중 봉기 등으로 급격히 행정력과 치안이 공백되는 상황이 발생한다면 중국은 한미연합군이 북한의 치안회복을 위해 북한으로 진출하기 이전에 북한에 개입할 가능성이 크다.

제2의 6·25전쟁과 1950년 6·25전쟁의 차이점[47]

중국은 향후 자신들을 곤란하게 할 제2의 6·25전쟁과 같은 한반도에서 무력충돌은 사전에 방지해야 한다고 생각하고 있다. 중국의 대(對)한반도 정책 출발점이라고 할 수 있다. 그러나 전쟁 예방에 실패하여 제2의 6·25전쟁이 발발한다면 중국은 참전할 수밖에 없다. 이

47 6·25전쟁 관련 내용은 서상문, 「6·25전쟁 공산진영의 전쟁지도와 전투수행 (상,하권)」(서울: 국방부국방편찬연구소, 2016, 7)를 발췌, 인용하였고, 중국군 북부전구 내용은 이창형, 「중국 인민해방군」(홍천: GDC Media, 2021, 7)을 참고 인용하였다.

6·25전쟁 시 압록강 도하하는 중공군(출처 : 구글)

중국군의 압록강 훈련 모습(출처 : 구글)

럴 경우 1950년 6·25전쟁과 같은 점도 있을 것이고 차이점도 있을 것이다.

우선 같은 점으로 첫째, 참전 명분이다. 중국은 미국의 패권주의에 대항하고 침략을 받은 북한을 지원한다는 명분을 전면에 내세울 것이다. '보가위국(保家衛國)'이라는 내심도 변하지 않을 것이다. 즉 북한이라는 완충지역을 확보하여 미국의 직접적인 위협으로부터 중국의 안보를 지키겠다는 것이다. 둘째, 참전 근거도 북한의 요청을 앞세울 것이며, 1961년 북한과 체결한 「중북 우호협력 및 상호원조 조약」 제2조 소위 "자동개입 조항"도 제시할 것이다.

차이점은 첫째, 투입부대이다. 중국은 1950년 6·25전쟁 시 UN군이 참전한 7월부터 동북지역에 제13병단을 주축으로 약 25만 명 규모의 동북방면군이라는 참전부대를 별도로 편성하였지만 현재의 중국군은 한반도를 담당하는 북부전구가 이미 편성되어 있다. 동북지역에 제78 집단군, 제79 집단군 2개 집단군이 주둔하고 있고 산동반도에 제80 집단군이 배치되어 있다. 둘째, 투입경로이다. 1950년 6·25전쟁 시, 지상군이 육로를 통해 개입하였다면 제2의 6·25전쟁에서는 압록강과 두만강 등을 통하는 육로뿐만 아니라 제80 집단군이 산동반도에서 서해를 건너 개입할 것으로 보인다. 셋째, 작전목표이다. 1950년 중국의 1차 목표는 UN의 북진을 저지하여 북한을 확보하는 것이었고 2차 목표는 UN군을 한반도에서 축출시키는 것이었다. 당시에 1차 목표는 달성하였지만 2차 목표는 실패하였다. 제2의 6·25전쟁에서는 단기전으로 북한 지역 확보가 목표가 될 것으로 판단된다. 미군과 장기전은 승리 가능성이 별로 없기 때문이다.

북한 급변사태 시 중국군 개입 가능성과 개입 방법

가. 개입 가능성

북한 급변사태란 북한 내 "정권과 체제의 정상적 운영이 마비된 상황, 즉 무정부상태를 의미"하며, 이러한 혼란이 남한의 안보에 중대한 위협으로 작용할 뿐 아니라 주변국의 국가이익에 영향을 미치는 상태를 의미한다.[48]

북한 급변사태 시 중국군 개입 가능성은 2010년 전후하여 제기되었던 문제였다. 2010년 전후 당시 북한은 핵개발을 하면서 심각한 경제난으로 사회 혼란이 예상되던 시점이었고, 김정일 사후 백두혈통의 후계자 김정은이 북한을 통치할 수 있을 것인지 의문이 대두되었기 때문이다. 당시 학계에서는 '북한 급변사태에 중국군은 개입할 것이다'라고 결론을 내리고 있었다. 개입 방법과 규모 등에서만 약간의 이견이 있는 정도였다.

현재 북한 정세를 볼 때, 급변사태 발생 가능성은 크지 않다. 그러나 김정은 1인 독재체제에 어떠한 돌발사태가 발생할지 알 수 없다. 북한에서 김정은을 대리할 제2인자가 보이지 않기 때문에 김정은 유고사태가 발생한다면 이는 수습하기 어려운 급변사태가 될 것이다. 북한이 지니고 있는 체제 모순이 언제라도 급변사태로 이어질 가능성이 상

48 박창희, "북한 급변사태와 중국의 군사개입 전망," 「국가전략」 제16권 1호 (2010), p. 39.

존하고 있다. 이때에 중국군이 개입한다는 것이 공통된 의견이다.

나. 개입 명분과 근거, 개입방법 판단

중국이 북한의 급변사태를 수습하기 위해 병력을 파견하기 위해서는 명분과 근거가 필요하다. 가장 중요한 것은 '북한의 파병 요청'이다. 그리고 'UN의 승인'이다. UN헌장 제42조[49]는 군사개입을 허용하고 있는데, 북한 내 학살, 기아, 내전 등의 급변사태도 해당될 것이다. 전문가들은 북한이 무정부상태에 빠져 대량살상무기(WMD) 관리에 문제가 발생할 경우, 북한이 요청하지 않더라도 북한의 WMD가 국제평화와 안전을 위협할 수 있다는 명분으로 UN헌장 제51조 '자위권 존중'에 의한 개입도 가능할 것으로 보고 있다.[50] 또한 급변사태 시 발생할 수 있는 주민의 인권을 보호하기 위한 보호의 의무(responsibility to protect: R2P)를 근거로 안보리 결의를 통한 개입도 가능하다고 설명한다.[51]

---

49 제41조는 "국제평화와 안전의 유지 또는 회복에 필요한 조치는 국제연합회원국의 공군·해군 또는 육군에 의한 시위·봉쇄 및 다른 작전을 포함할 수 있다"

50 제51조는 "안전보장이사회가 국제평화와 안전을 유지하기 위하여 필요한 조치를 취할 때까지 개별적 또는 집단적 지위의 고유한 권리를 침해하지 아니한다"

51 이 개념은 2001년 '개입과 국가주권에 관한 국제위원회'가 제시한 것으로써, 자국민 보호의 일차적 책임이 주권국가에 있지만 주권국가가 이를 이행하지 못할 경우 그 책임이 국제공동체에 귀속된다는 내용이다. 이 위원회의 건의 내용은 2005년 유엔 총회결의 제60/1호에서 채택되었다. 최종보고서는 The responsibility to Protect: Report of theInternational Commission on Intervention and State Sovereignty(International DevelopmentResearch Center for ICISS, 2001)을 참고할 것. 김열수, "북한 급변사태

이들은 중국의 개입 방법으로 ① UN PKO 평화유지 활동으로 개입하는 방법, ② 다국적군 결성하는 방법, ③ 단독 개입 방법 등 세 가지 방법이 있다고 분석하고 있다.[52]

중국 중앙군사위원회 총참모부 총참모장 조리(助理) 장친성(章沁生) 중장은 2006년 10월 개최된 국제회의에서 북한 급변사태 발생 시 중국군의 개입여부를 묻는 질문에 대해 "중국군이 개입한다면 UN군의 일원으로 참여하는 형태가 될 것"이라고 언급하였다.[53] 또한 2009년 9월 개최된 국제학술대회에서 스인홍(時殷弘) 인민대 교수는 "북한 급변사태 시 중국정부는 유엔안보리에서 가장 먼저 이 문제를 다루도록 요청할 것이다"라고 발언하였다.[54]

중국의 UN PKO 개입 가능성을 높게 본 것이다. 이에 따라 중국은 UN과 협의를 통해 분쟁 지역에 즉각 투입할 수 있는 PKO부대를 편성하였다. 2015년 9월 중국은 新UN PKO 능력준비태세 (新的聯合

시 중국의 군사개입: 목적·양상·형태를 중심으로,"「新亞細亞」, 19권 2호 (2012년, 여름), p. 224에서 재인용.

52 3가지 개입방법을 언급한 주요 논문은 다음과 같다. 김열수, "북한 급변사태시 중국의 군사개입: 목적·양상·형태를 중심으로,"「新亞細亞」, 19권 2호 (2012년, 여름), 박창희, "북한 급변사태와 중국의 군사개입 전망,"「국가전략」제16권 1호 (2010), 홍현익, "북한 급변사태에 대한 국제사회의 개입과 한국의 준비·대응 방안,"「세종정책연구」2013-19.

53 김열수는 북한 급변사태 시 UN 주도의 PKO 활동에 제한사항이 있다는 견해이다. 그 이유로 첫째, 병영국가인 북한은 막강한 군사력을 보유하고 있기 때문에 최소한의 무장으로 개입하는 평화유지활동이 위축될 수 있고, 둘째, 북한이 UN 주도의 평화유지군 파병을 동의해 줄지도 의문이며, 셋째, 급변사태 발생과 동시에 WMD 문제를 우선적으로 처리해야 하는 국제사회의 입장에서 볼 때 오랜 시간이 소요되는 UN 주도의 PKO 활동은 현실성이 없다는 것이다. 김열수, 위의 글, p. 226.

54 박창희, 앞의 글, p. 49.

國維和能力待命機制, PCRS : Peacekeeping Capacity Readiness System)[55] 에 가입하여 8,000명 규모의 PKO 부대를 창설한 것이다. 이 부대는 UN과 협조, 지시에 의해 분쟁지역에 즉각 투입하는 부대이다.[56] 분쟁지역은 특정하지 않았지만 북한의 급변사태도 즉각 투입의 대상이 될 수 있다.

다. 중국의 개입 준비 상태

중국은 2017년, 한반도 긴장이 고조되었을 때, 북한 급변사태에 대한 대응으로 보이는 조치들을 취했다. 제1단계는 미국과 의사소통이었다. 중국이 북한에 군사개입을 할 때, 미국과 충돌을 피하기 위해서이다. 미국도 북한 핵을 포함한 대량살상무기(WMD) 처리는 중국과 사전 조율할 필요성이 있고 중국과 임무분담과 충돌방지 등을 위해 사전 협의가 필요하다.

일본 아사히 신문은 2017년 12월 26일 한반도 유사시를 대비해 미국과 중국이 군사 핫라인을 설치하기로 합의했다고 미국 정부 관계자 말을 인용해 보도했다. 양국 간 핫라인은 주한미군사령부와 북한 접경지대를 관할하는 중국군 북부전구(랴오닝성 선양 소재) 사이에 설치될

55 박태홍, "유엔 평화유지 능력 준비태세 체계(PCRS)란 무엇인가," 「PKO 저널」, 제13호, pp. 18-22.

56 中華人民共和國中央人民政府, "中國代表呼籲會員國積極加入聯合國維和能力待命機制,"http://big5.www.gov.cn/gate/big5/www.gov.cn/xinwen/2020-02/21/content_5481687.htm,(검색일: 2023. 10.17).

것이라고 신문은 전했다. 핫라인을 통해 한반도 유사시 북한 내부의 핵을 어떻게 확보할지, 난민 발생 문제는 어떻게 해결할지에 대한 논의가 미·중 간에 이뤄질 것이라는 아사히 신문 보도 역시 이 같은 상황을 잘 설명하고 있다.

제2단계로 중·북 국경지역에 난민캠프를 준비하였다.[57] 또한 북·중 국경지역에는 첨단장비를 도입하여 통신기반시설을 구축하고, 전자감시장비 설치를 준비하였다. 모든 도로에는 감시카메라를 설치하고 심지어는 베이징에 위치한 중앙군사위원회 상황실에서도 현장을 볼 수 있도록 준비하였다고 한다.

제3단계로 국경 주둔 부대의 기동력을 높였다. 북한에서 급변사태가 발생할 경우 2시간여 만에 평양 진입이 가능하도록 한다는 것이다. 북부전구 제79집단군을 신속대응부대로 지정하였고, 이들 부대가 배치된 안산, 통화, 지안(集安) 등의 도시와 북한을 연결하는 고속도로와 및 철도를 개통하였다.

향후 북한 급변사태 발생 시, 중국은 이와 동일하게 단계적 조치를 취할 것으로 보인다.

57 중국은 북한 급변사태 시 대비계획으로 '병아리(小鷄兒)계획'을 수립하였다는 증언이 있다. 지난 2011년 이중간첩으로 체포된 '흑금성' 박채서씨의 법정 증언에 의하면, 병아리계획은 한반도 유사시 중국군이 북한에 투입되어 대량살상무기 등 위협요소를 제거하고 암탉이 병아리를 품듯이 북한 지역을 보호하겠다는 내용이다. "중국 인민해방군, 북한 급변사태 때 대동강 이북 점령,"https://www. hani.co.kr/arti/politics/defense/479649.html, (검색일: 2023. 10.17).

정책 제언, 우리의 대비책

중국이 제2의 6·25전쟁이나 북한 급변사태에 군사개입한다면 이는 우리 주도로 이루어질 수 있는 통일을 방해하는 최대 변수이다. 1950년 6·25전쟁에서 중국이 군사개입을 하지 않았다면 우리는 통일을 이루어 민족공동체로 번영의 길을 갈 수 있었을 것이다. 앞으로도 중국의 군사개입 때문에 우리 통일의 기회를 놓쳐서는 안 될 것이다. 중국의 군사개입을 막을 다음의 대책을 제안한다. 첫째, 중국과 전략적 대화와 소통을 강화해야 한다. 중국에게 북한에 군사개입을 하지 않아도 자국의 안보가 보장된다는 신뢰를 줘야 한다. 즉 통일 한국이 미국의 대중국 전진기지가 되지 않는다는 믿음을 주어야 한다. 또한 북한 지역 관할권을 인정받아야 한다. 이때 미국과 사전 조율이 필요하다.

둘째, 한미동맹을 강화해야 한다. 특히 북한의 급변사태에 미국이 북한의 핵물질을 확보하기 위해 중국과 비빌리에 협의하고 군사 핫라인 설치를 협의했다는 언론 보도가 있었다. 어떠한 경우이든 미국이 우리와 협의 없이 중국과 비밀 교섭하는 상황은 방지해야 할 것이다. 한미동맹을 강화함으로써 한미 양국이 단일 계획에 의해 단일 작전이 가능할 것이다. 우리가 소외되거나 제3자가 되어서는 안 될 것이다.

셋째, 우리의 자주성이 넓혀야 할 것이다. 중국이 6·25전쟁에서 군사개입을 결정하기 이전 저우언라이 총리는 "한국군 단독으로 북진 시 중국은 참전하지 않겠다. 그러나 미군이 38선을 넘을 경우 중국은 반드시 건너가 싸울 것이다"라는 입장을 미국에 전달하였다.[58] 우리는 한반도 문제와 북한 문제에 대해 한미동맹을 기반으로 하되, 우리의 자주적 영역을 넓힌다면 우리가 주도적으로 중국을 상대할 수 있을 것이다.

넷째, 탈북민과 조선족 동포를 우리 편으로 만들어야 한다. 북한 급변사태 시, UN이 북한 주민의 의견을 확인할 것이다. 이때에 북한 주민이 중국이 아니라 우리를 선택하도록 사전 노력이 필요하다. 이를 위해 시급히 해야 할 일은 탈북민과 중국 조선족 동포가 한국을 지지하도록 해야 한다. 이들을 통해 우리 실상과 남북한 비교 등 각종 정보가 북한으로 들어가기 때문이다. 이들이 한국이 북한보다 월등히 훌륭한 체제이고 한국의 현재 모습이 한민족의 전체의 미래 모습이 되어야 한다고 판단한다면 북한 주민도 같은 생각을 하고 결정적인 순간에 우리를 선택할 것이다. 민심은 천심이라고 하지 않았던가. 중국의 개입 명분을 무력화시킬 수 있을 것이다.

이런 대책에 앞서 우리가 선제적으로 갖추고 있어야만 하는 세 가지 핵심적인 사항이 있다. 그것은 첫째, 북한 핵무기 폐기 노력을 지속하면서 현 정부가 추진하고 있는 미국과 '핵협의그룹(NCG)'을 활성화하고 '확장 억제지력'을 공고하게 보장받아야 할 것이다. 둘째, 북한이 하마스식 국지도발을 시도할 경우 이를 사전 제압할 수 있는 압도

58 서상문, 앞의 책(상권), pp. 349-350.

적인 군사력을 보유하고 있어야 할 것이다. 셋째, 국민의 안보의식 제고이다. 우리는 북한과 전쟁이 아직 끝나지 않았고, 북한이 한반도의 적화라는 목표를 달성하기 위해 우리의 허점을 계속 노리고 있다는 현실인식이 필요하다. 우리가 앞서있는 경제적 우위만으로는 안보를 지킬 수 없기 때문이다.

미·중 패권경쟁 승자와 손잡아라

인쇄 2024년 6월 10일
발행 2024년 6월 12일

펴낸이 임방순

책임편집 차도경
디자인/편집 박덕영, 황수경
펴낸곳 도서출판 오색필
주소 서울특별시 중구 필동로 42-1 상원빌딩 2층
전화 02-2264-3334
팩스 02-2264-3335
전자우편 areumy1@naver.com

ISBN 979-11-981861-5-7
값 20,000원